Impressum

Bibliografische Information der Deutschen Nationalbibliothek: Die Deutsche Nationalbibliothek verzeichnet diese Publikation in der Deutschen Nationalbibliografie; detaillierte bibliografische Daten sind im Internet über dnb.dnb.de abrufbar.

© 2020 Rosa Celida
Herstellung und Verlag: BoD – Books on Demand, Norderstedt
ISBN: 978-3-7526-0525-9

Für Dich !

Als Kind habe ich ihn geliebt - den „Immenhof". Ach, wie war das schön. „Trippel trappel trippel trappel Pony" - schon allein der Melodie wegen fand ich diese Filme grandios. Auf dem „Immenhof" war alles so toll – die Sonne strahlte, Pferde standen auf den Wiesen, die von fröhlichen kleinen Kindern mit langen Haaren, gebunden zu Pferdeschwänzen, gestriegelt wurden. Ausritte auf den Ponys, raus in die Natur - das war Abenteuer pur, das war „Happy life"...

Ich saß immer ganz gespannt auf unserem braunen Sofa im Wohnzimmer vor dem Fernseher. Eigentlich war bei uns alles braun - vom Teppich über die Möbel bis hin zu den Schränken - von hellbraun bis dunkelbraun - in allen Variationen. Außer unser Telefon - das war quietschgrün, damals noch mit Wählscheibe. Bis man da mal jemanden erreichte. geschweige denn, man rief jemanden außerhalb des Ortes an und musste auch noch eine Vorwahl wählen - es dauerte eine halbe Ewigkeit bis die Wählscheibe wieder so weit war, um den Finger auf die nächste Zahl setzen zu können und mit viel Kraft die nächste Zahl zu wählen. Meine Augen konnten gar nicht vom Fernseher lassen. Der „Immenhof" war mein persönlicher Favorit, was die Filme von damals angeht.

Wer hat eigentlich dieses Sprichwort erfunden? „Das Leben ist kein Ponyhof" - diesen Menschen würde ich gern kennenlernen und ihn fragen was er denn so erlebt hat und ob er auch immer die „Immenhof" Filme geguckt hat, um dann in der Realität zu erkennen, dass das alles kompletter Bullshit ist was uns da vorgelebt wird. Okay, für viele Menschen mag das Leben ein Ponyhof sein, aber mein eigenes Leben spiegelt sich darin garantiert nicht wieder.

Mein Leben verläuft eher wie auf einer Pferderennbahn. Alles im Trab und Galopp, immer schneller und schneller und bloß keine Pause einlegen. Ich bin der schwarze Hengst, mit strengem Blick, die Zügel fest angezogen, mit scharrenden Hufen am Startplatz. Die Zuschauer feuern mich an, ich renne und renne, als ginge es um Leben und Tod - mit Vollgas und immer im Kreis.

Wenn ich mir meine Galopp - Rennbahn genau anschaue, auf wie vielen Strecken ich schon im Kreis gerannt bin... Jahrelang, Jahrzehnte, bis hin zur totalen Erschöpfung - und doch habe ich dafür nie einen Preis gewonnen.

Den einzigen Preis den ich für mein jahrelanges „Im - Kreis - Rennen" bekommen habe war der, dass ich 2017 dem Schlachthof schon sehr nah gekommen war. Mein Körper konnte einfach nicht mehr, es war keine Kraft mehr da. Die Zügel waren so fest angezogen, dass sie sich bis in mein Herz bohrten und ich keine Kraft mehr hatte sie selbst zu lockern. Irgendetwas zog diese Zügel so dermaßen fest an, dass ich nicht mehr atmen konnte. Die Luft blieb weg und das Herz meldete sich zu Wort, indem es mir durch ständiges Rasen mitteilte dass alles zu eng wurde. Ich konnte nicht mehr raus auf die Bahn, wurde krank. Ganz langsam, schleichend, über einen langen Zeitraum, bin ich in meinem Stall schließlich zusammengebrochen. Ich hatte sehr großes Glück, ich kam auf den Gnaden-Hof und wurde doch noch rechtzeitig vor der Schlachtung gerettet.

Ob ich früher wohl mal ein kleines niedliches Pony war, welches sich im Laufe des Lebens in einen schwarzen, wild trabenden Hengst verwandelt hat?

Heute, mit meinen 41 Jahren und rückblickend auf all das was ich erlebt habe, kann ich sagen: ja ich war mal ein kleines niedliches Pony mit schwarzer langer Mähne. Und trotz allem, was da auf den ganzen Rennbahnen in meinem Leben so los war, ich bin noch da! Zum Glück! Doch ich bin jetzt nicht mehr der im Galopp rennende wilde Hengst der sich anfeuern lässt. Ich gehe MEIN Tempo. Meine Zügel sind lockerer. Ich verbringe mehr Zeit in meinem Stall um wieder Kraft zu tanken für den nächsten Ausritt - auf die Rennbahn gehe ich nicht mehr. Dieses „Im - Kreis- Laufen" habe ich mir abgeschworen und gehört zu meiner Vergangenheit.

Damals in den 80ern, als ich fröhlich mit meinen Freunden auf der Straße spielte, ja, ich war ein niedliches Pony. Ich erinnere mich doch gern zurück. Alles war so toll draußen, ich hatte Spaß und war ein glückliches Kind. Von morgens bis abends haben wir draußen gespielt, auf den Wiesen, in unseren Wäldern. Wir hatten Gummitwist und Springseile, Verstecke, die nur wir kannten (dort hätte uns niemand gefunden wenn etwas passiert wäre). Wir haben im Sand gespielt, sind Rollschuh gelaufen, wir hatten alles was wir brauchten. Wir hatten uns und unsere Freundschaft. Einige davon sind sogar bis heute geblieben.

Ich war so fröhlich wenn ich draußen sein konnte. Sonne, Luft, Licht, das war schon immer meins. Die Natur spüren, tief durchatmen können und den Wind um die Nase wehen lassen. Ja, draußen war alles toll. Umgeben von meinen Freunden, Spielkameraden, da war die Welt in Ordnung. Ich war frei, die Angst war nicht da. Der Wind hat sie einfach davon gepustet, ganz weit weg.

Habe ich es etwa früher schon geschafft mich gekonnt zu verstellen? War ich schon als kleines Kind ein Meister der Verdrängung? Das fröhliche kleine Mädchen, aber innerlich doch schon so zerbrochen und voller Angst?

Bis zu meinem Zusammenbruch 2017 machte ich es jeden Tag - verdrängen und mich verstellen - weil ich nicht zulassen wollte, dass man mir nach außen hin ansieht was tief drinnen los war...

Aber dieses „tief in mir drin" war immer total pfiffig und wollte mir irgendetwas mitteilen - durch seine häufigen Angriffe. Mal rammte mir dieses „tief in mir drin" ein Messer in den Rücken, mal klopfte es mit einem Vorschlaghammer in meinem Kopf, dass ich dachte die Schädeldecke platzt. Aber ich reagierte nie auf diese Angriffe und machte immer so weiter - ich lief grinsend durch die Welt, immer getrieben von innerer Unruhe um an mein Ziel zu kommen - obwohl ich nie wusste was mein Ziel überhaupt war...

Das „tief in mir drin" wurde langsam immer fieser und gemeiner zu mir - schleichend auf Zehenspitzen, mit ganz kleinen Schritten, die ich gar nicht wirklich bemerkte (oder doch verdrängte?) kam es dann immer stärker und stärker auf mich zu. Bis es eines Tages anfing mich mit voller Wucht außer Kraft zu setzen. Es ging so weit, dass es mir die Luft zum Atmen nahm, mein Herz rasen ließ, Todesängste mich überkamen und ich dachte ich müsse sterben. Panik und Angst hatten mich im Griff. Ich hatte keine Kontrolle mehr über meinen eigenen Körper. Wie oft ich in der Notaufnahme der Krankenhäuser gelandet bin kann ich schon lange nicht mehr an einer Hand abzählen. Der Gedanke, dass das letzte Stündchen jetzt gerade schlägt, machte die Sache nicht besser. Immer mehr und immer öfter war ich gefangen in mir selbst und konnte nicht fliehen. Nach jedem Angriff meines Körpers war ich noch geschwächter und irgendwann sollte es dann so sein, dass ich lieber sterben wollte als mein bis dahin verkorkstes Leben so weiterzuführen.

Ein kleines Dorf mit ca. 2000 Einwohnern (wobei ich überhaupt nicht verstand wo da 2000 Menschen sein sollten) und jeder kannte jeden, *was nicht immer von Vorteil ist wie ich heute weiß.* Es war sehr idyllisch. Einfamilienhäuser mit perfekt gepflegten Vorgärten, Bauernhöfe, etliche Felder und Grün, der Geruch von Landluft, Spielplätze, Bäcker, Schlachter (ja, es gab schon früher immer eine Scheibe Wurst auf die Hand). Alles in Allem hatten wir in unserem Dorf alles was wir brauchten. Die nächste Stadt war nur 15 km entfernt, für mich kleines Dorfmädchen war diese Stadt aber ganz weit weg. Toll war es, wenn ab und an mal eine alte Lok auf den Schienen direkt an unserem Haus vorbeifuhr. Heute unvorstellbar und völlig retro…

„Unser Haus", das ist das Haus von Oma und Opa - und mir. Es war toll, auch so ein Einfamilienhaus mit perfekt gepflegtem Vorgarten und einem riesigen Garten und großer Scheune hinter dem Haus wo man super toll spielen konnte. Mama und Papa gab es auch in meinem Leben, aber ich war doch lieber bei Oma und Opa. Wir wohnten ja alle im gleichen Ort. Ich hatte bei meinen Großeltern ein eigenes Zimmer, das gefiel mir irgendwie besser. Und außerdem war Mama immer launisch und genervt. Sie hat nur geschrien und gemeckert. Man konnte machen was man wollte, es war immer alles falsch. Was sie bis heute nicht weiß: Ich habe immer bei Papa angerufen und gefragt ob Mama zuhause ist. Wenn sie arbeiten war bin ich gern mit dem Fahrrad zu Papa und meinem kleinen Bruder gefahren – zack, den Berg runter, auf der anderen Seite wieder hoch und schon war ich da. Aber ich bin immer wieder schnell „nach Hause" gefahren, bevor sie von der Arbeit kam. Ich konnte diese Stimmung im Haus einfach nicht ertragen. Geschreie, Streit mit Papa, das wollte ich alles nicht miterleben. Wenn mein Bruder und ich uns stritten war es noch schlimmer. Dann wurde es noch lauter mit dem Gegröle. Anscheinend war es nicht normal dass Geschwister sich streiten.

Heute bin ich selbst verheiratet und habe zwei Kinder. Ich weiß sehr wohl, dass es absolut normal ist dass Kinder sich streiten - und laut sind! Sorgen sollte man sich machen wenn es ganz ruhig und still ist!

Ich hatte nie einen besonderen Draht zu meiner Mutter. Wenn es vielleicht auch mal „bessere" Phasen gab, in denen wir uns „ganz gut" verstanden haben, ist noch immer irgendetwas zwischen uns. Bis heute konnte ich es nicht aussprechen, dieses doch so einfache Wort „ Mama".

Ich liebe es wenn meine Kinder Mama zu mir sagen oder mir sagen wie lieb sie mich haben. Ja, ich bin eine stolze Mama und froh dass diese zwei Rotzlöffel meine sind. Okay, der große Rotzlöffel ist gerade in der Pubertät und fordert viel Nervenkostüm und der kleine Rotzlöffel macht es einem auch nicht immer leicht - aber wer weiß was wäre wenn ich sie nicht hätte. Wäre ich dann noch hier? Ich will nicht darüber nachdenken...
Nachdenken ist nämlich eine meiner Lieblingsbeschäftigungen, das macht mein Kopf den ganzen Tag – über alles und nichts - eigentlich bräuchte ich zwei davon, damit der eine nicht so viel zu tun hat.

Ich glaube ich war ungefähr sieben, acht oder neun Jahre alt als Mama und Papa sich trennten, sie hatte einen „Neuen". *Wie alt genau ich war kann ich nicht mehr sagen, es ist zu lange her und da ich ja, wie eben schon gesagt habe, nur EINEN überfüllten Kopf habe... aber egal...* Von da an war ich sehr oft und auch regelmäßig bei Papa und meinem kleinen Bruder, der heute ein Riese ist und mir auf den Kopf spucken könnte. Gut, ich bin nur 1,62m klein, da könnten viele von oben herab auf mich spucken.

Papa, mein Bruder und ich haben uns gut verstanden, es war alles harmonisch. Papa hatte wohl mehr Nerven als Mama. Die Ausflüge, die wir gemacht haben, auf große Spielplätze, oder an den Fluss mit riesigen Steinen auf denen wir kletterten. Wir haben tolle Sachen zusammen erlebt, an die ich auch heute noch gerne zurückdenke. Mein Papa war toll und auch immer für mich da. Ein großer Mann mit einem, na ja sagen wir mal, einem kleinen Vorbau, an den man sich immer so schön kuscheln konnte. Er war für mich der tollste Papa auf der ganzen Welt - bis zu einem bestimmten Tag in meinem Leben, der alles komplett verändern sollte und ich nicht mehr ich war.

Mama wohnte mittlerweile 15km entfernt in der Stadt – beim „Neuen". Ab und zu war ich dort, der Neue und ich haben uns gut verstanden. Er war ein cooler Kerl. Zu Mama war nie der richtige Draht da. Sie ist immer mit mir einkaufen gegangen und ich habe tolle Klamotten bekommen (*wenn man das heute auf den wenigen Fotos, die ich noch habe, betrachtet, sieht es alles andere als toll aus*). Mama hat mich nie in den Arm genommen oder mal gedrückt oder umarmt, ich kann mich zumindest nicht daran erinnern. Nur Klamotten, die ich dann nach dem Besuch mit nach Hause genommen habe und zu den anderen Klamotten legte, zeigten mir ihre Liebe zu mir. Aber ich kannte es nicht anders, für mich war das normal. Ich hatte ja Papas Hände die mich immer liebevoll gedrückt hielten.

Die Beziehung zwischen dem Neuen und ihr ging dann nach ein paar Jahren auch in die Brüche und sie war weg. Der Kontakt ist abgebrochen, ich wusste nur dass sie 25 km entfernt wohnt, da wo sie auch arbeitete und wohl wieder einen anderen „Neuen" hatte. Wow, der Nächste. Naja, es war mir egal, sie war eh weg und hat sich nicht mehr gemeldet. Aber ich hatte ja Papa, meinen kleinen Bruder und Oma und Opa, das war wichtig.

Ich selbst habe in meiner Jugend viele Freunde gehabt und sagen wir es mal so: wir haben nichts anbrennen lassen. Aber für mich war eins ganz klar: Nur wenn ich mir sicher bin und es sich richtig anfühlt möchte ich mit diesem Partner Kinder haben. Jetzt sind wir schon 14 Jahre verheiratet. Natürlich gibt es Höhen und Tiefen, aber im Großen und Ganzen halten wir immer fest zusammen.

Opa hatte einen Kleintier-Bauernhof. Viele Schafe (dieser blöde Schafbock hat es tatsächlich mal geschafft mich über die Wiese zu jagen, der war so wild, ich glaube der hatte ein Problem mit sich selbst und musste es an anderen auslassen), kleine Lämmchen die wir mit der Flasche gefüttert haben. Hühner – es gab immer frische Eier, Enten und Gänse die auch immer irre wurden wenn jemand in deren Gehege kam. Niedliche Kaninchen, die ich gestreichelt und geknuddelt habe und die dann eines Tages kopfüber ohne Fell in der Scheune an der Leine hingen... *Ich kann bis heute kein Kaninchen essen...*

Diese unzähligen Tauben, die unsere Dächer vollgeschissen haben, waren Opas Highlight. Jedes Wochenende ging es los zum Tauben-Flug. Die Tiere wurden irgendwo hingefahren und freigelassen. Welche Taube kommt wohl als erstes nach Hause? Gewinnt er mit einer seiner Tauben wieder einen Preis oder war eine andere Taube des Konkurrenten doch schneller? Das war alles so spannend, wenn wir dann in der Küche saßen und zum Taubenschlag gestarrt haben, wann denn endlich die erste Taube wieder zurückkommt.

Gern wurde auf unserem Hof auch mal ein Schwein geschlachtet. Den ganzen Tag wurde Wurst hergestellt, alles mit eigenen Händen, das frische Mett duftete in der Schale und gegen Abend war das große Schlachtfest. Alle Helfer saßen in der Waschküche im Keller, die restlichen Wurstdosen waren noch im Kessel und es roch für mich irgendwie abscheulich nach totem Tier. Trotzdem habe ich die Rotwurst geliebt, dick mit Senf bestrichen *(kann ich heute auch nicht mehr essen, ich habe immer noch die Schüsse im Kopf, die fielen bevor das Schwein umfiel).* Bei uns war früher immer was los, das Haus war voll und täglich kam jemand auf einen kurzen Schnack vorbei.

Heute lebe ich mit meinem Mann und meinen Kindern in unserer kleinen Doppelhaushälfte die wir uns vor fünf Jahren angeschafft haben. Es ist oft sehr ruhig im Haus- es sei denn die Kinder streiten. Nein im Ernst - mir fehlt oft ein bisschen der Trubel von damals, Stille ist nicht immer mein Freund, je nach Tagesverfassung. Bis vor einigen Monaten fühlte ich mich an „schlechten" Tagen einsam – obwohl ich ja meine eigene kleine tolle Familie habe...

Einsamkeit spiegelt das wieder, was ich damals gefühlt habe, aber noch nicht erkannt hatte. Erlebt habe ich (zu) viel und trotzdem war ich immer einsam. Einzelkämpfer! Ja das trifft es auf den Punkt. Ich habe immer nur gekämpft, gegen andere und auch gegen mich selbst. Heute bin ich glücklich, wenn Trubel im Hause ist und die Kinder einfach Kinder sind, sie springen, hüpfen und laut lachen. Nur bei Streit untereinander, da hasse ich die Lautstärke. Dann bin ich wiederum auch froh wenn ich mal ganz allein zuhause bin und mir keiner auf den Keks geht - keine Streitereien, kein Gegröle, nur Stille und „mein Ding machen" – für nichts und niemanden zuständig sein. Kein „Mama" oder auch „Maaaaamaaaaa", kein Haushalt, keine Verpflichtungen.
Schon komisch alles, irgendwie ist es doch wie damals - als ich in zwei Welten lebte.

Erdbeeren, Himbeeren, Johannisbeeren, alles wurde frisch gepflückt. Wir hatten alles in unserem Garten. Als Kinder haben wir im Kirschbaum gesessen, die reifen Kirschen abgepflückt. Einige kamen in den Eimer, viele davon sind auch gleich von der Hand in den Mund gewandert. Einmal hatte ich eine Kirsche erwischt in der ein Wurm sein Zuhause hatte, welches ich dann durch mein Kauen zerstört hatte. So etwas Ekelhaftes! Ich habe dann ganz schnell alles ausgespuckt, bin vom Baum gesprungen und habe meinen Mund mit Wasser ausgespült. Merke: die ganz dunklen Kirschen haben sehr oft einen kleinen Mitbewohner.

Ich wusste als Kind auch noch, dass die Bohnen und Erbsen nicht aus der Dose kommen. Wir haben uns in die Sträucher gesetzt, die Schoten mit unseren kleinen Fingern geöffnet und die Erbsen einfach so gefuttert. Unser Keller war voll mit Gläsern. Eingekochte Birnen, Äpfel, Gurken, Kirschen (die ich nach der Wurmbegegnung erst mal nicht mehr angerührt hatte). Wir hatten einfach alles, eine ganze Armee wäre bei uns satt geworden.

Gern erinnere ich mich an die Tage, an denen es früh morgens losging aufs Feld - zum Kartoffeln ausmachen. Die Frauen haben auf den Knien in den Feldern gelegen und die Kartoffeln gerodet, wir Kinder durften helfen und hatten unsagbar Spaß. Es gab gegen Mittag immer eine große Pause. In Weidenkörben lag das frische Brot, dazu gab es selbstgemachte Mettwurst, selbstgemachte Marmelade und frisch gekochte Eier. Für die Frauen und Kinder gab es Wasser und für die Männer Bier, es war immer ein kleines Fest.

Heute soll mal einer sagen dass das Kind mithelfen soll – da geht ohne vorherige Diskussionen gar nichts. Wenn es dann aber ums Essen geht - da sind alle schnell wieder dabei. So ist zumindest meine Erfahrung aus dem näheren Umfeld. Für uns war es damals normal mit anzupacken und zu helfen. Hätte ich früher genörgelt dass ich nicht helfen will hätte ich schneller als ich gucken konnte einen auf den damals noch kleinen Hintern bekommen. Ja manchmal hatte ich es versucht und hatte eine große Klappe Opa und Oma gegenüber – da hat es dann auch einen Klaps gegeben.

Jede Tür hat zwei Seiten. Wir hatten damals dunkle Eichentüren im Haus, die immer frisch geölt wurden und nie knarrten - auch die waren braun, das hatte ich noch gar nicht erwähnt. War die Tür offen, war das Leben hell und man konnte die Sonne sehen. Sobald sie jedoch von innen geschlossen wurde und die Sonne nicht mehr strahlte, war es dunkel und mein Leben sah ganz anders aus.

Hätten wir doch damals schon Glastüren gehabt, hätte die Sonne ihre Strahlen auch bei geschlossener Tür durchscheinen lassen können...

Ich lebte in zwei Welten. Sonne und Regen, hell und dunkel, Windstille und Sturm. Im Himmel und in der Hölle vielleicht? Ich weiß nicht ob es etwas zu übertrieben gesagt ist, aber doch sind dieses die ersten Begriffe die mir einfallen wenn ich an früher denke.

Bei uns gab es sie, die geschlossene Tür, sehr oft sogar. Ich hatte immer gehofft sie öffnen zu können um in Freiheit zu sein, doch es ist mir nicht gelungen. Ich war zu klein und hilflos. Hatte ich versagt und einfach nur zu wenig getan um in Freiheit zu sein?

Es war wieder einer dieser Abende an dem meine Tür verschlossen war. Ich war gerade einmal sechs oder sieben Jahre alt. Opa war Trommler in einer Musikkapelle. An Wochenenden und an manchen Abenden in der Woche war er mit seinen Jungs unterwegs. Oma und ich wussten an diesen Tagen schon, dass es wieder nicht einfach wird. Wir waren vorbereitet und machten uns auf das Schlimmste gefasst - immer und immer wieder. Es war soweit - nachts - das Auto fuhr den Berg hinauf (wir wohnten ganz oben auf dem Berg und konnten aus dem Fenster heraus immer gut sehen wer denn den Berg hochgefahren kommt). Wir waren in Position. Ich lag in meinem Bett und tat wie immer so als würde ich schlafen. Oma verschanzte sich draußen auf dem Hof in der Holzvorratskammer. Dort war sie sehr oft. Also Augen zu, Schlafen vortäuschen und die Luft anhalten. Das machte ich immer so, denn wenn ich atmete, konnte ich nicht so gut hören was sich außerhalb meines Zimmers abspielte.

Na super, es ging wieder los. Das Geschrei und Getöse, es steckt noch heute in meinen Knochen. Nur war es an diesem Tag irgendwie anders - anders als sonst, wenn er besoffen nach Hause kam. Opa beruhigte sich nicht mehr so wie sonst. Eigentlich war er immer k.o. (oder zu voll), ist ins Bett gegangen und im Vollrausch eingeschlafen. In dieser Nacht pöbelte und grölte er durchs ganze Haus. Es war angsteinflößender als sonst – fremd. Die Nachbarn werden es auch gehört haben, da war ich mir sicher. Meine Zimmertür ging auf, ich zuckte zusammen, war starr vor Angst. Meine Bettdecke wurde zurück gezogen und ich konnte Oma´s Augen erkennen. Sie waren voller Angst. Gleichzeitig zeigten sie mir aber auch, dass ich keine Angst haben sollte und dass sie bei mir wäre. Schon komisch, was Augen ausdrücken können...

Das Geschrei kam immer näher und Opa stand in der Zimmertür. Wie hatte Oma es geschafft, aus ihrem Versteck an ihm vorbeizukommen? Egal, zum Glück war sie bei mir. Sie streckte mir ihre Hand entgegen und nahm mich auf den Arm. Ich denke sie wollte mich einfach nur beschützen. Wir wollten an Opa vorbei um nach unten ins Wohnzimmer zu gehen, da passierte es. Opa verlor die Kontrolle über sich und fing an die Arme zu heben. Er schubste Oma und mich - ich war ja geborgen auf ihrem Arm - mit voller Wucht die Treppe runter. Freier Fall – ganz umsonst. Heutzutage bezahlt man viel Geld dafür wenn man so etwas auf einem Rummel erleben will. Für mich war es kostenlos - Augen zu und durch. Wir fielen ungefähr neun Stufen und lagen auf der Hälfte der Holztreppe. Keine von uns beiden bewegte sich, wir waren wie betäubt und starr vor Angst. Was würde als nächstes passieren? Kommt er hinterher und schlägt uns jetzt tot? Ich hatte solche Angst. Er grölte weiter und weiter, stand mit knallrotem Gesicht oben an der Treppe und fuchtelte weiter mit seinen Armen in der Luft. Ihm muss dann wohl die Puste ausgegangen sein, denn er machte zum Glück kehrt und verschwand im Schlafzimmer.

Es wurde ruhiger im Haus, man hätte eine Stecknadel fallen hören können, wären nicht diese widerlichen Schnarch-Geräusche aus dem Schlafzimmer zu hören gewesen. Er hatte es also geschafft, war in seinem Vollrausch angekommen. Somit konnten wir die Gelegenheit nutzen und uns ins Kämmerchen verkriechen. Ganz leise und ohne ein Wort zu sagen standen Oma und ich auf – zum Glück war nichts passiert. Mir tat mein Arm ein bisschen weh, aber egal, Hauptsache Oma ging es gut. Sie ließ sich nicht anmerken ob ihr irgendetwas weh tat, ich hoffte, dass wir beide den freien Fall unverletzt überstanden hatten. Ich konnte nicht weinen, konnte nicht atmen, ich war betäubt vor Angst. Die Nacht haben wir zwischen frisch gespaltenem Holz in der Kammer unter dem Wintergarten verbracht. Die

Angst steckte uns in den Knochen, man konnte unsere Herzen schlagen hören. Oma ging es zum Glück auch gut - es war nichts Schlimmeres passiert.

So lief es eigentlich ständig. Die Angst war der ständige Begleiter. Opa kam entweder besoffen von der Arbeit oder aber besoffen von seinen Musikauftritten. Man wusste nie wie es denn wieder endet. Würde er wieder die Hand heben und ausrasten oder würde er hoffentlich so viel Bier intus haben dass er sofort ins Bett geht und schläft?! Jeder Tag war eine Herausforderung.

Täglich, pünktlich um 12:00 Uhr, musste das Essen auf dem Tisch stehen, sonst gab es mächtig Ärger. „Essenszeit ist um 12:00 Uhr und nicht um 12:05 Uhr". So wollte es das Gesetz. Sein Gesetz!
Samstags war Badetag - natürlich immer zur gleichen Uhrzeit. Erst kam ich an die Reihe. Einweichen, abschrubben, anschließend hat Oma mir meine langen Haare mit Bier und frischem Ei gewaschen. Angeblich sollten die Haare danach glänzen und besser zu kämmen sein. Das mit dem Glanz stimmt, aber dass das Kämmen leicht und ohne Tränen vollzogen werden konnte, kann ich beim besten Willen nicht bestätigen. Nach mir ging Oma baden und ganz zum Schluss war Opa an der Reihe. Ich will noch erwähnen, dass er in dem Wasser badete, in dem auch schon Oma und ich saßen. Aber so war das früher halt.

Wenn ich mich auch manchmal dabei erwische, dass ich doch so einiges von früher mitgenommen habe und auch lange umsetzte - beim Baden hat JEDER sein eigenes frisches Wasser, da wird garantiert nicht gespart.

Auch ansonsten musste immer alles perfekt sein, alles musste aufgeräumt an Ort und Stelle stehen, ein Staubkorn wurde als Dreck deklariert. Es musste immer alles blitzen und blinken. Damit es zumindest nach außen hin perfekt aussah! Das gute Geschirr wurde nur zu besonderen Anlässen wie Weihnachten oder an Geburtstagen aus dem Schrank geholt. Omas Tag bestand aus „Ich putze mir die heile Welt".

Oh ja, und bloß nicht zu vergessen: Sonntag morgens (manchmal auch Samstag abends) war der Kirchgang Pflicht! Wer am Wochenende nicht in die Kirche ging, auweia, den hätte der Teufel holen sollen. Wie sie alle immer aus ihren Häusern kamen, gekleidet als gingen sie zu einem Fest - sehen und gesehen werden! Es war eine richtige Pflichtveranstaltung, Woche für Woche.

Bis zu meinem Zusammenbruch war ich wie sie. Nach außen musste immer alles perfekt sein. Heute weiß ich der Perfektionismus hat mich kaputtgemacht. Ich dachte immer nur daran, was denn andere Leute von mir denken würden, wenn nicht alles an Ort und Stelle steht und generell dachte ich immer, bei mir ist es nicht perfekt genug und auch ich als Person wäre nicht gut genug. Ich habe nur an andere gedacht -NIE- wirklich NIE- an mich! Jeden Tag habe ich den Staublappen geschwungen, der Staubsauger musste täglich laufen und auch alles andere musste immer perfekt aufgeräumt sein. Nicht für mich - aber für die anderen! Bis dahin habe ich auch immer noch voller Eifer die Wäsche für meine vierköpfige Familie gebügelt und akkurat wieder in die Schränke sortiert. Manchmal hätte nur noch das Lineal gefehlt um zu kontrollieren, ob auch alles genau gleich groß zusammengelegt wurde. Es hätte ja schließlich sein können, dass mein Besuch mal in meine Schränke gucken wollte. Ich wollte auf alles vorbereitet sein!

Wäsche musste sofort gewaschen werden, man hätte mich ja für faul halten können wenn noch etwas rumstand - im Keller! Ja ich war vorbereitet - schließlich hätte mein Besuch ja auch mal in den Keller gehen können.

Doch um zu verstehen und zu erkennen wer ich eigentlich war hat es eine lange Zeit gedauert – Moment, ich überfliege mal kurz – ungefähr dreißig Jahre, in denen ich einfach nur funktioniert habe. Dreißig Jahre in denen ich so viel vom Leben verpasst habe, nur weil ich der Meinung war ich müsse perfekt sein.

Ohne professionelle Hilfe hätte ich es nicht geschafft, ich wäre vor die Hunde gegangen. Wobei ich vor drei Jahren niemals geglaubt hätte, dass ich, die Power-Frau und Perfektionistin, irgendwann mal in der Psychiatrie lande und bis vor einem Jahr noch alle paar Wochen in einer Psychologischen Praxis saß.

Ich lag jeden Tag in meinem Bett und hatte Angst. Angst davor dass er Oma eines Tages irgendetwas antut, dass es eskaliert. Komischerweise hatte ich nie Angst dass er MIR etwas tut, denn ich wusste genau das würde er nicht machen. Mein Opa war ein Arschloch wenn er getrunken hatte, aber ohne Promille im Blut war er doch ein herzensguter Mensch. Ich habe ihn gemocht, trotz allem was er getan hat. Er war ja eigentlich immer für mich da und hat mir durch das Leben auf dem Kleintier-Bauernhof einerseits eine schöne Kindheit beschert - den Himmel eben...

Irgendwann lernte ich damit zu leben, mit der Angst! Was bringt wohl der nächste Tag? Ist es wieder die Hölle die ich erlebe, wenn ich abends aus dem Himmel nach Hause komme? Aus dem Himmel wo ich mit Freunden gespielt und getobt habe? Für mich war es total normal diese zwei Leben zu führen. Ich wusste ja gar nicht, dass es eigentlich anders laufen sollte in einer Familie. Es war normal mit Geschrei und Wut aufzuwachsen. Und vor allem war es absolut normal dass man nie, aber auch wirklich niemals über seine Gefühle sprach. Alles hab ich mit mir selbst ausgetragen. Niemand wusste von meiner Angst, denn ich konnte sie immer hinter meiner lachenden Fassade verstecken. Ich hab für mich das Beste daraus gemacht um nicht aufzufallen und aus der Reihe zu tanzen im perfekten 2000-Einwohner Dorf. Ich stelle fest, dass Angst also schon immer Teil meines Lebens war.

Dass diese Angst tatsächlich irgendwann mein täglicher Begleiter werden sollte, der mich fast umgebracht hätte, konnte ich als kleines Mädchen nicht wissen. Vielleicht ist es auch besser so, vielleicht wäre ich dann gar keine 41 Jahre alt geworden und hätte dem Wahnsinn, der noch auf mich zukommen sollte, schon vorher ein Ende gesetzt.

Ich schlief ab und an bei meiner Freundin Karin, die in der gleichen Straße wohnte wie ich. Es trennten uns nur drei Häuser voneinander. Jedes Mal wenn ich dort im Bett lag konnte ich nicht schlafen, meine Gedanken waren bei Oma. Ich hoffte dass in unserem Haus alles in Ordnung war und Opa nicht wieder ausrastete. An einem Abend war es so schlimm dass ich unbedingt nach Hause wollte, ich hatte das Gefühl ich müsste Oma beschützen. Ich schob es auf das heftige Gewitter das gerade aufzog und tat so als ob ich riesige Angst davor hätte. So brauchte ich den wahren Grund nicht sagen, warum ich unbedingt nach Hause wollte. Ich hatte als Kind immer das Bedürfnis meine Oma zu beschützen, wollte sie nicht allein lassen weil ich Angst hatte,dass er ihr irgend etwas antut, wenn er wieder „drauf" war. Ich wollte sie beschützen obwohl ich selbst immer eine scheiß Angst hatte.

Die Grundschulzeit war eine tolle Zeit. Ich war eine fleißige und auch schlaue Schülerin. Nur meine große Klappe war wohl immer ein kleiner Knackpunkt, was meine Klassenlehrerin dann gern in professioneller Formulierung auf meinen Zeugnissen verewigte. Irgendwas mit „lebhafte Schülerin" und „Mitschüler stören" und so.

Meine Klassenlehrerin fand ich soooo toll. Sie war eine ganz nette Frau bei der wir alle gern gelernt haben. Aber sie konnte auch sehr direkt sein. Ein Mädchen aus meiner Klasse hatte immer ganz dreckige Fingernägel, wirklich dreckig! So wie meine Fingernägel aussehen wenn ich ohne Handschuhe Blumen pflanze. Dass die Fingernägel so dreckig waren war das eine. Dass sie aber während des Unterrichts anfing den Dreck mit ihrem Lineal oder Bleistift unter den Fingernägeln hervorzuholen um damit kleine Haufen auf ihrem Platz zu bauen - das missfiel meiner Lehrerin oft und das Mädchen bekam dann auch was zu hören. Nie vergesse ich den Spruch, den sie immer sagte „Wenn du denkst, du bist allein, dann mache deine Nägel rein. Ist nämlich jemand dabei, ist das echt nicht einerlei."

Meine große Klappe nach außen ist bis heute geblieben - es bleibt also doch immer etwas aus der Kindheit zurück. Nur würde mir die große Klappe als Andenken an die Kindheit reichen. Damit würde ich gut zurecht kommen. Das ganze Andere was mich noch erwartet hat und ich bis heute zwar verarbeitet aber nicht vergessen habe, würde ich an manchen Tagen gern aus meinem Kopf löschen. Wo ist die „Löschen"- Taste in meinem Kopf? Jahrelang habe ich sie gesucht und nicht gefunden. Doch ich habe gelernt, dass ich von vorn anfangen kann – wenn ich es zulasse.

Ist also doch was dran an dem Sprichwort „Man lernt nie aus".

Ich war gerade 10 Jahre alt, kam in die 5. Klasse und mit dem Schulwechsel änderte sich auch zuhause so einiges. Opa ging es nicht gut, ich hab ihn im Bad immer husten und spucken gehört. Es war ein ekliges Geräusch, das auch heute noch in meinen Ohren verankert ist. Ich war zwar klein aber nicht dumm (was meine Lehrerin ja auch erkannt hatte), ich wusste dass irgendetwas nicht stimmte. Opa wurde immer ruhiger und schwächer. Er kam ins Krankenhaus, musste operiert werden. Wieder zuhause ging es ihm viel besser und wir konnten wieder Spaß haben. Doch dieses Gefühl von „alles ist wieder gut" sollte nicht lange bleiben. Wieder ging es ihm schlechter und er hatte keine Kraft mehr. Für nichts. Er konnte keine Tiere versorgen, nicht schreien, noch nicht mal mehr Bier hat er getrunken. Opa konnte nicht mehr laufen, er lag nur noch im Bett, welches für ihn ins Esszimmer gestellt wurde damit er bei uns sein konnte. Es war so ein Bett, das man über Fernbedienung hoch und runter fahren konnte. Welch ein Spaß!

Ich kann mich noch daran erinnern, dass irgendwann ein dicker braunbeige gemusterter Vorhang im Durchgang zum Wohnzimmer aufgehängt wurde. Ich denke man wollte mir den Anblick und das ganze Drumherum ersparen, denn es war plötzlich auch jeden Tag eine Frau bei uns die ihn gepflegt hat. Es standen überall Flaschen, Pflaster, Verbände und Cremes, ich glaube mich sogar an Spritzen erinnern zu können. Der fremde Geruch im eigenen Zuhause störte mich, es wirkte fremd.

Opa fand es immer ganz toll wenn ich auf meiner Flöte für ihn gespielt habe. So saß ich, stolz mit meiner Flöte in der Hand, im Wohnzimmer. Nur der Vorhang trennte uns. Die Pflegerin steckte ihren Kopf durch den Vorhang und sagte ich solle weiterspielen, Opa würde sich freuen. Ich habe nur gehört, wie Opa immer leise gesummt hat, sehen durfte ich ihn nicht.

Bis zum Dezember 1988 gingen die Tage so weiter. Morgens ging ich zur Schule und nachmittags war ich wie immer draußen. Ich denke Oma und auch die Pflegerin waren froh dass ich so wenig zuhause war. So musste sich niemand erklären was hinter dem dicken Vorhang vor sich ging.

Meine Patentante *(es ist wirklich meine Tante und gleichzeitig Patentante, also so richtig - nicht wie es heutzutage ja auch üblich ist, wo Patentanten auch Freunde oder Bekannte sind)* kam zu Besuch und fragte mich, ob ich Lust hätte mal wieder bei ihr zu übernachten. Ich freute mich total, denn bei meiner Pati gab es Kinder- Fernsehprogramme. Kinderfernsehen, ich habe es geliebt - und auch meine kleine Cousine, mit der ich richtig Spaß hatte - *die heute mehr als einen Kopf größer ist als ich.*

Nach wie vor ist es keine Kunst mir auf den Kopf spucken zu können – wenn man es denn wollte... Warum alle in meiner Familie so groß sind und ich so klein, war mir lange Zeit ein Rätsel. Doch das sollte ich irgendwann auch erfahren. Ich musste lernen es anzunehmen wie es ist...

Am Morgen saßen wir bei meiner Tante in der Küche, wir haben gerade gefrühstückt, als es an der Tür klingelte. Ich hatte die ganze Nacht sehr unruhig geschlafen, obwohl ich bei meiner Pati immer schlafen konnte wie ein Baby. Dort war es immer so liebevoll und einfach schön. Ich erinnere mich gern daran zurück. Wir gingen zur Tür. Als wir öffneten stand meine andere Tante mit verweinten Augen vor uns, nickte, senkte den Kopf und fing an zu weinen. Ich wusste sofort dass etwas passiert war. Nur was? Ich war doch erst 10 und ich weiß bis heute nicht die Gefühle einzuordnen welche mich in diesem Moment übermannten. Als sie mir erzählten, dass Opa gestorben ist war ich fassungslos. Tot? Was ist denn tot? Dann wurde mir irgendwas von „er ist jetzt oben im Himmel" erzählt und das war es. Ich musste weinen weil ich das alles überhaupt nicht verstanden hatte. Pati drückte und tröstete mich. Meine Tanten redeten noch eine Weile in der

Küche, während ich mal wieder allein gelassen mit meinen Gedanken und Gefühlen mit meiner kleinen Cousine im Wohnzimmer spielte.

Ich packte meine Sachen in den Rucksack, den ich immer benutzte wenn ich bei Pati schlafen durfte. Schlafanzug, Kuscheltier, Zahnbürste und alles was man halt so dabei hat wenn man woanders übernachtet. Gemeinsam fuhren wir mittags nach Hause. Mir wurde ganz mulmig als wir den Berg hinauffuhren. Unser Haus konnte ich sehen, was hinter den Mauern vor sich ging konnte ich nur erahnen. Oma war da, meine Tanten, meine Mutter (ich dachte, was will die denn hier?), mein Papa und einige Nachbarn. Das Haus war voll mit Menschen. Alle begrüßten sich, fielen sich in die Arme und haben bitterlich geweint. Mich hatte man glaub ich übersehen. Lediglich mein Papa kam und tröstete mich, weil ich, genau wie die Erwachsenen, vielleicht auch mal heulen musste.

Ich sah mich um. Das Bett war weg, der dicke Vorhang war weg. Keine Flaschen, Pflaster, Spritzen mehr. Alles wieder so wie früher dachte ich. Toll, dann wird ja jetzt alles wieder gut... Opa? Opaa? Opaaaaaa? Er war nirgends zu sehen. Was war denn hier los? Opa war weg! Einfach nicht mehr da! Ich habe immer nur Teile von dem mitbekommen was sich die Erwachsenen erzählten. Tod, Pfarrer, Beerdigung. Meine Flöte lag unberührt auf dem Wohnzimmertisch. Ob ich nachher wieder spielen darf wenn Opa wiederkommt? Was war hier nur passiert in den letzten Stunden? Tot? Wo ist er denn jetzt, mein herzensguter Arschloch-Opa? Ich war völlig durcheinander. Was heißt denn tot sein? Das was ich jetzt gerade fühle? Dieses NICHTS fühlen? Ist das tot sein?

Nein, tot sein fühlt sich anders an – das Gefühl des „tot sein" sollte ich einige Jahre später erfahren...

Der Tag der Beerdigung war gekommen, wir gingen in die Kirche. Der Pfarrer erzählte von meinem Opa und seinem „letzten Weg". Die Kirche war völlig überfüllt, es waren so viele Menschen die Opa auf diesem besagten letzten Weg begleiten wollten. Ich saß in der Bank, mein Papa und meine Tante waren bei mir. Trotzdem fühlte ich eine Leere in mir, hatte große Angst, ich wusste nicht was noch passieren würde.

Den Weg zum Friedhof habe ich vergessen, ich kann mich nicht mehr daran erinnern. Meine Erinnerung ist erst wieder da ab dem Zeitpunkt, wo wir vor der Kapelle stehen und ich das erste Mal in meinem Leben einen Sarg gesehen habe. Kränze, ein Blumenmeer, ich konnte das alles nicht begreifen. Darin soll mein Opa liegen? Das geht doch nicht, er bekommt doch gar keine Luft! Der Weg zum Grab war unendlich lang, obwohl die Wirklichkeit nur ein paar wenige Meter waren. Die Musikkapelle, in der mein Opa Trommler war, begann zu spielen. Es war so furchtbar und doch schön zugleich. Ich war so oft mit dabei wenn er mit seinen Freunden Musik machte und nun standen alle anderen dort auf dem Friedhof und sein Platz war leer. Als der Pfarrer seine Rede hielt und es dann dazu kam dass der Sarg in das Loch gelegt wurde, sind bei mir alle Dämme gebrochen. Ich bin verzweifelt zusammengebrochen, weinte bitterlich aus tiefstem Herzen. Mein Vater nahm mich fest in seinen Arm um mich zu trösten. Ich konnte das alles nicht begreifen. Was passiert jetzt mit Opa? Es war einer der schlimmsten Tage in meinem bisherigen Leben.

Heute betrachtet war es dann wohl doch nicht der schlimmste Tag in meinem Leben, denn noch viel schlimmer und tiefer hat mein Herz eine ganz andere Sache getroffen...

Ich wurde allein gelassen mit meiner Trauer. In meiner Familie gab es das nicht – man redete nicht miteinander wenn einen etwas bedrückte. Jeder hat für sich selbst getrauert. Immer stark sein, das war in meiner Familie ganz wichtig! Nur nichts nach außen tragen! Trost bekam ich von meiner besten Freundin Dina, die in der schlimmen Zeit für mich da war. Wir haben uns abgelenkt, viel gespielt und irgendwann gewöhnte man sich daran, dass Opa nicht mehr da war. Aber er hat jede Minute - *bis heute* – gefehlt.

Das Haus war leer- ohne Opa und sein Geschrei. Es war fremd und leise geworden. Was sollte nun mit den ganzen Tieren passieren? Oma hatte nicht die Kraft dazu das alles allein zu bewerkstelligen. Nach und nach wurde es auf unserem Kleintier-Bauernhof ruhiger, alle Tiere wurden innerhalb kurzer Zeit verkauft. Nur Susi, unseren Hund, den haben wir behalten. Es wurde immer einsamer bei uns, ich fühlte mich mehr und mehr allein. Nur die Erinnerungen waren noch da. Das Scheunentor das ich öffnete - aber es hingen keine toten Kaninchen mehr an der Leine. Keine Tauben die sonntags nach Hause geflogen kamen. Es war wirklich still bei uns. Ich ging wie immer zur Schule und habe viel Zeit in meinem Zimmer verbracht. Musik hören (ich hatte irgendwann meinen eigenen Kassettenrekorder bekommen) und stundenlang vor dem Radio sitzen, bis der Lieblingssong kam, um dann schnell den Aufnahmeknopf zu drücken - damit habe ich sehr viel Zeit verbracht. Für die Schule musste auch viel getan werden, ich war ja schließlich kein Grundschulkind mehr. Meine Hausaufgaben habe ich immer alleine gemacht, es war ja keiner da der sich mit mir hinsetzte. Das große Grundstück, der Garten, alles musste gepflegt werden, da blieb keine Zeit für mich. Ich habe damals schon mein Leben „allein" bestritten. Ich war ein Einzelkämpfer.

Die Jahre flogen nur so dahin, ich habe die offene Tür geliebt. Ich wurde älter, die Pubertät meldete sich. Viele Tage und Nächte habe ich bei meiner besten Freundin verbracht. Sie hatte alles! Einen Fernseher im Zimmer, einen Computer, auf dem wir immer die tollsten Spiele spielten, sogar einen Videorekorder! So etwas hätte ich mir in meinen kühnsten Träumen nicht vorstellen können. Wir hatten zuhause gerade mal vier Programme auf dem Fernseher und ein Radio in der Küche. Bei Dina habe ich mich immer wie im Paradies gefühlt. Nicht wegen der ganzen materiellen Dinge, vielmehr weil es da Papa, Mama und noch zwei Brüder gab - und das alles in einem Haus! Irgendwie war es unvorstellbar für mich, so eine tolle heile Welt. Das musste es sein - die perfekte Familie, anders konnte ich es mir nicht vorstellen und habe mir gewünscht, genau so etwas später auch einmal zu haben.

Ach ja - und es gab Benni, den absolut fiesesten und Angst einflößendsten Kampfdackel, den man sich vorstellen kann. Wenn man dort geklingelt hat und er anfing zu bellen, hat man mit allem gerechnet, aber niemals mit so einer kleinen Trethupe. Er war undurchschaubar, ich habe immer einen großen Bogen um ihn gemacht. Bei diesem Hund hatte ich immer das Gefühl er hat ungeahnte Kräfte und kann mich mit einem Biss auffressen oder zerfleischen.

Jeden Tag, wenn ich aus der Schule kam, stand das Mittagessen schon fertig angerichtet auf einem Teller auf dem Tisch. Ich saß allein und habe gegessen. Nudeln mit Tomatensoße oder Milchsuppe, in die ich immer Kakao eingerührt habe, waren mein Lieblingsessen - ich habe Oma´s Essen geliebt. Nur wäre es viel schöner gewesen wenn ich nicht allein gesessen hätte, sondern Oma mit mir zusammen am Tisch anstatt die Küche wieder auf Hochglanz zu bringen. Der Haushalt war wichtiger - es musste ja nach außen hin immer alles glänzen.

Es gibt Tage bei uns zuhause wo es ähnlich abläuft. Ich bereite das Abendessen vor und die Kids dürfen vor dem Fernseher essen. Das ist mir an manchen Tagen echt egal. Für mich ist es nur ganz wichtig, wenigstens eine Mahlzeit am Tag gemeinsam mit den Kindern zu essen und über den Tag zu sprechen. Wenn ich auch nur erfahre, dass es „gut" in der Schule war und dann wieder gemeckert wird - „ich wollte eigentlich was anderes, da hab ich keinen Hunger drauf", „das ist noch viel zu heiß", „igitt, das schmeckt nicht" - wir sitzen gemeinsam zusammen. Das ist mir ganz wichtig und ich sehe darüber hinweg, dass meine Kochkünste wieder einmal in Frage gestellt werden.

Ich möchte, dass meine Kinder anders aufwachsen als ich, dass sie spüren dass sie uns wichtig sind. Sie sollen behütet aufwachsen und wenn sie später ihr eigenes Leben leben sollen sie gern „nach Hause" kommen.
Auch diese Kleinigkeiten, die mit dazu beigetragen haben, dass ich, wie ich gern mal sage, „einen an der Waffel" habe, möchte ich bei meinen Kindern anders umsetzen. Ich gebe das Beste was ich geben kann.
Vor meinem „neuen Leben", welches ich seit letztem Jahr leben darf, war ich manches Mal eine „Übermama" - ich wollte ihnen so viel Liebe geben dass ich daran fast gestorben wäre. Ich versuchte Liebe zu geben obwohl ich mich selbst gehasst habe. Das war schon eine Mammutaufgabe die ich mir gestellt hatte.

An dem besagten Tag der mein Leben komplett veränderte - an dem ich aufhörte Kind zu sein - war richtig tolles Wetter. Ich liebe die Sonne heute noch mehr als die dunklen Tage und kann mich deshalb noch genau daran erinnern, wie schön an meinem dunkelsten Tag die Sonne draußen schien.

Ich kam gut gelaunt aus der Schule, wie immer stand das Essen auf dem Tisch. Nachdem ich alles aufgegessen hatte räumte ich meinen Teller in die Spüle und wollte gerade hoch in mein Zimmer gehen um meine Hausaufgaben zu machen. Das erledigte ich jeden Tag ganz schnell, damit ich pünktlich um 15:00 Uhr an unserem Freunde - Treffpunkt in der Mitte des Ortes sein konnte. Nur an diesem Tag war etwas anders. Ich nahm meine Schultasche und setzte gerade meinen Fuß auf die erste Stufe der Treppe nach oben, als meine Oma mich zurück rief. „Komm mal her, wir müssen reden". Wie immer dieser forsche Ton, wahrscheinlich war es gar nicht so gemeint von ihr, doch liebevoll klingt definitiv anders. Ich war verdutzt und hatte keine Ahnung über was Oma mit mir sprechen wollte. Also ging ich noch immer gut gelaunt zurück. Sie zeigte auf den braunen Sessel im Wohnzimmer, ich sollte mich setzen. Okay! Die Laune war noch immer gut, ich machte es mir bequem und verknotete meine Beine bequem im Schneidersitz auf meinem braunen „Immenhof"-Sessel.

Früher war das noch bequem, heute bin ich froh, wenn ich meine Beine länger als fünf Minuten überschlagen kann ohne einen Krampf zu bekommen...

Sie stand mit ernstem Gesichtsausdruck im Türrahmen des Wohnzimmers. Die Worte hallen noch immer in meinem Kopf, als wäre es erst gestern gewesen.

Oma: „Ich muss dir was sagen."

Ich: „Ja was denn? Schieß los!"

Oma: „Der, zu dem du immer Papa sagst – das ist gar nicht dein Vater".

Es war still im Wohnzimmer. Die Stecknadel, die man hätte fallen hören können, hätte in dem Moment die Lautstärke einer Bombe gehabt, so laut hat es in mir geknallt. Mir wurde schwindelig, schlecht und ich hatte das Gefühl mein Herz bleibt stehen, obwohl es raste bis zum Hals. Ich hatte unbeschreibliche Angst. Was macht denn mein Körper gerade mit mir? Ich wollte keine Emotion zeigen und blieb nach außen hin sehr ruhig und locker. Das innere Rebellieren und gleichzeitige Sterben sah keiner.

Ich: „Wer ist es denn dann?"

Oma: „Den kennen wir auch nicht, irgend so ein Italiener".

Mit diesen Worten drehte sie sich um und ging zurück in ihre hochheilige Küche um dort weiter am Schein des Perfekten zu putzen.

Ich saß auf dem Sessel und konnte einfach nicht aufstehen. Es drehte sich alles so sehr, mir wurde schlecht, heiß und kalt zugleich. Meine Stimme war weg, mein Körper war nicht mehr da. Ich habe mich von außen auf dem Sessel sitzend betrachtet, ich war nicht mehr ich. Keine Ahnung wie lange ich dort saß, aber es werden nicht mehr als zwei Minuten gewesen sein. Völlig benommen nahm ich meine Schultasche und schwankte hoch in mein Zimmer. Ich ließ die Tasche fallen und setzte mich aufs Bett- leer und tot. Bitte was? Wie? Was war das gerade? In dem Moment muss mein Körper wohl wieder zu sich selbst gefunden haben. Ich spürte das Zittern und noch immer raste mein Herz bis zum Hals. Tränen schossen in mein

Gesicht. Ich habe so sehr geweint, Oma muss es auf jeden Fall gehört haben und doch ließ sie mich allein. Es war niemand da der mich tröstete.

Wie Helene Fischer singt: „In meinem Kopf ist eine Achterbahn". Ja, ich bin Achterbahn gefahren und gleichzeitig haben sich Millionen von Bomben in meinem Kopf entzündet. Ich konnte nicht mehr denken, es war zu viel für ein fast zwölfjähriges Mädchen wie mich.
Das war wohl die erste Panikattacke in meinem so jungen Leben... Alte Scheiße, so lange ist das also schon her... und ich bin immer noch hier, obwohl mir von da an noch so viel bevorstand. Schon geil, wenn ich jetzt so drüber nachdenke was ich doch schon alles überstanden habe...

Kopfkino.
Kopfkino. Karussell.
Kopfkino.Achterbahn.
Kopfkino. Immer und immer wieder Drehen im Kopf, Übelkeit, Herzrasen, Angstgefühle.
„Mein Papa ist mein Papa!"
„Das geht gar nicht anders"
„Papa ist nicht mein Papa?"
„Wer denn sonst?"
„Italiener?"
„Schlechter Scherz"
„Wo ist Opa?"
„Was?"
„Bleib ruhig!"
„Allein"
„Keiner ist da"
„Ich schaffe das wie immer alleine"
„Bloß nichts nach außen tragen"

„Papa ist mein Papa!"
„Papa ist nicht mein Papa!"
„Papa ist nicht mein Papa?"
„Ich will hier weg".
„Was mach ich jetzt nur?"
Es waren so viele Gedanken die sich überschlugen. Draußen schien die Sonne, doch ich habe nicht einen einzigen Lichtstrahl erkennen können. Meine Welt war dunkel, rabenschwarz und mein Körper ab diesem Zeitpunkt tot. Das musste es sein, so fühlt es sich an wenn man tot ist. Schlimmer kann der Tod nicht sein. „Opa musste leiden, denn es tut so weh zu sterben" dachte ich. Von dem Tag an hatte ich große Angst vor dem Tod, weil ich fühlte dass es unsagbar weh tat zu sterben.

Ich konnte nicht mehr. Wieder waren da Angst und Panik die in meinen Körper schossen. Heiß, kalt, Herzrasen. Ich musste mich irgendwie beruhigen, lief auf und ab in meinem 12m² kleinen Zimmer, versuchte einen klaren Kopf zu bekommen. Bleib stark! Ganz ruhig!
Aus den Tränen der Traurigkeit wurden Tränen der Wut.

„Die haben mich alle verarscht"
„Jahrelang belogen"
„Schauspieler"
„Scheiß Familie"
„Papa ein Lügner"
„Leckt mich alle am Arsch"
„Ich hasse euch alle"
„Ihr seid so gemein"
„Ihr habt mich umgebracht"

Ich musste da raus! Weg! Einfach weg! Raus aus diesem verdammten Wahnsinn, aus diesem Haus. Dahin wo mein Kopf wieder denken kann. Nur wohin? Ich wusste gar nichts mehr. Ich hatte ja niemanden, ich hatte es nur mit Lügnern zu tun. Herzrasen, Puls außer Kontrolle, Schwindel, es hörte nicht auf. Ich wollte nur noch weg, weglaufen vor den Schmerzen in meinem Herzen, doch wusste ich nicht wohin.

Mist, ich musste irgendwie an meiner Oma vorbei kommen, ohne dass sie sieht wie fertig und verheult ich aussehe, ohne dass sie bemerken konnte dass ich getroffen wurde – von einem Pfeil mitten in mein kleines Herz. Also habe ich tief durchgeatmet, meine Tränen weggewischt und bin in Windeseile an ihr vorbei gerannt. Ich habe nur gerufen: „Hausaufgaben sind fertig, ich bin jetzt weg".

Ich hatte mir von da an verschiedene Masken zugelegt - um sie aufzusetzen wenn ich vor die Tür ging, nur damit andere nicht sehen konnten wie es wirklich in mir aussah. Es wurde mir ja so beigebracht – stark sein, bloß keine Gefühle zeigen – das ist wie mit Fahrrad fahren: was man einmal gelernt hat verlernt man nie...

Heute setze ich keine Maske mehr auf, ist mir echt zu viel Kraftaufwand - ich gehe auch schon mal mit tiefen Augenringen und völlig zerknautschtem Gesicht vor die Tür.
Na gut, mit ein bisschen Wimperntusche aus der Drogerie kann man die Schlupflider ja doch etwas verstecken...

Was ich gern beobachte und mittlerweile echt belächele :
Du gehst einkaufen und triffst jemanden. Dann dieser Smalltalk :„Ach, das ist ja toll! Wir haben uns ja ewig nicht gesehen! Wie geht's denn so? Alles klar bei dir? Was machst du denn so? Wo wohnst du oder ihr? Bist du verheiratet? Erzähl mal!"

Früher habe ich immer gesagt wie prima doch alles läuft. „Na klar, alles bestens. Die Kids werden immer größer und selbstständiger, gehen zur Schule. Mein Mann arbeitet Vollzeit. Wir haben ein Haus gekauft. Es ist alles so schön. Genau so wie wir uns das vorgestellt haben". Das klang immer super und ich wusste genau, dass niemand bemerken würde dass das alles zwar stimmt, aber es tief in mir drin alles andere als toll ist.

Heute sage ich dann gern mal „Ach weißt du, momentan ist alles etwas viel, ich habe Kopfschmerzen und nervlich bin ich zur Zeit etwas an-geschlagen. Aber es geht weiter". Diese Blicke und Reaktionen, wenn man dann mal nicht das Übliche antwortet wie das Standardprogramm - unbezahlbar! „Oh Mensch, das hört sich ja nicht so toll an. Ach weißt du, ich muss dann auch weiter. Schön, dass wir uns mal wieder gesehen haben. Mach's gut!"

Viele Menschen können mit Ehrlichkeit nicht umgehen. Sie sind völlig überfordert wenn man ihnen etwas sagt, mit dem sie nicht gerechnet haben.

Ich selbst hatte kein Fahrrad, Oma´s grüner Drahtesel ohne Gangschaltung war mein Fahrzeug. Alle anderen hatten Mountainbikes oder BMX - Fahrräder. Von allem nur das Beste. So schnell wie an meinem „Todestag" ist dieses Fahrrad noch nie getreten worden. Ich habe nur gehofft dass Dina auch zuhause ist. Wo sollte ich denn hin? Es sind doch eh nur alles Lügner in meinem Leben, die mich mein ganzes Leben verarscht haben! Mein Körper zitterte, ich konnte mich nicht beruhigen. Meine Atmung war schwach und stark zugleich. Ich strampelte und strampelte bis ich innerhalb weniger Minuten vor dem Haus meiner Freundin stand. Ich klingelte Sturm und als sie mir öffnete bin ich kraftlos in ihre Arme gefallen. „Er ist nicht mein Vater, alle haben mich verarscht". Dieses Zittern, dieses Gefühl in mir - dieses tot sein. Grauenhaft! Es sprudelte nur aus mir heraus, ich erzählte ihr was gerade passiert war. Wir saßen auf ihrem Bett und haben geweint. Ich war so froh dass sie bei mir war, dass mich jemand festhielt. Bei ihr konnte ich mich fallen lassen und musste mich nie verstellen. Die Anspannung fiel langsam von mir ab, nachdem ich eine lange Zeit in ihren Armen gehalten wurde. „Nicht mein Vater? Italiener? Was soll der ganze Scheiß? Keiner liebt mich. Keiner hat mich jemals geliebt". Sie nahm mich immer fester in den Arm und ich ließ den Tränen freien Lauf.

Ich hatte unsagbare Angst nach Hause zu fahren, ich wollte dort nicht mehr hin. Ich gehörte da doch gar nicht hin. Nein, das war nicht mein Zuhause! Doch es blieb mir ja nichts anderes übrig. Ich musste ja! Was sollte ich denn sonst machen? Ich war gerade elf Jahre alt und hatte keine andere Option als in die Hölle zurück zu fahren. Allen Mut zusammengenommen, die Angst wieder schön unter der Maske versteckt, bin ich auf den grünen Drahtesel gestiegen und völlig kraftlos den Berg hinaufgefahren. So - jetzt rein in die Hölle, rein in das Haus der ewigen Lüge. Arschbacken zusammenkneifen und lächeln!

Das erste was ich zu hören bekam war ein Anschiss, weil ich zu spät nach Hause gekommen war. Es wurde kein Wort mehr darüber verloren über das, was vor wenigen Stunden in diesem Wohnzimmer passiert war. Kein Wort über das, was mich innerlich umgebracht hat. Als wenn nichts passiert wäre ging der Tag zu Ende. Ich lag noch lange wach in meinem Bett, meine Gedanken drehten sich im Kreis. Irgendwann bin ich vor lauter Erschöpfung eingeschlafen.

So ging es jahrelang weiter! Es ist wirklich wahr, aber es hat niemand mehr mit mir über dieses Thema gesprochen. Keine Erklärungen, keine Gespräche, NICHTS! Nicht ein einziges Wort fiel darüber wer mein Vater war, warum er nie da war, kein Wort wurde darüber verloren. Alles durfte ich mit mir selbst ausmachen. Ich traute mich aber auch einfach nicht jemanden darauf anzusprechen. Ich fühlte mich so schlecht, überflüssig und ungeliebt. Immer schön die Klappe halten und aushalten, es ist verboten über Gefühle zu sprechen und Fragen zu stellen. Oberstes Gebot in unserem Hause war: Sprich niemals über das was dich bedrückt oder dir Angst macht.

Der Kontakt zu meinem Papa, der ja nun gar nicht mehr mein Papa war, wurde von Zeit zu Zeit immer weniger bis er komplett abbrach. Seit dem besagten Tag war ich nicht mehr in der Lage zu ihm zu fahren, geschweige denn ihm in die Augen zu sehen. Ich war innerlich blockiert und konnte mir nicht vorstellen überhaupt noch einmal von ihm, geschweige denn von überhaupt jemandem in den Arm genommen zu werden. Nein, ich konnte es nicht mehr. Vermisst hatte ich ihn trotzdem, konnte jedoch nichts gegen die Blockade in mir tun, zu sehr war ich verletzt. Es ging auseinander ohne dass wir jemals wirklich darüber gesprochen haben.

Vielleicht liest du diese Zeilen irgendwann. Ich möchte dir sagen, dass ich dir sehr dankbar dafür bin, dass du meine Kindheit erhellt hast indem du immer für mich da warst. Niemals würde ich ein schlechtes Wort über dich sprechen. Alles was in meiner Erinnerung ist, sind positive Gedanken die ich in meinem Kopf habe, wenn ich an dich denke oder von dir spreche. Vielleicht ging es dir damals genau so wie mir, vielleicht war es für dich genau so schwer, dass unser gemeinsames Leben plötzlich auseinander ging. Vielleicht hast du mich genauso vermisst wie ich dich. Du bist ein toller Mensch, ich möchte keine Sekunde unserer gemeinsamen Zeit missen. Es macht mich immer sehr sentimental wenn wir uns begegnen und das einzige ein kurzes „Hallo" ist was wir uns sagen. Vielleicht haben wir eines Tages die Möglichkeit in ein paar ruhigen Minuten miteinander zu sprechen, vielleicht auch mehr als nur ein einziges Wort. Vielleicht können wir die Blockade zwischen uns sprengen.

Danke für die Zeit die wir miteinander hatten, du hast meine Kindheit zu einer wunderschönen Zeit gemacht. Danke für alles was du mir gegeben hast, vor allem aber für deine ehrliche Liebe zu mir, die du mir gegeben hast, obwohl ich nicht dein leibliches Kind bin.

Wie gut dass ich meine Freundin hatte, bei der ich mehr übernachtete als dass ich „zuhause" war. Ich hatte ja gar kein Zuhause mehr, ich gehörte ja nirgendwo mehr hin. Das Thema „leiblicher Vater" war in meinem Kopf tief verankert, doch ich habe es immer und immer wieder zur Seite geschoben. Wollte ich nicht mehr darüber erfahren? Natürlich wollte ich das, aber man hat mir so sehr beigebracht den Mund zu halten, dass ich nie auf die Idee gekommen wäre das Thema jemals wieder anzusprechen. In meiner Erziehung wurde mir eine Gehirnwäsche verpasst, da bin ich mir sicher. Ich hatte mir selbst verboten über diese Sache zu sprechen, die Sache die mich hat sterben lassen. Herunter schlucken und weitermachen, ich kämpfte mich irgendwie durch mein Leben!

Dina hatte tolle Eltern – die haben immer so viel erlaubt. Wir durften mit dreizehn das erste Mal allein Silvester feiern, unten im Keller im Partyraum – mit Alkohol! Wir durften echt mal ausprobieren was das für ein Zeug ist, von dem die Erwachsenen sich auf Partys immer wie Kinder verhielten und lustig wurden wenn sie es tranken. Okay, bei uns war es eine Flasche von diesem Billigfusel-Sekt, aber es war Alkohol. Unvorstellbar, bei uns „Zuhause" hätte es meine Oma niemals erlaubt.
Wir machten es uns gemütlich mit unserer Flasche. Aus teuren Gläsern und mit unserer Lieblingsmusik im Hintergrund tranken wir unseren ersten Schluck Alkohol in unserem Leben. Wir fühlten uns so groß und „erwachsen" und kicherten den ganzen Abend vor uns hin. Nicht weil der Alkohol uns betrunken gemacht hatte, sondern weil das ein echtes Erlebnis für uns war. Wir tanzten, spielten Karten und hatten auf unserer ersten Party mächtig Spaß.

Um 00:00 Uhr wurden ein paar Böller auf dem Hof geknallt, wir schauten uns das Feuerwerk des Ortes an. Gegen 00:30 Uhr gingen wir zurück ins Haus und wollten gerade ins Bett gehen, als plötzlich lautes Geschrei von oben zu hören war. Die Eltern meiner besten Freundin haben sich so laut gestritten und angeschrien, dass sogar die letzten Raketen und Böller draußen nicht mehr zu hören waren. Dina erzählte mir in letzter Zeit oft, dass ihre Eltern sich ständig streiten würden. Sie fing an zu weinen, wollte nicht dass ich das Ganze live miterlebe. Sie schämte sich dafür dass ihre Eltern sich nicht zurückhalten konnten, obwohl jemand „Fremdes" im Haus war.

Es sollte nicht lange dauern und die Eltern meiner bis heute besten Freundin trennten sich. Mich hat die Trennung genauso bewegt wie sie, denn das war doch immer meine Traumfamilie, meine Vorstellung wie es doch sein sollte! Mama, Papa, Kinder, alle zusammen. So war es halt damals schon- man kann immer nur vor den Kopf gucken und nicht nach innen! Auch diese beiden haben nach außen hin so getan als wäre alles in bester Ordnung.

Wie gut, dass meine Beste und ich uns damals hatten. Wir haben immer zusammengehalten, nichts konnte zwischen uns gelangen. Wir zwei waren wie Pech und Schwefel, Schwestern im Herzen und äußerlich doch so verschieden. Sie, die blonde Langhaarige mit absoluten Model-Maßen, schlanken Beine, einer Wespentaille, sie war der Schwarm aller Jungs. Ich, die kleine Schwarzhaarige mit kurzen Haaren und Naturlocken, die bei jedem Wetter machten was sie wollten. Es war damals schon hoffnungslos – jeder Versuch, eine Frisur aus diesem Wirrwarr hinzubekommen scheiterte. Ich war das „Moppelchen" mit breiten Hüften und einem langsam aber stetig immer breiter werdenden Hinterteil.

Mit dem Älterwerden wurde natürlich auch das andere Geschlecht interessant. Da ich ja eine hübsche Freundin an meiner Seite hatte, war das Kennenlernen von Jungs das kleinste Problem. Die Kerle himmelten sie an, sie war heiß begehrt in der Männerwelt. Für mich war das völlig in Ordnung. Ich hatte nie Neid verspürt, ich habe es ihr gegönnt. Sie sollte ruhig glücklich sein, ich war es ja gewohnt immer die zu sein für die sich keiner interessierte. Durch die Gehirnwäsche in meinem „Zuhause" war für mich klar, dass ich es nicht verdiente glücklich zu sein. Sie hatten es tatsächlich geschafft, dass ich mir für mein weiteres Leben eingeprägt hatte nichts wert zu sein. Ich war der Versager und hatte kein Recht glücklich zu sein.

Die Wochenenden habe ich grundsätzlich bei meiner Freundin verbracht. Oma hätte es niemals zugelassen, hätte sie gewusst was wir alles so angestellt haben. Weil man ja nach außen hin immer alles perfekt haben muss. Was haben wir nur für Spaß gehabt?! Wir waren gerade mal dreizehn oder vierzehn Jahre alt, sind abends wenn es dunkel wurde aus ihrem Zimmer ausgebüxt und zu zweit auf einem Fahrrad ins 9km entfernte Dorf gefahren um dort Jungs zu treffen, mit denen wir uns gut verstanden hatten. Die waren natürlich alle schon so um die fünfzehn/sechzehn Jahre alt und das Dosenbier vom Aldi war immer dabei. Ja da haben wir dann auch mal eine Dose von abbekommen – der Beginn der Jugend!

Natürlich mussten wir auch mit dem Fahrrad zurück. Ohne Licht! Ich saß trampelnd auf dem Sattel, sie auf dem Gepäckträger. In stockfinsterer Nacht sind wir auf der vielbefahrenen und vor allem kurvenreichen Straße nach Hause geradelt. Zurück mussten wir nicht treten. Es ging steil bergab und wir hatten bestimmt 25km/h auf dem nicht vorhandenen Tacho.
Durch lautes Hupen der Autos versuchte man uns klar zu machen wie gefährlich das doch war was wir da machten. Selbst wenn ein Autofahrer

uns erst in letzter Sekunde erkannte und auswich um uns nicht zu überfahren, wir hatten unseren Spaß.

An manchen Tagen hatten wir keine Lust mit dem Bus in die Stadt zu fahren, das wäre zu einfach und wenig nervenaufreibend gewesen. So haben wir uns an die Straße gestellt, den Daumen raus gehalten, in der Hoffnung irgendjemand hält an und nimmt uns mit. Wie verrückt wir waren, wir zwei Tramper. Wir brauchten einfach den Nervenkitzel.

Immer schön beschäftigt sein und bloß nie zuhause - das war meine Lebensaufgabe. Ich war nur zuhause um Hausaufgaben zu machen und zu schlafen, wenn ich das nicht bei meiner Freundin tat. Ich habe es gehasst wenn ich zuhause war. Zuhause kamen die Gedanken an meinen „Papa" und den „Italiener", an die ganzen Lügen. Zuhause ging es mir schlecht. Deshalb: Raus da, weg da! Als junges Mädchen hatte ich noch nicht verstanden, dass egal wo ich hingehe, ich alles in meinem Inneren mitnehme. Ich hatte meine Trauer und Wut verdrängt, doch mitgenommen hatte ich sie trotz alledem.

Am Treffpunkt in der Mitte unseres Ortes war immer was los. Wie viele Jugendliche wir damals waren! Um die fünfundzwanzig Mädchen und Jungs zwischen vierzehn und neunzehn Jahren trafen sich jeden Tag ab 15:00 Uhr dort. Ich war eigentlich immer die Erste die in der Bushaltestelle saß, meine Hausaufgaben waren wie gesagt jeden Tag schnell erledigt. Natürlich hab auch ich die älteren Jungs angehimmelt, nur wusste niemand davon. Die Jungs hatten schon ihren Führerschein und haben uns auf ihren 80er Mopeds mitgenommen. Es hieß immer: „Los, auf zur DKR!" Das war unsere Abkürzung für Dorfkontrollrunde. Wir brauchten nichts anderes – wir hatten unser Dorf und wir hatten uns.

Mein großer Sohn kommt jetzt in dieses Alter. Mit seinem Älterwerden kommen die Erinnerungen wieder hoch an das was wir früher schon alles angestellt haben. Er ist da ganz anders - er ist auch oft mit seinen Kumpels mit dem Fahrrad unterwegs, aber ist auch gern zuhause, er „flüchtet" nicht so wie ich damals. Anscheinend mache ich doch so einiges richtig...

Dina`s Vater war ein totaler Motorrad-Freak. Ich war fünfzehn und durfte offiziell – mit Erlaubnis von Oma - mit auf ein Motorradtreffen. So aufgeregt und voller Freude war ich bis dato nie. Ich durfte endlich mal was Verrücktes machen! Also wurde die Tasche für ein langes Wochenende gepackt - und Tschüss - wir waren dann mal weg. Mit Tasche, Zelt, Schlafsack, Helm auf dem Kopf und Lederjacke (beides gehörte dem Bruder meiner Freundin, ich durfte es tragen) sind wir zu diesem Abenteuer aufgebrochen. Ich durfte im Beiwagen sitzen. Man hat mich sicher kaum gesehen, da unser Gepäck für die drei Tage über, unter, vor und hinter mir verstaut wurde. Dina saß hinter ihrem Vater und wir freuten uns unseres Lebens als wir mit dem schätzungsweise 100 Jahre alten Motorrad los düsten. Adrenalin pur, der Fahrtwind der mir ins Gesicht blies, das Knattern des Motors – es war ein unbeschreibliches Gefühl, das Gefühl von Freiheit wehte um meine Nasenspitze.

Dort angekommen kam ich aus dem Staunen nicht heraus. Ein riesiger Platz, Hunderte von Motorrädern, eine Wiese auf der Zelte aufgestellt wurden, Männer und Frauen mit Lederjacken, Tätowierungen und Bechern mit Bier in der Hand, laute Rocker-Musik – dort war eine Atmosphäre die mir Gänsehaut verlieh. Es war aufregend, wie in einer anderen Welt, es fühlte sich so anders an. Nennt man das wohl Leben? Ich war fasziniert von diesen Menschen, die so herzlich und zuvorkommend waren. Es waren auch viele junge Motorradfahrer dort, mit denen wir sehr schnell ins

Gespräch kamen. Was ja auch kein Wunder war - bei meiner Freundin, die ganz in Leder gekleidet war und dadurch ihre Model-Maße noch mehr unterstrichen wurden.

Wie sich herausstellte, kamen die jungen Typen aus einem Ort der nicht weit entfernt von unserem Wohnort lag. Wir saßen zusammen auf den Wiesen, tranken Bier und unterhielten uns über Gott und die Welt. Den einen davon, den fand ich ja richtig toll! Der ist mir kurz nach unserer Ankunft schon ins Auge gestochen, aber war dann in den Menschenmassen erst mal wieder verschwunden. Und jetzt saß er, der Neunzehnjährige mit dem sympathischen Lächeln, neben mir und wir unterhielten uns. Es war der Beginn einer zweijährigen Beziehung, die Beziehung mit meiner ersten großen Liebe.

Logischerweise lief das bei mir natürlich erst einmal anders ab als in „normalen" Familien. Erst wurde viel Trara gemacht, es gab mächtig Ärger. „Der ist viel zu alt für dich!" „Du spinnst ja wohl!" „Nicht in meinem Haus!" Mir war es völlig schnuppe, Oma konnte machen was sie wollte. Es war mir schlichtweg egal. Ich habe mein Ding gemacht und habe mich einfach heimlich mit ihm getroffen. Er war volljährig, hatte einen Führerschein und ein eigenes Auto. So war es kein Problem, dass er mich jeden Tag am Dorfmittelpunkt abholte und wir zu ihm nach Hause gefahren sind. Natürlich bekamen es andere Tratsch-Weiber bei uns im Ort mit wenn ich am Dorfplatz in sein Auto gestiegen bin und das wurde selbstverständlich gleich an Oma weitergegeben. Immer wieder gab es Ärger deswegen, aber es hat mich nicht mehr wirklich interessiert, denn endlich war da jemand, dem ich etwas bedeutete. Auch wenn es erst einmal schwer fiel das wirklich zu glauben. An mir hat jemand Interesse? Mir sagt jemand, dass ich ihm viel bedeute? Ich fühlte mich anfangs als spräche dieser Mensch in einer anderen Sprache zu mir, denn ich hatte so etwas noch nie zuvor gehört.

Oma hatte irgendwann begriffen dass ich kein kleines Mädchen mehr war, nachdem Dina`s Mutter sie sich mal zur Brust genommen hatte und aufklärte dass wir nicht mehr im Mittelalter leben. So durfte er die heiligen Hallen des perfekten Hauses betreten und wurde in unsere „Familie" aufgenommen. So richtig – ich hatte offiziell einen Freund. Meine erste große Liebe - ja das war er wirklich, wir hatten eine tolle Zeit. Obwohl ich immer wieder Probleme damit hatte zu verstehen oder zu realisieren, dass da einer ist der mich wirklich mag und es ernst mit mir meint.

Egal wo ich war, was auch war, wie alt ich war - meine Gedanken waren immer wieder bei früher, dort wo ich nur belogen und betrogen wurde. „Papa", „Italiener", immer und immer wieder kam es wie Nadelstiche in meinen Kopf und immer und immer wieder habe ich diese Stiche verdrängt und weggeschoben. Immer und immer habe ich mich gewehrt diese Schmerzen zuzulassen.

Lob, nette Gesten oder Worte kann ich inzwischen gut annehmen.
Hörte ich damals „Gutes" über mich konnte ich schlecht damit umgehen.
Dafür bin ich ein Meister darin meine eigenen Kinder zu loben. Nicht übertrieben, aber ich sage ihnen oft wie stolz ich auf sie bin, sei es das bestandene Seepferdchen oder einfach weil sie so sind wie sie sind. Loben und lieben sind für mich wichtige Dinge, die ich meinen Kindern für die Zukunft mitgeben möchte.

Oma wurde die Arbeit mit dem Haus und dem großen Grundstück irgendwann einfach zu viel und sie hat nach langem Überlegen beschlossen das Haus zu verkaufen. Sie hatte keinen Führerschein und wollte mit mir zusammen in die Stadt ziehen, wo ich gerade meine Ausbildung in der Apotheke angefangen hatte. Unser Hund war mittlerweile auch nicht mehr bei uns. Den hatte sie dann mal eben, natürlich ohne vorher mit mir zu reden, an jemand anderen abgegeben. Wieder wurde über meinen Kopf entschieden, ohne darüber nachzudenken, dass mir ein weiterer wichtiger Teil meines Lebens genommen wurde. Man war das vielleicht eine Scheiße als meine kleine Susi eines Tages abgeholt wurde und weg war. Genau wie mein Wellensittich Pepsi, der nicht mehr da war als ich mit Oma vom Besuch bei ihrer Schwester zurückkam. „Pepsi ist jetzt bei Onkel Walter in der großen Voliere bei den anderen Vögeln, da ist er nicht so allein". Verdammte Scheiße, der Vogel sollte nicht allein sein!? Aber was ich die ganzen Jahre mitmache, dieses Gefühl von Alleinsein, das spielt keine Rolle - rafft ihr alle denn gar nichts?

Die Zeit verging und schneller als man gucken konnte gab es auch schon einen Interessenten für das Haus. Es war komisch, fremde Leute im perfekt blinkenden und blitzenden Haus, die sich die Räumlichkeiten anschauten und schon ihre Planung im Kopf hatten wie sie die jeweiligen Räume einrichten wollten. Hallo? Hallo Welt! Ich bin auch noch da! Ist mein Zimmer, verstehste? Auch wenn ich mich nicht wohlfühlte, trotzdem war es MEIN Zimmer, der einzige Raum, in dem ich so sein konnte wie ich bin und wo ich heulen konnte, ohne dass es jemand mitbekam. Ich verstand die Welt und die Menschen um mich herum einfach nicht mehr. Konnten sie meinen täglichen Schmerz wirklich nicht spüren? Ich spürte doch auch wenn es einem Menschen nicht gut ging.

Für mich stand fest, dass ich definitiv nicht mit in die Stadt ziehen würde. Ich würde nicht weggehen von meinen Freunden, niemals! Mein Freund war mittlerweile 21, ich stand kurz vor meinem 17. Geburtstag. In unserem Ort war gerade eine kleine Wohnung frei geworden und nach etlichen Diskussionen mit meiner Oma stand für uns fest dass wir zusammenziehen wollten. So glücklich wie wir waren sollte dem nichts im Wege stehen – dachten wir.

Der Verkauf des Hauses verlief reibungslos. Oma kaufte sich von dem Geld neue Möbel, wir bekamen die alten. Die Kommoden, Küchenschränke, das braune Sofa und DEN braunen Sessel - MEINEN „Ich habe keine Familie weil ich immer nur verarscht worden bin" - Sessel! Er war seitdem in meinem Besitz.

Wie gerne würde ich mich heute noch einmal in diesen Sessel setzen um das Ganze Revue passieren lassen zu können. Um alles noch einmal zu spüren, so richtig auf die harte Tour - als 41jährige Frau, nach vielen Tränen, vielleicht sogar mit einem Lächeln im Gesicht? Ich würde gern wissen was passieren würde, wenn ich noch einmal in diesem Sessel sitzen könnte. Welche Gefühle, nach allem was von damals bis heute passiert ist, mich überkommen würden.

Wie glücklich wir waren in unserer ersten eigenen Bude. Wir fühlten uns so erwachsen, richtig gut! Von jetzt an würde alles gut werden. Unsere eigenen vier Wände, es gab niemanden der uns irgendwas zu sagen hatte. Aschenbecher auf dem Tisch, man musste nicht mehr heimlich rauchen. Freunde einladen wann und wie oft man wollte, es war ein geiles Leben. Wir waren jung und voller Power. Tagsüber arbeiten und abends dann noch etwas mit Freunden unternehmen - das war es, das Leben. Bei uns war immer was los. Nur irgendwie wollte es nach einer kurzen Zeit in der gemeinsamen Wohnung mit dem Zusammenleben nicht so richtig klappen. Wir haben uns ständig gestritten, selbst aus einer Kleinigkeit wurde großes Drama. Wir hatten uns nur noch in der Wolle und gingen uns gegenseitig auf die Nerven. Er kam zur Bundeswehr, war somit meist von Montag bis Donnerstag Abend, manchmal auch bis Freitag weg. Was das Ganze nicht besser machte, denn er misstraute mir sehr, wollte mich immer unter Kontrolle wissen.

Meine Freundin Melli war total verknallt in einen Jungen aus dem Nachbarort. Wie oft wir mit ihrem Auto an seinem Elternhaus vorbei gefahren sind, wie oft wir durch diesen Ort gefahren sind in der Hoffnung, dass sie ihren „heimlichen Liebsten" nur sehen konnte – ich kann es nicht an einer Hand abzählen. Sie war immer ganz aufgeregt wenn wir ihn dann „zufällig" getroffen haben, als er mit seinem Auto aus der Einfahrt seines Elternhauses fuhr. Wir standen manchmal stundenlang Autoscheibe an Autoscheibe auf irgendwelchen Parkplätzen. Sie genoss die Zeit mit ihm, egal welche Temperaturen draußen waren. Ich befand mich in der Rolle des Anhängsels. Es sollte halt nicht auffallen dass sie total verknallt in ihn war und nahm mich bei ihren Autofahrten mit.

Da alle meine Freundinnen noch bei Mama und Papa in ihrer heilen Welt wohnten, ich die einzige war, die mit 17 Jahren auf eigenen Beinen stand und eine eigene Wohnung hatte, war unsere Wohnung der beste Ort, damit meine Freundin ihren Schwarm treffen konnte, ohne vor lauter Kälte am Autositz festzufrieren. Mir war es auf Dauer auch einfach zu unangenehm immer das dritte Rad am Wagen zu sein und bot ihr an unsere Wohnung als Treffpunkt mit ihm zu nutzen. So hätte sie die Möglichkeit auch mal mit ihm allein zu sein wenn ich in der Küche war oder so. Keiner würde ihnen in die Quere kommen. Ich wollte damals schon immer nur dass es allen anderen gut geht. Ich habe jedem sein Glück gegönnt und wenn ich dann noch dazu beitragen konnte – wunderbar.

Gesagt getan, das Treffen wurde vereinbart. Der Schwarm meiner Freundin hatte sich anscheinend nicht getraut allein zu uns zu kommen und hatte seinen Kumpel mit im Schlepptau. So lief das mehrere Male, fast täglich. Sein Kumpel war ein echt netter Kerl, wir haben uns gut verstanden. Für mich waren die Treffen kein Problem. Nur mein Freund fand das alles andere als lustig. Er war sehr eifersüchtig, wollte er mir doch vorschreiben was ich zu tun und zu lassen hatte und vor allem mit wem ich mich treffe ohne sein Beisein. Sollte das gleiche Spiel von vorn losgehen? Ich wollte nicht mehr gefangen sein, zu schön war es endlich das tun und lassen zu können was ich wollte. In mir rebellierte es. Ich spürte wieder diese Enge, nicht richtig atmen zu können.

Ja, der Kumpel und ich, wir waren ein gutes Team. Wir entwickelten eine echte Freundschaft, *waren „BFF" - best friends forever wie man heute sagt.* Es war jedoch nie mein Wille auch nur irgendetwas mit ihm anzufangen. Ich war schließlich in einer Beziehung, zwar nicht glücklich, doch ich war vergeben.

Die Streitereien mit meinem Freund wurden immer und immer schlimmer. Wegen jeder Kleinigkeit ist er in die Luft gegangen. Es war nur noch ein Kampf und ich litt sehr darunter. Wir waren zu einer Party in seinem Heimatort eingeladen und hatten uns für das Wochenende bei seinen Eltern einquartiert. Ein alter Bauwagen stand mitten in der Feldflur, um uns herum gab es nur Wiesen und Felder, es gab keinen besseren Platz für eine Party. Abends wurde es schon etwas kühler, der Sommer neigte sich dem Ende zu, so dass wir später alle zusammen am Lagerfeuer saßen. In dicke Decken eingehüllt grölten wir aus Leibeskräften zur Musik. Der Alkohol floss in großen Mengen, eine Bierkiste nach der anderen leerte sich und auch eine Menge an Schnapsflaschen war bald leer. Flaschen leer – Leute voll!

Die Stimmung kippte als ich mit einem Bekannten tanzte. Mein Freund fand das anscheinend überhaupt nicht gut, kam auf mich zu, schrie mich an. Ich konnte nicht verstehen was er sagte, fuchtelte mit meinen Armen in der Luft um ihm zu verstehen zu geben, dass ich aufgrund der lauten Musik nicht verstehen könne was er sagt. Und ehe ich mich versehen konnte – zack – hatte ich die Ohrfeige meines Lebens bekommen. Alle rissen die Augen auf, keiner konnte fassen was er gerade gesehen hatte. Aber es ging niemand dazwischen. Niemand hat ihn von mir weggerissen oder ähnliches, niemand half mir in der Situation. Ich denke es war die Eifersucht in Kombination mit Alkohol die ihn so ausrasten ließ. Es tat so weh, ich fing an zu weinen und machte mich in finsterer Nacht auf den Weg zu seinen Eltern. Er kam hinterher gerannt und entschuldigte sich tausendmal, es war mir in dem Moment egal. Das war einfach zu viel. Es hatte doch keiner das Recht mich zu ohrfeigen geschweige denn zu schlagen – oder doch? Dürfen Frauen sich schlagen lassen? Haben Männer das Recht mit einer Frau zu machen was sie wollen? Ich erinnerte mich an meinen Opa – früher war es auch schon so. Gewalt schien etwas Normales zu sein.

Eins steht fest: in unserer Ehe und auch bei der Erziehung der Kinder wird nichts mit Gewalt gelöst! Ja ich gebe es zu – ich werde auch mal laut – sehr laut! Aber anders weiß ich mir in manchen Situationen einfach nicht zu helfen. Da kann ich reden und reden wie ein Buch und nichts kommt an. Manchmal rauben sie einem zwar den letzten Nerv, aber hier bei uns wird keine Hand gegen den anderen erhoben!

Es kam wie es kommen sollte. Die Beziehung zwischen meinem Freund und mir war einfach nicht mehr zu kitten,wir trennten uns. Für meine Oma war es ein Drama, für sie brach eine Welt zusammen. Ich bekam wie immer Schuldzuweisungen dafür, dass ich mich entschied mich von einem Menschen zu trennen, der mir eine geknallt und mir das Leben schwer gemacht hatte, ich war die Böse. Wie immer habe ich still gehalten, ertragen und nichts von der Gewalt an mir erzählt, sie hätte mir eh nicht geglaubt. So nahm ich alle Schuld und Last auf mich und ließ sie in dem Glauben, ich wäre tatsächlich der schlechtere Part in der Beziehung gewesen. Ich durfte mir so vieles anhören: wie ich denn so etwas machen könnte, wieso ich mich von diesem so netten Kerl trennen würde, das dürfte doch nicht wahr sein und und und... Ach je, was wurde mir nur wieder alles vorgeworfen. Was sollte ich denn noch alles ertragen? Ich hatte doch nichts Böses getan, ich wollte mich einfach nur aus einer Situation retten, die für mich nicht mehr tragbar war. Doch das kannte sie so nicht, sie ist bis zum Tod meines Opas unglücklich bei ihm gewesen und wollte nicht, dass ich die Regeln des „Gehorsam sein" brach. Ich sollte in ihren Augen mit ihm zusammen bleiben. Sie machte sich mehr Gedanken darüber, was die Leute über unsere Familie erzählen würden, als um mich. Als sie dann noch von oben herab zu mir sagte: „Ich wusste es schon immer, du bist genau wie deine Mutter!" waren für mich alle Rechtfertigungen passe, ich wollte mich nicht mehr erklären. Zu sehr hatte sie mit diesen Worten das längste Messer, welches sie finden konnte, in mein eh schon kaputtes Herz gerammt. Ich hatte mir schon als kleines Kind geschworen, dass ich niemals so werden würde wie meine Mutter. Sie hatte mich verlassen, sie war nie da als ich sie brauchte und niemals würde ich so etwas meinen eigenen Kindern antun.

Und damit habe ich Wort gehalten. Niemals könnte ich mir vorstellen, auch nur längere Zeit ohne meine Kinder zu sein. Na gut, so ein Wochenende mal ganz allein könnte ich mir nach 14 Jahren mit Kind (seit neun Jahren mit zwei Kindern) und allem was in den letzten Jahren so passiert ist gut vorstellen. Aber niemals würde ich meine Kinder aufgeben. Ich habe mich entschieden Mutter zu werden und für meine Kinder da zu sein. Egal wie stressig und anstrengend es auch ist, das was ich fühle wenn ich meine Beiden im Arm habe nimmt mir niemand weg. Auch wenn es stressig und anstrengend ist - ja - es gibt Tage da würde ich sie am liebsten an den nächsten Baum hängen und abends erst wieder herunter lassen - jede Minute ist es wert. Oh je, das hört sich jetzt fast so an, als würde ich meinen Mann dabei ganz vergessen. Nein, das tue ich nicht. Doch die Liebe zu seinen eigenen Kindern ist für mich noch mal etwas anderes als die Liebe zum Partner. Und gerade weil ich nie die Liebe bekommen habe die ein kleines Menschenherz benötigt um stark zu wachsen, gebe ich alles um ihnen die Liebe zu geben die sie brauchen – und natürlich auch Regeln die eingehalten werden sollten.

Wie sollte es denn nun alles weitergehen? Ich stand mit 17 Jahren das erste Mal vor den Scherben einer Beziehung. Fakt für mich war, ich bleibe in der Wohnung, sollte er doch zurück in seinen Heimatort gehen. Von unserer beider Seiten gab es da auch überhaupt keine Debatten oder Probleme. Er nahm seinen Hausrat mit und ich behielt meinen, jeder nahm nur das was er auch mit in die Beziehung gebracht hatte. Meinen braunen Sessel hätte ich eh nicht hergegeben.

Sie war da – die Freiheit! Ich hatte eine Wohnung ganz für mich allein, konnte einladen wen und wann ich wollte. Ich konnte einfach alles tun und lassen was ich wollte. Niemand hatte mehr Kontrolle über mich. Das war eine tolle Zeit, die ich gut und gern auslebte.

Nach kurzer Zeit kam der nächste wichtige Schritt in meinem bis dahin wilden und kurzen Leben. Dadurch, dass der Vermieter Eigenbedarf für die Wohnung angemeldet hatte, musste ich mich entscheiden wie es für mich weitergehen sollte. Ich haderte mit mir - ziehe ich in die Stadt oder suche ich mir eine andere Wohnung im Dorf? Ich war unschlüssig, nach langer Überlegung hab ich mich für die Stadt entschieden. Ich hatte ja dort meine Arbeitsstelle und noch keinen Führerschein. So könnte ich mir das Geld für den Bus sparen und eine kleine 2-Zimmer-Wohnung hätte ich mir leisten können – auch in der Stadt.

Mein Freundeskreis wurde zwar nicht kleiner, doch viele hatten mittlerweile Jobs weit außerhalb unseres Ortes bzw. unserer Umgebung und sind weggezogen. Jeder fing an sein Leben zu leben. Arbeit, Geld verdienen und dieser ganze Mist auf den man sich ja als Jugendlicher immer gefreut hat. Von dem man dachte, wenn ich erst mal erwachsen bin dann....

Ja was denn dann? Dann geht das Leben erst richtig los. Ja klar, bei dem was ich bis dahin schon durch hatte, war ich mit meinen 18 Jahren schon gefühlt gealtert bis ins Rentenalter. Ich war ja schließlich schon kurz vor meinem 12.Geburtstag erwachsen geworden.

An meinen 18. Geburtstag kann ich mich nicht mehr erinnern, irgendwie ist der Tag aus meinem Kopf verschwunden - der wichtigste Tag im Leben eines Jugendlichen. Man wartet doch eigentlich schon ab 14 darauf endlich 18 zu sein. Erwachsen! Auto! Führerschein!
Kann ein Kopf wirklich Dinge vergessen oder ist es tatsächlich Verdrängung? Verdrängung - weil der Tag vielleicht genau so beschissen war wie der Tag kurz vor meinem 12. Geburtstag, an dem ich ja schon mein Erwachsensein feiern durfte? Ich war 18 Jahre auf der Welt mit Lug und Trug, wurde beschissen und belogen. Mein zweites Erwachsen werden ist nicht mehr in meinem Kopf!

Vielleicht war mein 18.Geburtstag auch ein Tag von den vielen Partys, die wir in meiner neuen Wohnung in der Stadt gefeiert haben. Meine Güte, bei mir war aber auch immer was los. Die Bude war immer voll. Zum Glück hatte ich unter mir ein Mädel wohnen, Ende 20 und auch gern am Feiern. Somit haben wir uns immer arrangiert was das Feiern und die Lautstärke anging. Und es war tatsächlich nur ein Zweifamilienhaus in Stadtrandlage, so dass wir uns bei keinem anderen Mitmieter entschuldigen mussten falls es mal wieder etwas lauter wurde.
Vorglühen war unser Stichwort bevor es los ging in die Disco. Der Treffpunkt war meine Wohnung. Billiger als sich in der Disco zu betrinken war das Vorglühen allemal. Jeder brachte irgend etwas mit Prozenten mit, was wir gemütlich auf dem Sofa tranken - bevor es dann gegen 22:00 Uhr zu Fuß in die Disco ging, die ungefähr einmeinhalb Kilometer Fußweg entfernt war. Selbst auf dem Weg dorthin hatten wir immer ein Getränk dabei.

Laute Musik und einfach nur frei sein, tanzen und das Leben genießen, das war unser Motto in der damaligen Zeit. Der Bass aus den Boxen, der während des Tanzens durch die Körper sprang und auch das Zusammensein mit meinen besten Freunden hielt mich damals vom Denken ab. Ich war froh wenn ich viele Leute um mich herum hatte. Meist waren wir die letzten Besucher in der Disco. „Gute Nacht Freunde" tönte leise aus den Lautsprechern – wir wussten es ist 5 Uhr morgens, Zeit die Tanzfläche zu verlassen. Wenn wir noch nicht müde waren haben wir die Nächte durchgemacht und in meiner Wohnung mit Freunden und Freundinnen weiter gefeiert. Ja, der Kumpel von Melli´s Schwarm war auch immer mit dabei. Er und ich hatten ein super freundschaftliches Verhältnis. Wir waren wie „Arsch auf Eimer", eine Beziehung ist daraus nie entstanden, wir waren nach wie vor einfach nur „BFF".

Man trifft sich immer zweimal im Leben. Dazu später mehr...

Der wichtigste Brief meines Lebens lag eines Tages im Briefkasten des Zweifamilienhauses, in der sich meine kleine schnuckelige 2 ½ Zimmer Wohnung befand. Es war kurz nach meinem 18. Geburtstag, ich kam von der Arbeit nach Hause und öffnete wie jeden Tag den Briefkasten. Einige Werbeprospekte und ein großer DIN A4 Umschlag fielen mir entgegen. Ich wunderte mich über den Absender, konnte mir beim besten Willen überhaupt nicht vorstellen, was „die" denn von mir wollten. Mit „denen" hatte ich noch nie zu tun und hatte keinen blassen Schimmer was das bedeuten sollte. Es war ein Brief vom Jugendamt.

Ich ging die Treppenstufen zu meiner Wohnung hoch, schloss die Tür auf, legte meine Tasche und Jacke auf die Garderobe. Anschließend ging ich ins Bad um meine Arbeitskleidung aus - und meine kuschelige Jogginghose anzuziehen. Für mich war es immer ganz wichtig, nach einem langen Arbeitstag sofort nach dem nach Hause kommen gemütliche Sachen anzuziehen. Es gab kein schöneres Gefühl für mich, als mich abends aus den engen Klamotten zu pellen.

Auch heute trage ich zuhause nur bequeme Kleidung. Ich kann es nicht leiden wenn ich auf dem Sofa liege oder auch etwas im Haushalt erledige, ich mich dabei nicht frei bewegen kann. Wenn der Paketdienst klingelt, kann es schon mal vorkommen, dass ich in einer grünen Jogginghose und einem weißem Fleece-Pullover mit schwarzen Punkten die Tür öffne, während ich um meinen Hals ein graues Tuch mit rosa Sternen gebunden habe.

Nach dem Umziehen kochte ich mir Nudeln mit Tomatensoße und setzte mich mit dem Teller in der Hand auf meinen Sessel. Ich aß in Ruhe meine Portion auf, während ich den Brief beäugte, der noch immer ungeöffnet zwischen den Prospekten auf meinem Wohnzimmertisch lag. Ich war wirklich gespannt auf den Inhalt, doch der Hunger war so groß, dass der Brief erst noch warten musste.

Ohne mir großartige Gedanken zu machen lehnte ich mich gesättigt zurück und versuchte den Brief zu öffnen. Dieser war so fest zugeklebt, dass ich mir erst einmal ein Messer aus der Küche holen musste um den Kleber vom Papier trennen zu können. Der Brief, der wieder mal alles verändern sollte und mein Leben auf die nächste harte Probe stellte, war wirklich sehr schwer zu öffnen.

Als ich den Inhalt des Briefes in den Händen hielt und einen ersten Blick darauf warf, dachte ich zuerst, dass dort ein Fehler vorliegen müsse, dass dieser Brief gar nicht für mich sein konnte. Ich schaute zuerst auf das dick Gedruckte, las die Worte „Amtspflegschaft" und „Unterhaltszahlungen". Es waren alles böhmische Dörfer für mich, ich konnte rein gar nichts damit anfangen. Ich wanderte mit meinen Augen weiter zum Kleingedruckten und traute meinen Augen nicht. Es war wirklich wahr – es ging tatsächlich um mich!

Mein Name stand dort geschrieben, mein Geburtsdatum und der Ort meiner Geburt, der Name meiner Oma, der meiner Mutter, meiner Patentante, Adresse von früher, Wohnort von früher. Alles war schriftlich korrekt festgehalten. Man konnte fühlen dass manche der vielen Zettel schon älter waren, auch war die Farbe des Papiers an manchen Stellen schon ganz leicht vergilbt. Ich versuchte meine Gehirnzellen nach dem langen Arbeitstag ein bisschen anzustrengen und das Ganze zu verstehen was dort geschrieben stand.

Es war der Brief der alles verändern sollte...

Ich saß sprachlos in meinem Sessel, in meiner schnuckeligen Wohnung und wusste nicht was ich denken sollte. Wo war die Kamera? Ich war mir sicher Kandidat bei „Verstehen Sie Spaß" zu sein, anders konnte ich mir das Ganze nicht erklären.

Ich bin wirklich traurig, dass ich meinen Sessel heute nicht mehr habe - was ich darauf schon so alles erfahren und erlebt habe – er würde einen Ehrenplatz in meinem Wohnzimmer haben! Trenne dich von allem Materiellen was du nicht mehr brauchst, aber niemals von etwas das für dich persönlich eine große Bedeutung hat! Selbst wenn es alt und unansehnlich ist. Ich würde einiges dafür geben meinen braunen Sessel wieder zu bekommen.

Auf einem der leicht vergilbten Zettel stand ein Name, weiterhin Adressen von Wohnorten, ein Geburtsdatum und irgend etwas von Vaterschaftsanerkennung und Unterhaltsforderungen. Und dann BÄÄÄÄHM - da war er! Der Name meines leiblichen Vaters stand schwarz auf weiß dort geschrieben. Als aktueller Wohnort war Sardinien angegeben. Wo in Gottes Namen ist Sardinien? Ich war in Erdkunde keine gute Schülerin, hatte es bisher auch nur bis zur Nordsee in den Urlaub geschafft. Ich war mir fast sicher dass es was mit Italien zu tun hatte, denn es war ja „irgend so ein Italiener, den wir auch nicht kennen".

Diese Worte hallen auch heute immer wieder in meinem Kopf an irgendeiner Synapse fest und ich kann sie einfach nicht abschütteln. Es gibt Worte, die man - egal was man versucht - einfach nicht aus seinem Gehirn streichen kann. Sie sind da und werden sich sicher bis ans Ende meiner Lebensreise an einer bestimmten Synapse festhalten...

Was sollte ich denken? Ich konnte überhaupt nicht denken, nichts von dem was da stand begreifen. Ein Name, DER Name! Mir wurde schwindelig, irgend etwas stach in meine Herzgegend. In mir machte sich leichte Unruhe bemerkbar, gleichzeitig aber auch ein Gefühl von Hilflosigkeit und Aufregung. Was sollte das alles? Warum bekam ich diesen Brief? Bis mir klar wurde dass ich ja volljährig war! Kein Amt war mehr für mich zuständig, sondern ich allein für mich. Aus diesem Grund kam dieser Brief zu mir.

Meiner Familie ging es damals also um den Unterhalt den er für mich zahlen sollte. Als ob das das Wichtigste für so einen kleinen Menschen ist. Das Geld - drauf geschissen! Es ist so egal, das Geld spielt keine Rolle. Auch ohne Unterhalt bin ich groß geworden, habe es doch auch ohne die verdammte Kohle geschafft. Ich kann nur sagen, solltest du, der oder die das gerade liest, in einer Situation sein wo es auch um Unterhalt oder ähnliches geht, denk bitte an das Wohl des Kindes, an die LIEBE, die wichtiger ist als alles Geld der Welt. Jeder hat ein Recht darauf zu wissen wer seine Eltern sind. Selbst wenn sich ein Elternteil vielleicht gekränkt fühlt durch etwas was der andere ihm angetan hat – die kleine Kinderseele sollte auf keinen Fall dafür bestraft werden.

Natürlich habe ich wie schon immer mit niemanden außer meiner besten Freundin Dina darüber gesprochen. Tränen habe ich allein für mich geweint, in meinem Bett, auf dem Sofa, in meinem Sessel. Die unbeantworteten Fragen, die Fragen nach dem „warum gerade ich", „warum musste das alles gerade mir passieren" bekam ich nicht beantwortet. Ich habe immer wieder kurz geweint, um anschließend alles ganz weit von mir weg zu schieben. Gefühle zeigen durfte ich auf gar keinen Fall, das hatte ich so beigebracht bekommen. Also machte ich weiter wie immer: ich hatte ein dickes Fell, sagte mir immer wieder „Augen zu und durch". Der Brief kam in die überfüllte Schublade mit meinem weiteren Papierkram und blieb jahrelang dort liegen, ohne dass ich ihm weitere Beachtung schenkte. Das Thema hätte mich zu traurig gemacht und davor hatte ich zu viel Angst. Angst vor Emotionen, die in mir hochkamen, die mich hilflos machten. So habe ich mein Leben einfach weiter gerockt, ich tat so, als hätte ich nie diesen Brief bekommen...

Ja, gerockt habe ich mein Leben. Jedes Wochenende gab ich Vollgas, es ging ab in die Disco um die aufkommenden Gefühle weg zu tanzen, sie im Alkohol zu ertränken. Ich war eine Party-Maus, nicht kaputt zu kriegen, war immer auf Tour, damit ich nicht allein sein musste.

Seit dem Tag, als ich erfuhr, dass mein Papa „irgend so ein Italiener" ist, veränderte sich meine Persönlichkeit. Auf einer Seite hatte ich schon immer sehr nah am Wasser gebaut, auf der anderen Seite war ich in vielen Situationen aggressiv und hatte mich nicht unter Kontrolle. Kam mir jemand blöd und hatte mir gegenüber eine große Klappe, zögerte ich nicht lange. Ich holte aus und scheuerte ihr eine. Dabei war mir egal, ob es eine männliche oder weibliche Person war. Wurde ich gemobbt, zeigte ich mich nach außen hin stark und belächelte die Situation, doch innerlich bin ich jedes Mal wieder zerbrochen.

Ich wurde während meiner Jugend sehr oft gemobbt, zum einen aufgrund meiner Größe und auch weil ich schon immer sehr nah am Wasser gebaut hatte. In schönen Situationen sowie bei weniger schönen Dinge kamen mir sofort die Tränen. Ich war „der Zwockel", so nannten sie mich wegen meiner Größe und ich war die „Heulsirene" weil ich ständig weinte. Ich wusste damals nicht, dass Tränen ein Zeichen von etwas ganz Besonderen sind. Jede Träne die man weint kommt von ganz weit drinnen her.

Mit 19 lernte ich jemanden kennen. bei dem ich dachte, jawoll das ist er, der Richtige. Der Liebe wegen bin ich dann 30km weiter weg gezogen, in eine größere Stadt, ging weiterhin meinem Job in einer Apotheke nach. Ich hatte große Verantwortung die mir meine Chefin übertragen hatte, ich fühlte mich endlich gebraucht. Es waren tolle Jahre dort. Meine damalige „Schwiegermutter" war eine tolle Frau, sie hat mich behandelt als wäre ich ihr eigenes Kind. Verrückt, wie sich das anfühlte. Sie war immer für mich da, wir haben über alles geredet. Sie war so toll, hat mir immer gezeigt dass ich ihr etwas bedeute. Es war manchmal wirklich schwierig damit umzugehen, denn so etwas wie eine Mutter hatte ich ja nie.

Sicher habe ich eine Mutter, JEDER hat eine Mutter! Wir haben zwar Kontakt zueinander, schon allein der Enkelkinder wegen, sie können nichts zu meiner Vergangenheit, doch fehlt das gewisse Etwas. Wir verstehen uns inzwischen ganz gut, ob wir es jemals schaffen dieses ganze „Mutter-Kind-Beziehungs-Gefühl" zu bekommen, ich weiß es nicht. Die Zeit wird es uns sagen.

Das Thema „Brief" und „leiblicher Vater" lies mich nie los, es kam in meinem Kopf immer wieder zur Sprache, doch irgendetwas blockierte mich. Wenn die Gedanken es zulassen wollten, kam dann schon mal so etwas wie „Ob er weiß, dass es mich gibt?", „Ob er an mich denkt?", aber gleichzeitig kam in meinen Kopf geschossen „Er will nichts mit mir zu tun haben, sonst hätte er sich gemeldet, also lass es und hör auf darüber nachzudenken". „Schluss jetzt damit, du bist und bleibst alleine, du wirst ihn nie sehen", „ Es ist zu lange her". Ich war kein guter Mensch und hatte es nicht verdient glücklich zu sein.

Ich bin jetzt 41Jahre alt und ich weiß es heute besser. Ich bin ein guter Mensch der es verdient hat glücklich zu sein. Ja, ich habe das Glück dass mir etwas passiert ist was mein ganzes Leben verändern sollte...

Ich habe irgendwann gemerkt, dass mir mein Job in der Apotheke dann doch nicht mehr so gut gefallen hat, ich brauchte eine Veränderung. Ich bekam die Möglichkeit in einem Sanitätshaus einen neuen Start zu wagen. Meine liebe Kollegin Ulla hat mich so toll eingearbeitet, dass ich in kürzester Zeit meine neue Aufgabe zu aller Zufriedenheit, auch meiner eigenen, ausüben konnte. Was hatten wir für einen Spaß. Wir sind abends, nachdem wir das Geschäft abgeschlossen hatten, oft noch länger geblieben. Ein paar Meter weiter war ein Supermarkt, der gut an uns verdiente. Wir haben an den Abenden eine Flasche Sekt gekauft, die wir auf den wohlverdienten Feierabend getrunken haben.

Ulla war Anfang 50 und ein so toller Mensch, ich bin mir sicher dass sie das heute auch noch ist, leider ist der Kontakt irgendwann abgebrochen. Wir führten viele lange Gespräche, auch von „meinem" Thema erzählte ich ihr irgendwann und sie war ganz baff, wie ich das alles so schaffen würde, ohne Klärung, Erklärung, ohne wirklichen Familienhalt. Sie selbst war Mutter von zwei Jungs die damals in meinem Alter waren, Ulla traf meine Geschichte mitten ins Herz.

Ich war mittlerweile 24 Jahre jung, die Jahre vergingen ohne irgendwelche Zwischenfälle. Ich lebte mein beschissen schönes Leben mit Arbeit. Ich stand voll im Saft und war ein totaler Workaholic. Es ging nichts über die Firma und ich war erfüllt davon.

Das kann mir heute nicht mehr passieren. Niemals mehr gebe ich meine ganze Energie und Kraft in eine Firma, wo im Endeffekt der Chef oder die Chefin der Gewinner ist. Ich mache mich nicht mehr für andere kaputt. Wie schnell wird man einfach ausgetauscht sobald man krank ist. Jeder ist ersetzbar und deshalb: Achte auf dich, in wie weit du deine Kraft für andere verbrauchst.

Der Workaholic in mir hatte es geschafft sich den Fuß zu verletzen. Wie es passierte weiß ich nicht mehr, tut aber auch nichts zur Sache. Der Termin beim Orthopäden musste vereinbart werden, ein Facharzt sollte ein Auge darauf werfen. Ich war sehr eingeschränkt was die Fortbewegung anging, es war für mich als Arbeitstier nicht tragbar. Ich wollte weiterhin genau so arbeitsfähig sein wie bisher.

Ulla und ich saßen nach Feierabend auf unserer Lieblingstreppe auf dem Flur des Sanitätshauses und tranken unsere Flasche Sekt. Mein Fuß war ziemlich dick. Es wurde langsam Zeit dass ich diesen Termin bekam. Da es ja damals noch üblich war ein Telefonbuch zu benutzen um eine Telefonnummer zu finden und nicht das Handy so wie heute, nahm ich das Telefonbuch zur Hand, um nach der Nummer des Arztes zu suchen. Ich wollte gleich am nächsten Morgen in der Praxis anrufen um mir einen Termin geben zu lassen. Ich blätterte im Telefonbuch bis zur Seite des Ortes, mein Zeigefinger glitt die Spalten des Buchstaben L herunter. Mein Finger stoppte, mir wurde heiß und kalt. Meine Kollegin fragte ob alles okay wäre, doch ich konnte nicht antworten. Ich stotterte nur und sagte: „Hier steht ein Name, ein Nachname! So wie mein Vater heißt! Es ist die gleiche Straße die ich in meinem Brief von Jugendamt stehen habe! Wo er damals gewohnt hat! Aber der Vorname ist ein anderer!" Gut dass wir an diesem Abend zwei Flaschen Sekt gekauft hatten. Ich musste dringend meine trockene Kehle befeuchten. Sollte es Zufall sein?

Ulla füllte unsere Gläser und machte etwas Unglaubliches, wofür ich ihr für immer dankbar sein werde. Sie sagte:„Ich rufe da jetzt an". Ich erstarrte. „Das kannst du nicht machen, was willst du denn sagen?" fragte ich zitternd. „Lass mich mal machen! Ich bin gleich wieder da". Sie stand auf, ließ mich auf der Treppe sitzen und ging mit dem Telefonbuch in der Hand zum Festnetz-Telefon der Firma. In diesen Momenten konnte ich keinen klaren Gedanken fassen. Noch immer hatte ich dieses Bild vor Augen -

mein Zeigefinger auf der Seite des Telefonbuches, auf der dieser Name stand! Nach gefühlten fünf Stunden kam sie zurück und grinste mich an. Es waren höchstwahrscheinlich nur fünf Minuten, doch kam es mir wie eine Ewigkeit vor. Sie trank einen Schluck aus ihrem Glas, nahm meine zitternde Hand und sagte: „Ich habe dort angerufen". Sie atmete einmal tief durch und sprach weiter. „Es war eine männliche Stimme am anderen Ende der Leitung. Ich habe mich als frühere Bekannte deines Vaters ausgegeben, gesagt, dass wir viele Leute von damals versuchen zu finden und so etwas wie ein Treffen nach vielen Jahren arrangieren wollen. Dann habe ich gefragt ob ich ihn mal sprechen kann". Mir wurde so schlecht, ich wusste gar nicht was ich sagen sollte. „Die Stimme am Telefon hat mir dann gesagt, dass er unter dieser Telefonnummer nicht zu erreichen ist. Mein Vater wohnt nicht mehr in Deutschland, er lebt seit vielen Jahren auf Sardinien, das waren seine Worte".

Es herrschte Totenstille auf „unserem" Flur. Mir war noch schlechter als vor fünf Minuten und ich merkte, dass Tränen in meine Augen stiegen. Ich sagte nur: „Wenn die Stimme gesagt hat `mein Vater wohnt nicht mehr in Deutschland`, dann muss das ja mein Bruder sein mit dem du gerade gesprochen hast". Ich konnte es nicht fassen. Der Ort war keine 30km von mir entfernt und ich sollte dort einen Bruder haben? Ich dachte ich werde verrückt, das könne es nicht geben, so etwas gäbe es nur im Fernsehen!
„Ja, genau", sagte sie zu mir, „ich habe wohl gerade mit deinem Bruder gesprochen".

Was war das für ein Gefühlschaos. Wir saßen beide still nebeneinander, sie streichelte meine Hand. Ich fühlte so viel Dank dafür, dass sie das für mich getan hatte, gleichzeitig spürte ich auch wieder dieses Unbehagen, diese Angst. Ich hatte gerade erfahren dass ich einen Bruder habe, der nicht mal dreißig Minuten von mir entfernt wohnte. Wahnsinn!

Es war schon spät. Ich hatte den ganzen Tag vor lauter Arbeit vergessen etwas zu essen, der Sekt tat sein Bestes, dass mir immer übler wurde. Ich musste dringend nach Hause und etwas Festes zu mir nehmen. Vielmehr wollte ich nach Hause um das Ganze meinem Freund zu erzählen, in der Hoffnung dass er mir hilft und mir einen Tipp gibt was ich jetzt tun sollte. Ich kam zuhause an, die Wohnung war leer. Mein Freund war mal wieder nicht da, seine Freunde und Freizeit waren in letzter Zeit wichtiger als ich. Es kriselte schon länger. Ich lief in der Wohnung hin und her, total überdreht, hungrig und völlig durcheinander. „Ruhig bleiben, Mädchen!" habe ich immer wieder zu mir selbst gesagt. Meine Beine trugen meinen Körper vom Flur ins Bad, ins Wohnzimmer, ins Schlafzimmer, immer hin und her. Mein Kopf war noch in der Firma auf der Treppe und dachte über das Telefonat nach. In der Küche öffnete ich den Kühlschrank und das einzige was mich ansah war kaltes Bier. Die leckeren Nudeln vom Vortag waren mir völlig egal. Gemäß dem Spruch „Sieben Bier sind auch eine Mahlzeit" dachte ich „Scheiß drauf", nahm ein Bier aus der Kühlschranktür, öffnete es mit einem Feuerzeug und ließ es eiskalt meine Kehle herunter laufen. Mit der Bierflasche in der Hand ging ich ins Arbeitszimmer und suchte nach unserem Telefonbuch. Als ich es nach ein paar Minuten in dem Chaos fand, schlug ich die Seite auf und tatsächlich, es stand auch in diesem Buch. Es war kein Traum. Ich holte meinen Kopf aus der Firma, wie in Trance nahm ich unser Festnetztelefon und tippte die Telefonnummer ein. Es machte dreimal hintereinander langsam tut tut tut, die Leitung war frei. Was soll ich denn jetzt machen? Auflegen oder nicht? Ja los leg auf, was willst du denn sagen? Nein, leg nicht auf! Meine Schultern waren mal wieder besetzt von meinen kleinen Freunden, die sich ab und an gern mal in meine Gedanken schmuggelten. Bei diesem Kampf hatte das Engelchen gegen das Teufelchen gewonnen, ich legte nicht auf. Etwas hielt mich davon ab.

Am Ende der anderen Leitung nahm jemand den Hörer ab, eine männliche Stimme war zu hören. „Hallo?" sagte die Stimme. Oh scheiße, jetzt ist es zu spät. Aus der Nummer kommst du jetzt nicht mehr raus du blöde Kuh, dachte ich. Wieder „Hallo?". Mensch, du musst sprechen blöde Kuh, sagte ich zu mir und stammelte: „Äh ja hallo, hier ist Rosa. Vorhin hat jemand bei Ihnen angerufen und nach Ihrem Vater gefragt". „Ja, das ist richtig. Aber ich sagte der Dame bereits dass sie meinen Vater hier nicht erreichen kann, mein Vater lebt auf Sardinien". Ich hätte am liebsten gekotzt, so schlecht war mir, aber ich blieb stark. Ich musste das aufklären, nur wie? Ohne weiter drüber nachzudenken stammelte ich ins Telefon: „Das war meine Kollegin die angerufen hat, es war ein Vorwand, dieses Treffen alter Freunde. Ich habe die Nummer aus dem Telefonbuch. Wenn es ihr Vater ist, der auf Sardinien lebt, dann sind Sie wohl mein Bruder!" Wie blöd kann man sein? Geht das nicht ein bisschen anders, du dämliche Kuh? Es war für einen kurzen Moment still zwischen uns, bis die Stimme am anderen Ende sprach: „Ich kann es nicht fassen. Das gibt es doch nicht! Nicht dein Ernst! Wahnsinn, wie geil ist das denn?"
Hatte er gerade gesagt wie geil das denn ist? Felsbrocken fielen mir vom Herzen. Ich war schlagartig nicht mehr so aufgeregt und fragte ihn, ob er denn wusste dass er eine Schwester hat. Wir stellten fest, dass er vier Jahre älter ist als ich, ich noch einen Bruder habe der nur ein Jahr älter ist als ich und seine Mutter mit seinem (unserem) Vater verheiratet war. Es war wohl so, dass unser Vater seine Mutter mit meiner Mutter betrogen hat und ich dabei entstanden bin. Sie wussten alle dass es mich gibt, aber hatten nie einen Namen oder einen Anhaltspunkt, anhand dessen sie mich hätten finden können. Wir telefonierten knapp fünfundvierzig Minuten, sprachen darüber wie jeder von uns beiden lebt, was derjenige arbeitet, über unseren Beziehungsstatus und und und. Wir konnten nicht glauben dass wir uns gefunden hatten, wir wollten uns so schnell wie möglich sehen. Er lud mich zu sich ein, was aber erst vier Wochen später stattfinden sollte, da er

als LKW-Fahrer viel unterwegs war. Damit wir uns bei unserem ersten Treffen auch erkennen und nicht aneinander vorbei laufen würden, vereinbarten wir, dass er mir ein Foto von sich per Post zuschickt. Nach dem Telefonat war ich nervlich, physisch wie psychisch erledigt, ich war mit meinen Kräften am Ende. Ich dachte immer noch ich träume, denn so etwas konnte es unmöglich außerhalb von Sat1 und RTL geben.

Tatsächlich gibt es so etwas in der Realität und es gibt noch viel viel mehr, was der Menschenverstand nicht verstehen kann...

Gegen 22:00 Uhr kam auch mein Freund nach Hause. Wie ich schon sagte, waren ihm seine Kumpels, seine Freiheit, einfach alles was nicht mit mir zu tun hatte, in letzter Zeit immer wichtiger. Ich war fest davon überzeugt, dass er mir eigentlich schon ansehen musste dass etwas geschehen war. So wie ich aussah, völlig erledigt, sollte das eigentlich keine Schwierigkeit gewesen sein.

Mit der Reife der Zeit merkte ich immer mehr, dass es nicht selbstverständlich ist so zu sehen wie ich sehe. Andere Menschen können einfach nicht so tief in das Innere eines Menschen sehen. Früher dachte ich immer, warum versteht mich keiner? Man sieht den Menschen doch an wenn etwas nicht stimmt oder auch gegenteilig etwas Tolles passiert ist. Bis vor Kurzem tappte ich noch im Dunkeln...

Nachdem ich meinem Freund erzählt hatte was ungefähr eine Stunde zuvor passiert war – ich erzählte alles haarklein – war das einzige was ihm einfiel „Na ist doch schön für dich! Ich bin so k.o., ich lege mich jetzt ins Bett, es war ein anstrengender Tag". Ich dachte nur „Danke Arschloch, mein Tag war ungefähr genauso anstrengend wie deiner, wenn nicht sogar doppelt so heftig. Und jetzt lässt du mich hier einfach sitzen?!" Völlig erschöpft ging ich kurze Zeit nach ihm ins Bett und bin relativ schnell eingeschlafen.

Emotionen und Gefühle können einen Körper ganz schön schwächen.

Ich freute mich so sehr darauf in den nächsten Tagen in den Briefkasten zu schauen, ob denn endlich der ersehnte Brief da war, mit dem Foto meines Bruders. Wie aufgeregt ich war, als der Tag dann endlich da war und ich das erste Mal das Bild von ihm sah. Mein erster Gedanke war „Den kennst du nicht". Zum Glück! Denn stell dir mal vor, man würde sich kennen und wüsste nicht dass man das gleiche Blut in sich trägt! Es war ein schwarz-weiß Foto auf dem ein Mann in Arbeitskleidung zu sehen war, er hatte dunkle Haare und einen sehr netten Blick. Auf der Rückseite stand geschrieben „Hallo Schwesterchen. Hier ist das Foto von mir. Es ist schon etwas älter und ich hoffe du erkennst mich wenn wir uns das erste Mal treffen. Viele Grüße dein Bruderherz Chris". Wie habe ich mich gefreut. Ich hatte ein Foto meines Bruders in der Hand, den ich nicht kannte und der mir doch irgendwie vertraut war.

Meinem Freund war das alles ziemlich egal. Er machte sein Ding, er hatte ja angeblich soooo viel bei der Feuerwehr zu tun. Die Jugendlichen, die er dort betreute, waren wichtiger. Da ich es ja gewohnt war mit meinen Gefühlen allein da zu stehen, war ich ihm in keinster Weise böse darüber, dass er sich mir nicht wirklich annahm, sondern einfach sein Ding machte. Dafür freuten sich meine „Schwiegereltern" *(ich war überzeugt davon dass ich diesen Mann eines Tages heiraten würde)* umso mehr für mich und konnten es kaum erwarten, dass ich ihnen bald vom ersten Treffen erzählen konnte.

Gut dass es nicht so weit gekommen ist, gut dass ich diesen Menschen nicht geheiratet habe, denn sonst hätte ich nicht das was ich jetzt habe... Meinen Ehemann und zwei wundervolle Kinder, die es manchmal nicht leicht haben mit mir „verrückter" Frau...

Es war ein Freitag und für mich zum Glück Wochenende, ich musste am Samstag nicht arbeiten. Wie du dir vielleicht vorstellen kannst war ich mehr als aufgeregt. Ich sprang wie ein kleiner Gummiball in der Wohnung herum, denn ich sollte meinen Bruder kennenlernen. Hätte ich nicht mit dem Auto fahren müssen, hätte ich zur Beruhigung, gegen die Aufregung, wahrscheinlich schon irgendwelchen Alkohol getrunken. Alkohol am Steuer war tabu, seitdem ich mal an einem Abend nur eine Straße weiter von meinen Schwiegereltern nach Hause fahren wollte. Wir hatten ein paar Gläser Weinschorle getrunken. Ich war der festen Meinung ich könnte die kurze Strecke mit dem Auto nach Hause fahren. Die 300 Meter haben mich 300,-€ gekostet, da ich den Gartenzaun der Nachbarn zahlen musste den ich übersehen hatte. Was sollte ich anziehen? Wie sollte ich meine Haare frisieren, offen tragen oder einen Zopf binden? Ich stand vor einem Berg Fragen, die ich nach und nach versuchte abzuarbeiten. Mit Jeanshose, lockerem Top und Sneakers habe ich mich letztendlich auf den Weg gemacht. Je näher ich kam umso nervöser wurde ich. Mein kleiner grüner Peugeot brachte mich unversehrt in die Stadt, in der er lebte. Auf dem Beifahrersitz lag meine Tasche, darauf das Foto von ihm. Hoffentlich erkannte ich ihn auch.

Als ich in die Straße einbog schlug mein Herz bis in die Zehenspitzen. Es war viel Verkehr, ich hatte Mühe mich darauf zu konzentrieren die Hausnummer zu finden. Hausnummer 42 stand auf dem Briefumschlag geschrieben in dem das Foto bei mir ankam, also musste es auf der rechten Seite sein. Riesige Mietshäuser reihten sich aneinander, in jedem Haus lebten geschätzt 20 Familien. So etwas kannte ich als Dorfkind gar nicht. Langsam fuhr ich die Straße entlang. 32, 34, 36, 38, 40. Oh Shit, nicht mehr lange und ich war da. Mir wurde heiß und kalt, ich war so aufgeregt. Ich setzte den Blinker, bremste und parkte meinen Peugeot einige Meter vor der Hausnummer 42. Das kleine Stück konnte ich auch zu Fuß gehen.

Noch einmal tief durchgeatmet, stieg ich aus und ging auf das Haus zu in dem mein Bruder lebte. Das Foto hielt ich in der Hand obwohl ich es nicht gebraucht hätte. Sein Gesicht hatte ich mir im Kopf abgespeichert.

Die Häuser standen alle etwas abseits der Straße, so dass es ungefähr fünfundzwanzig Meter bis zur Haustür waren. Gerade als ich in den Eingangsweg biegen wollte kam mir jemand entgegen. Das musste er sein – mein Bruder. Ich ging auf ihn zu, sagte mit fragendem Blick „Chris?". Er nickte nur und wir begrüßten uns mit einer herzlichen Umarmung. Wir sahen uns für einen Moment an und konnten beide nicht so recht fassen was gerade geschah. „Komm, wir gehen rein. Meine Frau hat Kuchen gebacken, der Kaffee ist auch schon fertig". Am liebsten hätte ich gesagt „Gib mir lieber einen Schnaps sonst dreh ich durch", ich konnte es mir verkneifen, wollte ich doch einen anständigen Eindruck hinterlassen.

Wir gingen ins Haus und mussten einige Treppenstufen hinaufgehen bis wir an der Wohnungstür ankamen. Mein Bruder sagte: „Erschrecke dich bitte nicht, wir haben Besuch aus Polen, meine Schwiegereltern sind zu Besuch". Bei unserem ersten Telefonat erzählte er mir bereits dass seine Frau aus Polen kommt. Okay, also wieder mal Augen zu und durch. Er schloss die Tür zur Wohnung auf und mich erwartete so einiges. Eine schön eingerichtete Wohnung mit so vielen Menschen, ich hatte kaum einen Überblick. Seine Frau Anna, die zwei Kinder, seine Schwiegereltern samt Schwager aus Polen saßen auf dem Sofa und auf Stühlen verteilt. Was mich wirklich umgehauen hatte war, dass auch mein anderer Bruder Sash und seine Mutter Karen da waren. Die Frau, deren Ehe zerstört wurde, war auch anwesend. Ich als das Ergebnis der Liebschaft zwischen ihrem Ex-Mann und meiner Mutter stand nun vor ihr. Ich rechnete mit allem, damit, dass sie mich anschreit was ich mich denn trauen würde in ihr Leben zu treten etc. Mir ging alles durch den Kopf, nur nicht dass sie sich mir vorstellte, mich in den Arm nahm und sagte, dass sie sich sehr freut mich kennenzulernen. Es war ein wunderschöner Nachmittag. Wir saßen zusammen und redeten über Gott und die Welt. Ich musste nochmal meine „Doktor-Telefonbuch-Bruder-finden-Geschichte" erzählen, wurde mit Fragen gelöchert.

Das Wetter war schön und natürlich mussten wir unser Kennenlernen bildlich festhalten. Ich hatte meinen Fotoapparat dabei und der 36er Film war schnell voll. Wir saßen auf dem Balkon, rauchten ziemlich viele Zigaretten an diesem Tag (wenn kein Alkohol für mich, da ich ja fahren musste, dann wenigstens Nikotin). Ich freute mich schon auf die Ergebnisse der Bilder wenn sie fertig entwickelt waren.

Früher war so einiges schöner. Man hielt echte Fotos in der Hand. Nicht so wie in der heutigen Zeit, wo man sein Handy herumreicht um Bilder zu zeigen oder sich anzusehen. Die heutige Zeit gefällt mir, doch es ist zu schnelllebig und unpersönlich geworden. Alles wird nur noch per PC oder Handy geregelt, die Menschen starren nur noch auf ihre Bildschirme und nehmen ihr Umfeld nicht mehr wahr. Sehr schade, sie verpassen so vieles was um sie herum passiert und gesehen werden will. Ich nehme mich da nicht raus, auch ich bin manchmal in meinem Handy versunken, doch finde ich auch ein Ende. Ich möchte und werde mich mehr vom Schnell-leben entschleunigen.

Was für mich an diesem Tag meinen emotionalen Stand so sehr in die Tränenabteilung gedrückt hat war, als Karen mit Fotoalben auf den Balkon kam. Ich dachte ich sehe nicht richtig. Ich durfte blättern und sah Fotos, auf denen meine Brüder noch klein waren, sie erzählte zu jedem Bild eine kleine Geschichte. Es war so rührend. Als ich zur nächsten Seite blätterte traf mich der Schlag, ich konnte nicht glauben was ich da sah:

Es war ein Babyfoto von mir eingeklebt! Ich sah mich, mit ungefähr 6-8 Monaten auf einer Decke liegend, es war nicht zu fassen. An meinem Gesichtsausdruck erkannte sie meine Sprachlosigkeit und sagte nur: „Das Foto kam per Post von deiner Mutter, damit dein Vater wusste wie du aussiehst". In meinem Kopf ging so viel vor sich, bevor ich weiterdenken konnte sprach sie: „Ich habe es damals gleich eingeklebt. Ich wollte nicht dass es verloren geht, denn du kannst am wenigsten etwas zu dem was passiert ist". Ich war sprachlos. Am liebsten hätte ich losgeweint und einfach den Druck raus gelassen, der seit Jahren auf mir lag, aber ich traute mich nicht. Also sagte ich nichts, nickte, drückte den Kloß im Hals weg und sagte nur dass mich das sehr freut.

Als unser Treffen dem Ende zu ging kam sie auf mich zu und meinte, sie hätte noch etwas für mich. Ich hatte ein großes Fragezeichen auf der Stirn und konnte mir beim besten Willen nicht vorstellen wie dieser Nachmittag noch zu toppen sein sollte. So schnell konnte ich gar nicht reagieren wie ich ein Foto in meinen Händen hielt. „Das ist für dich, das ist dein Vater. Es ist zwar schon etwas älter, aktuelle Bilder habe ich nicht. Ich möchte es dir schenken, damit du nach dieser langen Zeit ein Bild von ihm hast". In mir tanzte ein Feuerwerk der Gefühle.
Der Nachmittag ging viel zu schnell vorbei, niemand wollte so richtig dass dieser Tag endet. Wir wollten uns schnellstmöglich wiedersehen und verabredeten uns gleich für den nächsten Tag. Am Samstag Abend wollten wir uns in der Disco treffen und feiern dass wir uns gefunden hatten.

Im Auto musste ich erst einmal tief durchatmen, das Geschehene ging mir immer wieder durch den Kopf. Welche Gefühle in meinem Körper waren, von „ich könnte vor Glück die ganze Welt umarmen" oder „ich würde am liebsten einfach nur heulen vor lauter Traurigkeit". Von fremden Menschen hatte ich mehr erfahren als von meiner eigenen Familie.

Ich schaute auf das Foto welches sie, die Frau die mich doch eigentlich hassen müsste, mir geschenkt hat. Mein Vater! Da war er endlich, wenn auch nur auf einem Foto. Ich schätzte ihn auf dem Bild gerade mal fünfundzwanzig Jahre jung, nicht älter. Er war ein attraktiver junger Mann, mit dunklen gelockten Haaren, braun gebrannt, in kurzen Shorts locker angelehnt an einen alten VW. Ich vermutete, er hatte nicht nur meiner Mutter den Kopf verdreht und dachte tatsächlich darüber nach, dass ich vielleicht noch irgendwo anders auf diesem Planeten etliche Geschwister haben könnte von denen ich nichts wusste. Aber das hätte Karen, die, die mich nach wie vor eigentlich hassen müsste, sicher erzählt. Ich drehte den Schlüssel und startete meinen kleinen grünen Peugeot in Richtung Zuhause.

Wo mein wirkliches echtes Zuhause ist weiß ich noch nicht all zu lange. Vor fünf Jahren, 2014, hatte ich ein Erlebnis, dass mir gezeigt hat was es heißt „Zuhause" zu sein und vor allen Dingen, wie es sich anfühlt zuhause zu sein.

Ich stand auf dem Parkplatz vor unserer gemeinsamen Wohnung, nahm meine Tasche und merkte, dass ich mich irgendwie total erschlagen fühlte. Es war so ein aufregender Nachmittag, ich hatte mir einfach einen Schluck Alkohol verdient. Ich schloss die Tür zur Wohnung auf und es war kaum zu glauben, mein Freund war zuhause. Er schaute seine Lieblingsserien auf DVD und trank sein Bier. Ich nahm mir Wein und Wasser und mixte mir eine Weinschorle. Was war ich übermannt von Gefühlen. „Und? Wie war es?" fragte er mich ohne einen Blick auf mich zu werfen. Seine Augen waren auf den Fernseher gerichtet. Ich erzählte voller Freude von meinem Nachmittag, jedes kleinste Detail, als wäre er live dabei gewesen. Das einzige was er mir antwortete war : „Na ist doch schön". Es war wie ein Schlag mitten ins Gesicht. Er zeigte kein bisschen wirkliche Freude für mich, es war ihm schlichtweg egal. Aber wie immer sagte ich mir, dass es so wie es war okay war. Ich erzählte ihm dann noch von unserem Treffen am nächsten Abend in der Disco und bin leicht angetrunken ins Bett gegangen (es blieb natürlich nicht bei der einen Weinschorle). Es waren so viele Emotionen an diesem Tag, ich dachte ich könnte die ganze Nacht nicht schlafen. Tatsächlich war ich so k.o. dass ich ziemlich zügig eingeschlafen bin.

Der nächste Tag lief eher ruhig ab, ich ruhte mich tagsüber aus, freute mich einfach nur auf den Abend. Wir trafen uns zur abgemachten Uhrzeit vor der Disco, wir hatten einen absolut geilen Abend. Seine Frau Anna, quasi meine Schwägerin, war auch mit dabei. Einen solchen Spaß hatte ich lange nicht mehr. Die Getränke gingen runter wie Öl und wir machten bis in die frühen Morgenstunden so richtig einen drauf - schließlich gab es ja auch etwas Besonderes zu feiern. Am lustigsten war als Chris mich seinem Kumpel vorstellte mit den Worten: „Darf ich vorstellen, meine Schwester!" Und der Kumpel dann sagte: „Ja nee, is klar. Deine Schwester!? Du hattest doch sonst keine und jetzt ganz plötzlich soll das deine Schwester sein?"

Mein Bruder und ich schauten uns an, fingen an zu lachen und sagten nur, dass es eine sehr lange Geschichte sei. Dann feierten wir ausgiebig weiter. Die Geschichte mit meinem Freund und mir ging noch ungefähr ein Jahr so weiter. Wir trennten uns als ich erfahren hatte, dass er mich mit einer noch nicht mal Volljährigen aus seiner Feuerwehrkameradschaft betrogen hatte. Wie immer hatte ich alle Schuld bei mir gesucht - ich war die Doofe, die die Beziehung kaputt gemacht hat. Ich war davon überzeugt, dass ich Schuld daran war dass er mich betrogen hatte, weil ich zu wenig für ihn da war.

Nein, ich war nicht zu blöd, ich war einfach nur zu gut für ihn. Ich hatte alles, wirklich alles für ihn getan und mich komplett aufgegeben, nur dafür dass es ihm gut ging. Er konnte leben wie die Made im Speck, ich wäre für ihn gestorben, ich war ihm fast hörig. Niemals wieder werde ich mich so klein machen für jemand anderen.

Ich wollte nicht weiter in seiner Nähe wohnen, nein. Ich wollte dort weg, abschließen mit den letzten Jahren und einen Neuanfang wagen. Somit habe ich beschlossen wieder zurück zu gehen, in meine Heimat. Die Wohnungssuche war zu der Zeit schon nicht so einfach, aber ich sollte das Glück haben, dass eine Zwei-Zimmer-Wohnung inseriert war, für die ich einen Besichtigungstermin vereinbaren konnte. Der Tag war da und ich war so aufgeregt. „Stell dich nicht so blöd an, zeig dich von deiner besten Seite, gib alles". Es war fast schlimmer als das erste Treffen mit meinem Bruder, mit dem ich übrigens seitdem immer in engem Kontakt stand und auch noch stehe.

Es war kurz vor 15.00 Uhr, ich war wie immer überpünktlich - es ist eine totale Macke von mir. Ich hasse Unpünktlichkeit! Das rührt wahrscheinlich daher, dass mein Opa immer eine Szene gemacht hat wenn das Essen nicht um Punkt 12.00Uhr auf dem Tisch stand. Meine Oma war die Hausfrau die immer gespurt hat, Hauptsache er war glücklich und zufrieden.

Man erkennt hier sehr gut die Zusammenhänge, dass sich das was in der Kindheit passiert, bis ins Alter prägt. Zurück zum Besichtigungstermin.

Überpünktlich stand ich auf dem Parkplatz, als die Haustür sich öffnete. Ich stieg aus meinem Auto, setzte ein freundliches Lachen auf, ging auf die Person zu die sich mir vorstellte und mich fragte ob ich zur Besichtigung der Wohnung da wäre. Der Vermieter müsste jeden Moment da sein, er selbst würde mit seiner Frau in der oberen Etage wohnen. Es war ein sehr netter älterer Mann und ich dachte, dass es passen könnte zusammen in diesem Haus zu wohnen. Ich erhaschte mir einen Blick auf die Klingeln, drei an der Zahl. Auf einer davon stand der Name des Ehepaares von oben, auf der zweiten der Name der jetzigen Mieterin, auf der dritten Klingel stand ein Name, zu dem ich gleich den älteren Mann fragen musste, ob meine Vermutung denn stimmte. Tatsächlich, es war genau die Person die ich vermutet hatte: Nina, mit der ich, bevor ich meine Heimat vor acht Jahren verlassen hatte, zusammen gearbeitet hatte. Der ältere Mann erzählte mir, dass sie sich von ihrem Mann getrennt hatte und nun seit ein paar Monaten in diesem Haus wohnte. Mein Herz machte Luftsprünge. Ich hatte die Wohnung noch nicht gesehen und wusste trotzdem schon, dass ich genau diese Wohnung haben musste. Wir hatten damals bei der Arbeit so viel Spaß zusammen, wir hatten uns angefreundet. Leider ging der Kontakt auseinander als ich blind vor Liebe weggezogen war.

Der Vermieter kam mit etwas Verspätung an. Nach Besichtigen der Räume stand für mich fest, dass diese Wohnung genau das Richtige für mich wäre. Kuschelige 50m² mit kleinem Balkon, es war einfach nur gemütlich. Man glaubt es kaum, gleich vor Ort gab der Vermieter mir eine Zusage. Ich durfte diese Wohnung beziehen, in sechs Wochen! Es war alles so perfekt, bis auf den Gedanken, dass ich jetzt noch sechs Wochen mit dem Ex zusammenleben musste, der die Finger nicht von anderen Frauen lassen konnte.

Wenn du dich fragst was meine Familie dazu gesagt hat, dass ich wieder in die Heimat zurück komme: die einzige die sich wirklich für mich gefreut hat war meine Pati, die bis heute ein ganz wichtiger Teil in meinem Leben ist.

Der Tag des Umzugs stand an. Ich hatte all meine Dekoration, Vorhänge etc. schon Wochen vorher in Kartons verpackt. Wir lebten die letzten sechs Wochen in einer Wohnung, die nur halbfertig eingerichtet war. Dadurch, dass ich immer die Kreative war, sah es in dieser Wohnung einfach nur kalt aus. Man konnte sich nicht mehr wohlfühlen und ich war froh dass der Tag gekommen war. Mein Ex und seine Kumpels halfen mir beim Umzug, ich hätte es allein gar nicht auf die Reihe bekommen das alles zu transportieren. So naiv war ich zu denken sie würden mir helfen damit ich nicht alleine dastehe. Tatsächlich taten sie es für meinen Ex, damit die Sachen so schnell wie möglich aus seiner Wohnung kamen. Ich hatte wirklich geglaubt dass sie es für mich taten und nicht für ihn.

Der LKW stand vor der Tür und die Jungs luden alles ein. Innerhalb einer halben Stunde war alles aus der Wohnung verstaut im LKW und die Fahrt in meine neue alte Heimat ging los. Dort angekommen, schloss ich mit zittrigen Händen die Wohnungstür auf und die Jungs luden im selben schnellen Tempo alles wieder aus. Dann verabschiedeten sich alle von mir, mein Ex gab mir noch einmal die Hand und wir wünschten uns alles Gute. Ich schloss die Haustür hinter mir und wollte gerade die drei Treppenstufen hochgehen, die ich bis zu meiner Wohnungstür vor mir hatte, als die andere Tür auf dem Flur aufging. Und tatsächlich - meine damalige Kollegin Nina stand vor mir. Wir fielen uns vor Freude in die Arme, waren von dem Tag an Nachbarn, Wand an Wand. Das konnte ja ein Spaß werden. Es war ein Tag im August 2004 und es stellte sich heraus dass genau an dem Tag, an dem ich einzog, ihr Geburtstag war. Sie erwartete einige Gäste, hatte wenig Zeit, von daher verabredeten wir uns für den nächsten Tag. Wir wollten quatschen, darüber was in den letzten Jahren passiert war. Ich ging in meine Wohnung, schloss die Tür hinter mir und stand vor einem riesigen Berg. Einem Berg voller Kisten, Kästen, Möbeln und Emotionen. Ich sackte zusammen und begann bitterlich zu weinen. Ich wusste nicht wohin mit mir, mit meinen Sachen, ich wusste gar nichts. Nachdem ich mich etwas beruhigt hatte suchte ich mir eine bestimmte Kiste. Alkohol! Mein Retter in der Not der alles, was ich gerade fühlte, dachte und sah, betäubte. Ich ging auf den Balkon, setzte mich auf den Boden, zündete mir eine Zigarette an und ließ den Korken der Sektflasche knallen. Ein Prost auf meine kleine beschissene Welt. Die Tränen ließ ich einfach weiter laufen. Ich hörte den Stimmen der Leute zu die nebenan eine tolle Party feierten und saß allein und verlassen in der großen Welt die mir völlig klein vorkam.

Die erste Nacht im neuen Heim war katastrophal, ich habe keine Minute geschlafen, zu viele Gedanken schossen durch meinen Kopf. Am nächsten Tag hatte ich, ohne einen Plan, begonnen mir die Kisten zu schnappen um den Inhalt zu verstauen. Zum Glück hatte ich die Küche der Vormieterin übernehmen können, so dass dadurch schon mal etliche Kartons leergeräumt werden konnten. Die nächsten Wochen war mein Kleiderschrank mein Wäscheständer, mein Bügelbrett diente als Ablage für Klamotten. T-Shirts, Unterwäsche etc. blieben in ihren Kartons. Ich hatte vieles, nur keine Möbel. Außer einem Bett und einem Sofa hatte ich nichts. Ich nahm mir vor, in den nächsten Monaten etwas Geld zu sparen um mir in kürzester Zeit meine Wohnung einrichten zu können.

Die Zeit mit meiner Nachbarin, die zu meiner besten Freundin wurde, war grandios, ich kann es anders nicht beschreiben. Wir haben zusammen gelacht, geweint und waren immer füreinander da. So manche Nacht haben wir durchgemacht. Wir hatten beide eine scheiß Zeit hinter uns was Männer betraf und nutzten das Single-Dasein um einfach nur zu feiern und Spaß zu haben. Wir ließen alles hinter uns und waren der Meinung jetzt würde das Leben erst richtig losgehen, genossen jeden Tag. Beide freuten wir uns auf den Feierabend und je nachdem wer zuerst von der Arbeit zuhause war, bereitete schon mal die Gläser und die Flasche Sekt vor. Wir hatten riesiges Glück mit dem älteren Ehepaar über uns. Sie mussten so manche laute Musik über sich ergehen lassen. Je sentimentaler wir wurden umso lauter wurde die Musik aus der Anlage. Sie haben sich wirklich nie beschwert, im Gegenteil, sie steuerten uns immer noch bei, dass wir ja unser Leben genießen sollten solange wir jung sind. Es war eine geile Zeit!

Nach wie vor war ich ein Workaholic. Morgens bin ich im Dunkeln losgefahren und kam im Dunkeln wieder nach Hause. Ich habe nur für meinen Job gelebt – das war auch der einzige Ort wo man erkannte was in mir steckt. Ich war mittlerweile Filialleiterin im Sanitätshaus und ohne mich ging nichts.

Heute lache ich darüber – denn JEDER, wirklich JEDER – wird ruckzuck von heute auf morgen ersetzt. Im „normalen" Leben läuft so vieles falsch, ich habe es damals nur einfach nicht gesehen.

Ich war erfolgreich im Job, alles war perfekt. Nur abends im Bett, wenn alles still war und ich zur Ruhe kam, kamen doch des öfteren traurige Gedanken in mir hoch und ich weinte leise ein paar Tränen in mein Kissen. Es gab viele Tage die mich sehr einsam machten, ich fühlte mich allein und verlassen. Irgendwie fand ich keinen so richtigen Anschluss mehr an meine damaligen Freunde. Die Zeit in der ich nicht in der „Heimat" gewohnt hatte, hatte die Kontakte irgendwie auseinander gebracht. Ich überlegte wie ich denn ein bisschen unter Leute kommen könnte und beschloss, im Restaurant, welches eine Straße weiter entfernt von meiner Wohnung war nachzufragen, ob sie denn nicht jemand bräuchten der am Wochenende oder abends ein bisschen arbeiten möchte. Ich musste mir einfach auch noch etwas dazu verdienen, weil ich merkte, dass allein wohnen doch nicht so billig war. Zusätzlich zur Miete noch die Kosten für Auto, Versicherungen, Lebensmittel und Nebenkosten - es war knapp in der Kasse.

Meine Busenfreundin Nina erzählte mir an einem unserer Mädels-Abende, dass sie jemanden kennengelernt hatte, sie fände ihn ganz süß und wüsste nicht was sie machen solle. Eigentlich wollte sie vorerst keine Beziehung mehr eingehen, doch dieser Mann hätte es ihr angetan. Sie sträubte sich erst ein wenig gegen sich selbst, doch nach mehreren Treffen war sie sich sicher, dass er der Richtige sein würde. Sie war frisch verliebt und strahlte jeden Tag glücklich bis über beide Ohren.

Nachdem ich im Restaurant angefragt und meine Telefonnummer hinterlassen hatte bekam ich kurze Zeit später einen Anruf. Ich könne, wenn noch Interesse bestünde, am kommenden Wochenende arbeiten kommen. Na sicher hatte ich Interesse und sofort zugesagt. Mit dem Stundenlohn war ich einverstanden und rechnete mir schon aus wie viel Geld ich an dem Abend verdienen könnte. Zusätzlich gab es noch das

Trinkgeld, somit wäre mein geplanter IKEA-Einkauf in trockenen Tüchern. Schließlich brauchte ich ja noch einiges an Einrichtungsgegenständen für meine Wohnung, in der ich mittlerweile schon ein viertel Jahr wohnte, es aber trotzdem noch nicht wirklich wohnlich war.

Ich war ein wenig aufgeregt als der Samstag da war. Warum wusste ich selbst nicht so genau. Nur wusste ich, dass ich an diesem Oktoberfest als Bedienung eine perfekte Figur machen wollte. Als ich ankam wurde ich eingewiesen für welche Tische ich zuständig war, welche Getränke und Gerichte es gab und wie es mit dem Kassieren vonstatten ging. Ich hab noch gar nicht erwähnt, dass der Onkel meines Ex-Freundes eine Gaststätte hatte, in der wir sehr oft ausgeholfen haben. Somit hatte ich schon einige Erfahrung in der Gastronomie - sonst hätte ich dort nie angefragt.

Der Abend war toll - und anstrengend. Start des Festes war 19:00 Uhr, meine Arbeitszeit begann um 18:00 Uhr. Das Wetter spielte mit, das große Festzelt füllte sich immer mehr. Es waren schätzungsweise 200 Menschen gekommen die großen Hunger aber noch größeren Durst mitgebracht hatten. Ich weiß nicht wie viele Biere, Schnäpse etc. ich an diesem Abend beziehungsweise in dieser Nacht verkauft hatte. Ich weiß nur, dass ich am anderen Morgen um 08:00Uhr zuhause war und einfach nur in mein Bett fiel. Ich war total fertig, im positiven Sinn, denn es hatte mal wieder unendlich Spaß gemacht.

Ich brauche in meinem Job einfach Menschen um mich herum. Ich bin niemand der einen Job ausüben könnte ohne Kontakte zu anderen Menschen. Am Schreibtisch ohne Kontakt zur Außenwelt oder auch in einer Fabrik, ich würde nicht zufrieden sein in meinem Job, mir würde der Kontakt zu Menschen fehlen.

Nachmittags um 15:00 Uhr bin ich in meinem Bett erwacht und merkte jeden einzelnen Knochen. Unter der Dusche wurde es ein wenig besser. Als wir uns um 18:00 Uhr zum Essen trafen wusste ich dass es nicht nur mir so ging. Wir, das waren alle, die die Nacht mit mir durchgearbeitet hatten, sie waren alle viel jünger als ich und trotzdem sprachen sie davon wie fix und fertig sie doch waren nach dieser anstrengenden Nacht.

Wie konnte ich damals nur denken, dass man mit 26 Jahren schon alt ist? Heute bin ich 41 und was soll ich sagen - jetzt geht es erst richtig los. Das zu erkennen war noch ein langer steiniger Weg...

Es war Zahltag. Jeder erhielt einen Umschlag mit seinem Gehalt für die letzte Nacht (wie sich das anhört!? - ich habe wirklich als Servicekraft gearbeitet). Wir saßen zusammen und aßen Schnitzel mit Bratkartoffeln. Ich hatte solch einen Hunger, denn ich hatte den ganzen Tag noch nichts gegessen. Dazu durfte ein leckeres Bierchen natürlich nicht fehlen. Da wir die Nacht so viel zu tun hatten, kamen wir Servicekräfte gar nicht wirklich dazu miteinander zu reden. Das einzige was wir voneinander wussten waren unsere Vornamen, mehr nicht. So kam ich während des Essens mit dem Mädel neben mir ins Gespräch. Wo kommst du her, was machst du so, diese üblichen Fragen halt, die man stellt oder gestellt bekommt. Es war mittlerweile schon 21:30 Uhr und wir quatschten und quatschten. Ich erzählte ihr, dass ich eigentlich aus dem Nachbarort komme, jahrelang woanders gewohnt habe und nun seit dreieinhalb Monaten in der Stadt wohnte. Sie erzählte mir in welchem Ort sie wohnte, ihre Eltern ein großes Haus hätten, von dem sie die untere Wohnung vermieteten. Sie meinte aufgrund meines Alters müsste ich den derzeitigen Mieter eigentlich kennen. Ich dachte mir rein gar nichts dabei und fragte sie nach dem Namen. Als sie diesen ausgesprochen hatte, dieser in meinem Oberstübchen ankam, dachte ich nur es kann nicht wahr sein. Was das wieder für ein Zufall war?!

Es gibt keine Zufälle, dazu erzähle ich später aber noch viel mehr.

Ich saß vor ihr und bekam meinen Mund nicht mehr zu, verschluckte mich an meinem Bier und musste husten damit ich wieder Luft bekam. Wie hatte ich mich gefreut, ich wurde ganz aufgeregt und sagte zu ihr: „Das kann nicht wahr sein, das gibt es nicht. Hast du eine Telefonnummer von ihm? Ja klar kenne ich ihn, schon ewig. Ist eine lange Geschichte. Ich fasse es nicht!" So happy war ich lange nicht mehr! „Ja klar hab ich seine Telefonnummer, wir unternehmen auch oft was zusammen. Ich kann ihn anrufen wenn du willst". Und ob ich das wollte! Sofort! Sie nahm ihr Handy, drückte ein paar Knöpfe und ich hörte wie es anfing zu tuten. Als er am anderen Ende abnahm sagte sie: „Na Oller, wo steckste? Was machste denn gerade? Ich sitze hier in der Kneipe am Eck, hab doch gestern hier gearbeitet". Ich konnte nicht verstehen was er antwortete, es war zu laut im Restaurant.

„Kennst du eine Rosa?"
„….."
„Mit der sitze ich hier, die wartet hier auf dich".
„….." „
„Ja, alles klar, bis gleich".

Sie sagte mir dass er mit seinem Kumpel bei Mc Donalds wäre, er würde gleich zu uns kommen. Ich war gespannt wie ein kleines Kind an seinem Geburtstag wenn es Geschenke bekam und diese voller Spannung auspacken durfte, war immer noch der Meinung das könne alles nicht wahr sein. Mein Bier stand vor mir und ich trank es mit einem Zug aus. Was war ich gespannt – ihn nach so vielen Jahren wiederzusehen.

Wir saßen am ersten Tisch im Restaurant, direkt an der Eingangstür was sehr praktisch war weil man immer genau sehen konnte wer kam und wer ging. Es dauerte keine fünf Minuten bis die Tür geöffnet wurde und er tatsächlich vor mir stand! Genau so wie ich ihn in Erinnerung hatte. Noch immer hatte er seine dunklen Haare, seine dunklen Augen und das gewisse Etwas, was ich damals schon interessant an ihm fand. Er kam auf unseren Tisch zu und sagte das Gleiche wie ich es auch gesagt hatte: „Das kann nicht wahr sein, ich fasse es nicht!" Wir grinsten beide bis über beide Ohren. Ich stand auf, wir begrüßten uns mit einer herzlichen Umarmung. Er roch noch immer so wie damals, ich fühlte mich sofort wohl bei ihm.

Wir waren sehr unhöflich meiner Kollegin der letzten Nacht und seinem Kumpel gegenüber der mitgekommen war. In dem Moment war es einfach so, wir ignorierten die beiden. Wir hatten uns einfach zu viel zu erzählen, wir hatten uns ewig nicht gesehen. Nach meinem Umzug war der Kontakt abgebrochen, wie zu vielen anderen auch. Die meiste Zeit verbrachten wir damit, immer wieder die Köpfe zu schütteln und gefühlte eintausend Mal zu sagen:„Ich fasse es nicht, das kann nicht wahr sein".

Es war mein „BFF" von damals mit dem ich so gut befreundet war, dass alle dachten wir hätten eine Beziehung miteinander, was aber nie gestimmt hatte. Mein „BFF", mit dem ich nach der Trennung von meiner ersten großen Liebe riesigen Spaß hatte. Es war damals niemand mehr im Weg der vor Eifersucht geplatzt war und wir konnten feiern was das Zeug hielt. Wir hatten uns acht Jahre lang nicht gesehen und gehört, von daher gab es sehr viel Redebedarf.

Man sieht sich immer zweimal im Leben !

Es war 22:00 Uhr, das Restaurant wollte schließen. Wir beschlossen den Abend bei Mc Donalds ausklingen zu lassen und fuhren zu viert in seinem VW Golf dorthin. Wir hatten Spaß, lachten viel, es war schön. Die beiden anderen klärten wir erst einmal auf woher und wie lange wir uns schon kannten, wie viele Partys wir schon gemeinsam gefeiert haben und dass wir damals immer diese kleinen braunen Aschenbecher bei Mc Donalds geklaut hatten. Warum wir das erzählten wussten wir beide wohl selbst nicht genau, es lag wahrscheinlich am Ort, der viele Erinnerungen geweckt hatte. Vor lauter Erzählen hatten wir die Zeit ganz vergessen. Als wir auf die Uhr schauten mussten wir feststellen, dass es schon sehr spät war. Es war Sonntag Nacht, wir mussten alle am anderen Morgen wieder arbeiten.

Er bot sich an mich nach Hause zu fahren, was ich natürlich sehr gern annahm. Vor meiner Haustür angekommen redeten wir noch darüber, dass wir es echt nicht fassen konnten dass sich unsere Wege wieder kreuzten, tauschten unsere Handynummern aus und vereinbarten uns am nächsten Tag zu schreiben. Glücklich darüber ihn wiedergesehen zu haben legte ich mich ins Bett. Ich wollte gerade schlafen als mein Handy piepte. Ich hatte eine SMS bekommen.

Heutzutage schreibt man ja Whats App Nachrichten, aber damals, vor 16 Jahren, gab es diesen ganzen Schnickschnack noch nicht. Ich verfluche so manche Tage diese ganze Technik die es in der heutigen Welt gibt.

Mein Handy blinkte, ich drückte auf den Knopf zum Anzeigen. Die Nachricht war von ihm, dort stand: `Jetzt habe ich extra einen Aschenbecher bei Mc Donalds für dich geklaut und vergessen ihn dir im Auto zu geben. Du bekommst ihn beim nächsten Mal. Schlaf gut`. Ich musste schmunzeln, legte mein Handy zur Seite und schlief schnell ein.

Das Wochenende war zu hart, das bekam ich am Montag Morgen zu spüren. Als der Wecker um 6:00 Uhr klingelte wollte ich einfach nicht aufstehen. Es war zu früh, zu dunkel, meine Knochen taten mir weh. Aber es nutzte ja nichts, die Arbeit rief.

Ich bin noch immer ein absoluter Morgenmuffel! Wer mich morgens anspricht sollte darauf gefasst sein, dass er es mit einem für ihn fremden Wesen zu tun hat, das aus mir spricht. Ich bin ein Ekel, so einfach ist das. Es gibt diesen Spruch: Ich beneide die Leute, die morgens früh aufstehen, duschen, Kaffee trinken und zur Arbeit fahren. Ich brauche erst einmal eine halbe Stunde um zu wissen wer ich bin! Genau das bin ich!

Meine Familie weiß das und lässt mich in Ruhe falls ich mal später aufstehe als sie. Mittlerweile bin ich aber in einem Alter, in dem länger schlafen mich noch kaputter macht. Ich versuche selbst am Wochenende immer zur gleichen Zeit aufzustehen und es tut mir und auch meiner Familie gut, denn dann habe ich meine morgendliche Ruhe und laufe keine Gefahr, jemanden zu „töten" weil er redet.

Natürlich haben wir, er und ich, uns gleich am nächsten Tag geschrieben und getroffen. Es knisterte, wir wollten zusammen sein. Die letzten Jahre haben mich, durch das was ich erlebt hatte in Sachen Beziehung, sehr geprägt und das was er mir von sich erzählte war auch nicht ohne. Auch er hatte einiges durch was nicht spurlos an ihm vorbeigegangen war. Wir verstanden uns wie früher, brauchten nichts sagen und wussten trotzdem was der andere meinte. Es dauerte nicht lange bis es zum ersten Kuss kam, wir waren unzertrennlich. Es verging kein Tag ohne dass wir uns nicht gesehen haben. Wir waren 26 und 27 Jahre jung und waren uns einig auf nichts mehr warten zu wollen. Er kündigte seine Wohnung und zog nach vier Wochen bei mir ein. Warum soll man auf etwas warten? Vor allem auf was soll man warten? Wer sagt, dass man sich erst kennenlernen muss bis man zusammenziehen kann? Wir wollten es von Anfang an - uns richtig kennenlernen, mit allem was dazugehört. Sei es mit den Macken, dass der eine dies oder das irgendwo herumliegen lässt, was den anderen vielleicht stört. Oder auch, dass man von Anfang an weiß, dass der Mann nach dem Kacken kein Fenster öffnet?! Wir waren uns einig, wir wollten das volle Programm von Anfang an.

Nina war nach wie vor völlig verknallt in ihren Neuen. Er war die Woche über auf Montage und somit nur am Wochenende bei ihr. So schnell hatte sich alles geändert. Innerhalb eines Vierteljahres haben wir beide unser

Glück gefunden, saßen wir doch manche Nächte heulend bei lauter Musik (meist waren es Schnulzen von PUR, die sich nochmal so richtig in die Wunde gegraben hatten) im Wohnzimmer und haben die Männer auf den Mond geschossen.

Die Beziehung zwischen meinem Freund und mir lief wunderbar, Wolke sieben gehörte uns. Wir hatten alles richtig gemacht. Nicht lange nach seinem Einzug hingen alle Bilder an der Wand, neue Möbel brauchten wir nicht mehr. Es kam ja noch ein ganzer Haushalt dazu. Das was ich nicht hatte hatte er und somit war alles komplett eingerichtet.

Auch das Thema Kinder kam relativ schnell auf den Tisch. Wir beschlossen dass ich die Pille absetzen würde. Wir hatten zwar alle Zeit der Welt, doch wollten wir nichts mehr gegen eine Schwangerschaft tun. Somit wanderte die Pille in den Müll und wir ließen alles auf uns zukommen.
Mit Nina wollte ich nicht so gern darüber reden. Sie erzählte mir eines Abends, dass ihre langjährige Ehe unter anderem in die Brüche ging weil es mit dem Kinderwunsch nicht geklappt hatte. Es muss für beide sehr schwer gewesen sein wenn man alles versucht und es nicht klappen will. Künstliche Befruchtung, Hormone, sie hatten alles ausprobiert und doch sollte es nicht sein. Ich vermute sie konnten beide dem innerlichen Druck nicht mehr standhalten und es war besser dass sie sich trennten.

Die Natur wird wissen warum sie es nicht zugelassen hat, dass sie mit diesem Mann Kinder bekommen sollte. Es gibt für alles einen Grund.

Es war ein kalter Tag im Januar, ich fasste mir ein Herz und fuhr ins Solarium, in dem Nina nebenbei für ein paar Stunden arbeitete. Ich wollte es ihr an dem Tag erzählen, ich wollte dass sie als Erste erfährt dass ich die Pille abgesetzt hatte und es ernst wird mit der Zukunftsplanung. So fuhr ich also los und hatte das Glück dass es nicht so voll war. Wir hatten genügend Zeit zum Quatschen. Ich bekam meinen leckeren Kaffee, wie immer wenn ich da war. Und ich war oft da, sehr oft, ich liebte es braun zu sein und ich liebte den Geruch vom Solarium.

Wenn ich keine Sonne bekomme sehe ich aus wie Schneewittchen, einfach furchtbar blass. Heute gehe ich nicht mehr ins Solarium weil ich irgendwann bemerkt habe dass es meiner Gesundheit nicht gut tun kann. Ich konzentriere mich lieber auf die inneren Werte – aber wie schon oft von mir geschrieben: all das musste ich durch den harten Kampf der noch vor mir lag erst lernen.

Als Halbitalienerin blass sein? Ja so etwas gibt es, ich bin das beste Beispiel. Das Thema „Vater" hatte ich die Jahre über weiterhin komplett verdrängt, es spielte irgendwie keine große Rolle in meinem Leben. Vielleicht wollte ich aber auch einfach nicht daran denken, vielleicht wollte mein Körper mich zu der Zeit noch beschützen, da ich Kraft brauchte für die Familienplanung oder das allgemeine Leben welches mir durch den Alltag keine Möglichkeit gab um weiter darüber nachzudenken. Schließlich war ich in meinem Job die Beste und ohne mich lief wie gesagt ja gar nichts, ich war unabkömmlich.

Nina und ich erzählten ein wenig über die Wochenendplanung und die neuesten Gerüchte die in der Stadt im Umlauf waren. Wie sollte ich mit dem speziellen Thema beginnen? Ich nahm mir eine Zigarette aus meiner Schachtel und bot auch ihr eine an. Als sie verneinte schaute ich sie ungläubig an und fragte, was denn mit ihr nicht stimmen würde. Noch nie hatte sie nein zu einer Zigarette gesagt. Sie stand auf, stellte sich vor mich und machte mit ihrer Hand eine Bewegung die mir etwas sagen sollte, die ich aber nicht verstand. Sie hielt ihre Hand an ihren Bauch, etwas über dem Bauchnabel, streckte sie nach vorne, begann eine Halbkugel zu formen, bis ihre Hand unter dem Bauchnabel wieder an den Körper kam. Dass ich es nicht verstanden hatte erklärte wohl mein Gesichtsausdruck, denn sie fragte mich: „Nicht kapiert? Ich bin schwanger!". Wenn ich nicht gesessen hätte wäre ich vom Stuhl gefallen. Schwanger? Sie? Wie sollte das gehen? Eine Frau, der von Ärzten gesagt wurde sie könne keine Kinder be- kommen? Unfassbar! Ich wusste nicht ob ich mich freuen sollte oder heulen, ich wusste ja gar nicht ob sie das Kind überhaupt wollte. Meine Fragen erübrigten sich als sie anfing von allein zu berichten. Ihr ging es schlecht, die bekannte Übelkeit war ihr morgendlicher Begleiter. Sie ist zum Arzt gegangen, der feststellte dass da jemand in ihr wächst. Sie selbst hatte es natürlich nicht geplant - wie denn auch, wenn man keine Kinder bekommen kann? Beide, sie und auch ihr neuer Freund wollten das Kind auf jeden Fall, auch wenn es absolut nicht geplant war. Ich war baff, völlig durcheinander, weil ich nicht glauben konnte dass man einem Menschen so etwas sagt „Tut mir leid, Frau soundso, aber sie werden nie im Leben ein Kind bekommen können, denn ihre Gebärmutter ist verkrümmt und ihre Hormone spielen auch nicht mit". Und dann auf einmal heißt es „Herz- lichen Glückwunsch, Frau soundso, sie sind schwanger". Ich rauchte auf den Schreck eine nach der anderen.

Ich hatte das Thema ein wenig verdaut und meine Freundin fragte mich was ich ihr denn eigentlich erzählen wollte, bevor sie mir von der Schwangerschaft berichtete. Kopfschüttelnd fing ich an zu grinsen, dann musste ich lachen und sagte einfach nur: „Eigentlich bin ich hier um dir zu erzählen, dass ich die Pille abgesetzt habe und wir mal schauen wollen ob und wie schnell es mit einem Baby klappt". Wir mussten beide herzlich lachen, ich rauchte noch eine weitere Zigarette für sie mit.

Im April 2005 überraschte ich meinen Freund mit einer Reise. Freitag Nachmittag bin ich ins Reisebüro gegangen und habe Last Minute eine Woche Mallorca gebucht. Der Abflug war am Sonntag, so dass wir nicht mehr viel Zeit hatten um unsere Koffer zu packen.

Heute muss ich für vier Personen packen und da ich die einzige weibliche Person im Haus bin, außer unserer Hündin Betty, muss ich für vier denken. Viele Männer sind einfach nicht für so etwas geboren wie Koffer packen, planen etc. Zumindest kenne ich in meinem Umfeld keinen der es ohne weibliche Hilfe hinbekommen würde.

Es war April und wir auf Mallorca, es war herrlich. Es gab kaum Urlauber dort, es war ganz anders als man es aus dem TV kannte, kein Party-Alarm oder desgleichen. Himmlische Ruhe machte sich auf der Insel breit, wir genossen unsere sechs freien Tage in vollen Zügen. Das einzige was zu der Zeit geöffnet hatte war der „Bierkönig" wo man abfeiern konnte, wenn man Lust dazu hatte. Wir lernten ein schwules Pärchen in unserem Hotel kennen mit denen wir an einem Abend den Bierkönig unsicher gemacht haben. War das ein Spaß. Wir tranken Jägermeister Red Bull mit langen Trinkröhrchen aus einem 5 Liter Eimer, haben auf den Tischen getanzt und „die Sau raus gelassen", während aus den Lautsprechern die aktuellsten Party - Hits dröhnten.

Normalerweise hätte meine Regel sich genau in der Woche bemerkbar machen müssen, doch irgendwie passierte nichts. Ich schob es auf den Stress zuhause, die Umstellung wegen des Urlaubs etc. Zuhause angekommen rechnete ich nochmal genau nach und doch, es war richtig. Genau in der Woche hätte ich meine Regel haben müssen. So schnell konnte das doch nicht funktionieren, ich konnte doch unmöglich so schnell schwanger geworden sein. Nein, immer wieder schob ich es auf den Stress und wartete noch zwei Wochen. Am 29.04., dem Geburtstag meiner Cousine, vertraute ich mich ihr an und erzählte ihr, dass da irgend etwas nicht stimmen konnte. Sie schmunzelte und war aufgeregter als ich als wir nach der Geburtstagsfeier zur Notdienst-Apotheke gefahren sind um einen Test zu kaufen. Auf dem Weg zu ihr nach Hause wurde mir ganz mulmig, ich hielt tatsächlich einen Schwangerschaftstest in der Hand. Es wurde spannend. Ich ging ins Badezimmer, pullerte auf das Teststäbchen. Gemeinsam warteten wir die langen Minuten ab bis wir die Linie auf dem Teststreifen mit der Erklärung der Packungsbeilage vergleichen konnten. Das Ergebnis war eindeutig: ich war schwanger! Freuen konnte ich mich nicht so richtig, hatte ich doch bis vor einer halben Stunde noch geraucht, dem Alkohol war ich im Urlaub auch nicht abgeneigt. Es gab mir zu denken.

Der Termin beim Frauenarzt bestätigte die Schwangerschaft, ich erhielt einen Mutterpass. Meine Ärztin beruhigte mich auf meine Frage bezüglich des Alkohols und Rauchens. Der Körper hätte es schon von allein geregelt wenn es zu schädlich gewesen wäre für das Kind. Beruhigt hatte es mich nicht, doch ich versuchte der Ärztin zu glauben.

Die komplette Zeit der Schwangerschaft hatte ich panische Angst dass irgend etwas mit dem Kind sein könnte. Bei jedem kleinen Ziepen oder Ziehen hatte ich Angst, dass das Kind in meinem Bauch schlecht versorgt wurde, es ihm nicht gut ging. Immer wieder bin ich wegen jeder Kleinigkeit zu meiner Ärztin gegangen, in der Hoffnung dass alles gut wäre. Ich meine gesehen zu haben, dass die Angestellten schon mit den Augen rollten wenn sie mich durch die Tür kommen sehen haben. Ich hatte keine schöne Schwangerschaft, ich hatte mehr Angst als dass ich mich darauf freuen konnte. Die achtundzwanzig Kilogramm, die ich während der neun Monate zunahm, machten mein Befinden nicht unbedingt besser. Ich fühlte mich nur noch hässlich, hässlicher als sonst. Mein Selbstbewusstsein war unter null, ich hatte schon vor der Schwangerschaft recht wenig davon. Immer verglich ich mich mit anderen Frauen die viel schöner und schlanker waren als ich. Ich schaute in den Spiegel, hätte am liebsten geweint weil ich mich nicht mehr ertragen konnte.

Mein Chef wurde zum Riesenarschloch. Nachdem ich ihm erzählte dass ich schwanger bin machte er mir die Arbeit zur Hölle. Ich wurde gemobbt, es war reiner Psychoterror für mich. Meine Ärztin schrieb mir ein Beschäftigungsverbot aus, ich durfte ab dem sechsten Schwangerschaftsmonat wegen leichter Blutungen nicht mehr arbeiten.

Nicht nur mein Chef machte mir das Leben zur Hölle, auch zuhause in den eigenen vier Wänden verschlechterte sich die Stimmung von Woche zu Woche. Nicht weil ich schwanger war, sondern weil in der letzten Zeit gehäuft Briefe an meinen Freund adressiert im Briefkasten landeten. Die Absender waren von diversen Rechtsanwälten. Natürlich habe ich sie nicht geöffnet, sie waren ja nicht an mich gerichtet. Wenn er nach Hause kam legte ich die Briefe auf den Tisch und fragte was das denn wieder für ein Brief sei. Ich bekam meine Erklärungen dafür, er hatte vor meiner Zeit ein bisschen „Scheiße" gebaut. Ich war ihm nicht böse, wäre aber doch glücklicher gewesen wenn er von Anfang an die Karten auf den Tisch gelegt hätte. Jeder hat irgendwo sein Päckchen zu tragen, außerdem wusste ich, dass er schon früher viel „Blödsinn" im Kopf hatte. Ich unterstützte ihn dabei die Rechnungen zu begleichen, damit er so schnell wie möglich schuldenfrei war. Ich wollte, dass das alles zügig geklärt wird und die Themen vom Tisch waren. Für einen ehrlichen Menschen wie mich war das heikel, ich konnte schlecht damit umgehen. Doch wollte ich ihn aber auch nicht dafür verurteilen was er vor meiner Zeit gemacht hatte.

Es hörte nur leider nicht so schnell auf mit irgendwelchen Briefen – immer wieder kamen Mahnungen und andere Briefe ins Haus geflattert. Ich war mit den Nerven am Ende. Habe immer und immer wieder gefragt was da noch kommt, wann das alles aufhört, er solle mir endlich die Wahrheit sagen. Er hat mir immer wieder beteuert, dass da nichts mehr kommen kann, dass das alles war. Weinend saß er vor mir, entschuldigte sich etliche Male. Er wollte mich nicht verlieren, er liebte mich, er hätte einfach nur Angst gehabt dass ich ihm keine Chance geben würde wenn er mir erzählt hätte, was er alles „verbockt" hat. Ich habe nur noch geschrien, ich steckte voller Wut darüber, dass er mir nicht von Anfang an die Wahrheit gesagt hatte. Und da war sie wieder- die Erinnerung an das was damals auf meinem braunen Sessel war. Die Lügen, die man mir jahrelang aufgetischt hatte in Bezug auf meinen Vater. Jeden Tag hatte ich Angst davor den Briefkasten zu öffnen - ob wohl wieder ein böser Brief darin lag? Ich war mit den Nerven am Ende und saß jedes Mal wieder in der Küche, mit meinem mittlerweile stetig wachsenden Bauch und weinte und weinte.

Jede andere Frau hätte wahrscheinlich die Notbremse gezogen und wäre gegangen. Ich habe es nicht getan obwohl ich zutiefst verletzt und sehr enttäuscht wurde. Ich konnte nicht gehen, meine Gedanken waren bei meinem Baby das in mir wuchs. Ich hatte es nicht anders verdient, mein Leben war schließlich schon immer so dass man alles mit mir machen konnte. Ich habe ihm verziehen, es waren trotz allem schließlich auch Gefühle im Spiel. Ich habe verziehen, vergessen habe ich es nicht.

Ja, es war eine verdammt harte Zeit. Diese Monate waren schlimm. Und doch haben wir es geschafft und sind zusammengeblieben. Zum Glück kamen dann auch wirklich keine Briefe mehr, außer solche in denen stand, dass alles erledigt war.

Ich hätte nicht gehen können, was wäre mit unserem Kind geworden? Ich wollte nicht dass es meinem Baby so geht wie mir, ich wollte nicht dass es ohne Vater aufwächst. Ich wollte es einfach perfekt haben - eine kleine heile Familie. Mutter-Vater-Kind – so wie wir es im Kindergarten immer gespielt haben. Es sollte genau das Gegenteil von dem sein wie es in meinem Leben verlaufen war. Nichts sollte mich in meinem Leben mehr daran erinnern wie ich aufgewachsen bin. Natürlich waren auch Gefühle im Spiel. Ich habe es aus Liebe getan, mich aus Liebe dafür entschieden mit diesem Mann ein Kind zu haben. Auch aus diesem Grund konnte ich nicht gehen, er bedeutete mir einfach zu viel. Ich sehnte mich so sehr nach Perfektion, es sollte perfekter als perfekt werden – mein weiteres Leben. Dazu gehörte natürlich auch eine Hochzeit. Wir haben beschlossen zu heiraten, so wie „man" das halt macht. Das Kind sollte nicht unehelich geboren werden in unserer katholischen Gegend.

Der Termin für die standesamtliche Trauung war im September, drei Monate bevor das Kind zur Welt kommen sollte. Die Planung war alles andere als schön. Jeder, außer uns beiden, hatte etwas zu sagen. Alles wurde von seinen Eltern und einem Teil meiner Familie geplant. Das einzige was wirklich wir geplant hatten war der eigentliche Termin und was für uns beide von Anfang an feststand - wir würden „nur" standesamtlich heiraten und niemals kirchlich, was zunächst auf Widerstand stoß.

Es waren an unserem Hochzeitstag 82 Gäste die mit uns feierten. Die Hälfte davon kannte ich nicht. Es waren alle möglichen Onkel und Tanten von der Seite meines Mannes anwesend die selbst er nur flüchtig kannte. Doch uns wurde gesagt es musste so sein, man lädt die Familie ein, „man" macht das so. Von meiner Seite her waren es nicht allzu viele Personen. Meine Familie war kleiner als seine, doch ich kannte sie zumindest alle.

Der D.J. war ein älterer Mann namens Alfred, der von meinem Schwiegervater organisiert wurde. Wir haben ihm vertraut, weil er ihn angepriesen hatte wie einen „Super Discjockey" der die Hütte zum Beben bringen würde. Ja, wir wollten tanzen und Spaß haben an unserem Tag. Was soll ich sagen? Man hätte ihn besser für eine Beerdigung gebucht als zu einer Hochzeit. Fürchterliche Musik spielte er auf seinem Keyboard, dazu kam noch sein schiefer Gesang, es war einfach nur grauenvoll. Ich war mittlerweile schon kugelrund, obwohl ich erst im siebten Monat schwanger war und einfach nur froh, als dieser Tag sich dem Ende neigte. Um 03:00 Uhr morgens lagen wir frisch verheiratet im Bett, heilfroh dass alles vorbei war. Ich hatte mir meine eigene Hochzeit anders vorgestellt, doch hatte ich es immerhin allen anderen Recht gemacht. Somit war ich mit der Hochzeit im Großen und Ganzen „zufrieden", obwohl wenig davon so war wie es unserer Vorstellung entsprach.

Ich würde nie wieder heiraten. Nicht weil ich die Person nicht liebe, sondern einfach deshalb weil es total unnötig ist. Ich könnte auch ohne Trauschein glücklich mit jemandem zusammenleben, hätte keine Lohnsteuerklasse 5, würde weniger Steuerabzüge haben und auch sonst hätte ich viel mehr Vorteile als Frau. Es würde nicht so viel „dran hängen" im Falle einer Trennung.
Wenn ich aber doch noch einmal heiraten würde, dann so wie es mir gefällt. Ich würde nur im kleinsten Kreis heiraten, mit denen zusammen sein wollen die mir wichtig sind. Wenn ich darüber nachdenke, wären es bei meiner Hochzeit nicht mehr als zehn Personen. Ich würde nur die Personen einladen die mir am Herzen liegen. Wir würden nach dem Standesamt eine Grillparty feiern, ich wäre nicht schwanger und könnte mit allen anderen anstoßen. Nie wieder würde ich es so tun wie vor vierzehn Jahren.

Ich wusste es damals einfach nicht besser, ich lebte nach dem was mir vorgelebt wurde, so wie ich erzogen wurde - es allen anderen Recht zu machen. Heute lebe ich so wie es mir gefällt und nicht um für andere gut da zu stehen – ein verdammt gutes Gefühl sag ich dir!

Nina konnte leider bei unserer Hochzeit nicht dabei sein, sie hatte vier Tage vorher ihr Baby bekommen. Es gab Komplikationen, sie mussten einen Notkaiserschnitt machen. Dabei wurde ihr Darm verletzt und letztendlich war es so schlimm dass sie sich die ersten Monate kaum um ihren Sprössling kümmern konnte. Sie bekam kurzweilig sogar einen künstlichen Darmausgang, musste mehrmals operiert werden und hat einen Höllentrip hinter sich den ich niemandem wünsche. Sie hatte einen großen Preis dafür bezahlt dass sie ein - zum Glück - gesundes Kind zur Welt gebracht hat.

Im Dezember war es soweit - unser Sohnemann wollte auf die Welt kommen. Es waren noch zehn Tage bis zum Geburtstermin, ich kam gerade von meiner Mutter. Mit 19 Jahren war ich noch einmal große Schwester geworden. Meine Mutter war 36 Jahre alt als sie Zwillinge zur Welt gebracht hatte. Wir hatten gelegentlich Kontakt miteinander wenn sie Termine bei ihrem Frauenarzt hatte, der direkt neben der Apotheke war in der ich damals gearbeitet habe. Als ich den Anruf bekommen hatte dass die Zwillinge auf der Welt sind, bin ich noch am gleichen Tag ins Krankenhaus gefahren um die beiden Mädchen zu begrüßen. Nicht wegen meiner Mutter, sondern wegen dieser zwei wundervollen Babys, nur aus diesem Grund bin ich öfters zu ihr gefahren und habe mit meinen kleinen Schwestern gespielt. Der Kontakt war halt da, aber eine gute Mutter-Kind-Beziehung ist daraus nie entstanden. Ich hoffte immer nur inständig, dass sie es bei den beiden endlich anders machen würde als bei meinem kleinen Bruder und mir.

Ich lag auf dem Sofa um ein bisschen Fernsehen zu schauen. Plötzlich bekam ich solch starke Bauchschmerzen, ich krümmte mich vor Schmerzen. Gerade noch rechtzeitig hatte ich es zur Toilette geschafft, fast wäre der Durchfall in meiner Hose gelandet. Mir war hundeelend, ich dachte sofort an eine Magen – Darm – Grippe die ich mir irgendwo eingefangen hatte. Das fehlte mir auch noch, so kurz vor dem Geburtstermin. Mein Mann schaute auf die Uhr und meinte grinsend: „Wenn diese Krämpfe in regelmäßigen Abständen von sechs Minuten kommen ist es wohl keine Magen – Darm – Grippe sondern an der Zeit ins Krankenhaus zu fahren!" Nie im Leben hätte ich gedacht dass das Wehen sein könnten, ich hatte mich völlig auf ein anderes Datum konzentriert. Dass der junge Mann schon eher auf die Welt kommen wollte - daran hatte ich beim besten Willen nicht gedacht.

Im Krankenhaus angekommen wurde ich gleich ans CTG angeschlossen. Wir haben gewartet, dass es endlich weiter ging mit der Geburt. Nur irgendwie wollte der Junior sich nicht so richtig auf den Weg machen, was durch einen Wehen-Tropf beschleunigt wurde. Ich mache es kurz- nach 10 Stunden hartem Kampf war er endlich da. Wir waren tatsächlich Eltern. Es gibt einfach nichts Schöneres als dieses Gefühl der Mutterliebe, welches sich nach neun Monaten im Bauch noch um das Tausendfache verstärkt. Der kleine Zwerg lag in meinen Armen, ich war voller unendlichem Glück.

Mein Mann war zum Zeitpunkt der Geburt nicht dabei. Es war zu viel für ihn mich so leiden zu sehen, sein Kreislauf spielte nach einigen Stunden nicht mehr mit, er wurde immer blasser im Gesicht. Ich glaube der Arzt machte sich mehr Sorgen um ihn als um mich und bot meinen Mann an sich doch in den Kreißsaal nebenan zu legen, bevor er vor unseren Augen umkippt. Ich habe meinen Mann quasi aus dem Kreißsaal „geworfen", wir alle hatten Wichtigeres zu tun als einen 28jährigen mit einem Kreislaufkollaps behandeln zu müssen. Nachdem der kleine Mann gewogen war und kontrolliert wurde ob alles an ihm dran ist, holte die Hebamme meinen Mann zu uns. Auch er war sofort voller Glück für seinen Sohn - ein stolzer Papa der nicht aufhören konnte zu weinen.

Am zweiten Tag wurde unser Baby von einem Kinderarzt untersucht, der beim Abhorchen Herzgeräusche bei unserem Sohn feststellte die nicht „normal" waren. Was sollte das heißen, nicht „normal"? Wir mussten schnellstmöglich in die Kinderklinik in die nächste Stadt um kontrollieren zu lassen was nicht stimmte. Es wurde ein Taxi gerufen. Eine Kranken-schwester begleitete mich ins Klinikum, ich hätte es nervlich nicht alleine geschafft. Ich war ein Wrack, die schwierige Geburt steckte noch in meinen Knochen.

Nach der Untersuchung im Klinikum musste ich erfahren, dass unser Sohn ein Loch im Herzen hatte, es aber nicht operiert werden müsse, denn die Wahrscheinlichkeit sei groß, dass es sich von allein verwächst. Das hat mir in dem Moment super viel gebracht, nämlich rein gar nichts, denn ich hatte einen zwei Tage alten Säugling im Arm der herzkrank war. Wir fuhren mit dem Taxi zurück in das Geburtskrankenhaus, ich war froh die Krankenschwester bei mir zu haben, war nicht in der Lage mich um mein Kind zu kümmern, so sehr hatte ich geweint.

Was hatte ich nur falsch gemacht? Alles habe ich bei mir gesucht - ICH hatte Schuld daran dass mein Sohn ein Herzproblem hatte. ICH war diejenige die das alles zu verschulden hatte.
So fing es alles an – der Weg in die Hölle!

Wochenbett, dritter Tag. Ich wachte auf und alles war anders, ich konnte nur noch weinen. Schaute ich mein Baby an musste ich weinen. Schaute ich meine Bettnachbarin an musste ich weinen. Egal in welcher Situation - ich musste weinen. Die Krankenschwestern beruhigten mich mit den Worten, dass es völlig normal wäre, viele Frauen hätten diesen „Blues" und es würde sich schon wieder legen. Die Hormone würden verrückt spielen. Tatsächlich ging es mir nach sechs Tagen „besser" , ich konnte auch schon mal zwei Stunden am Stück durchhalten ohne zu weinen, was ein echter Fortschritt war.

Wir durften das Krankenhaus nach einer Woche verlassen, zuhause angekommen war ich mehr als unsicher. Der kleine Wurm und ich waren alleine zuhause, was wäre wenn etwas mit ihm ist und ich bekomme es nicht mit, wenn er blau anläuft, was wenn er mir jetzt weg stirbt – ich hatte doch keine Ahnung wie ich mich in Notsituationen verhalten sollte. Mein Mann war den ganzen Tag arbeiten, er hatte nur seine zwei Tage Sonderurlaub bekommen, die ihm bei der Geburt des Kindes zustanden. Es war kurz vor Weihnachten, er arbeitete im Einzelhandel, in diesem Monat ist, wie wir alle wissen, Hochsaison.

Nichts auf der Welt ist so unwichtig wie der Job. Es gibt so viele wichtigere Dinge im Leben als sich für die Arbeit und das Geld kaputt zu machen. Man verpasst einfach zu viel im Leben. Ich denke, dass es viele Menschen gibt, die nicht ihr Leben leben, sondern nur das machen was die Masse auch tut - im Strom mitschwimmen.

Ich habe keine Nacht geschlafen, wirklich – keine Nacht! Schlief das Kind war ich hellwach. Ich hatte eine so furchtbare Angst um ihn, ich fand einfach keine Ruhe. Nacht für Nacht saß ich an seinem Bett und achtete nur darauf ob und wie er atmet. Zudem war er ein Schrei-Kind, die ersten Monate waren die Hölle, ich war am Ende meiner Kräfte und Nerven. Wie sollte ich das alles schaffen? Nervlich und auch körperlich ging fast nichts mehr. Ich hatte Schlafmangel, mein Kreuz tat weh vom ständigen Tragen, ich war alles andere als eine glückliche Mutter eines neugeborenen Kindes. Hatten wir Besuch von Freunden oder Familie war es sehr schwer für mich ihn aus meinen Händen zu geben. Ich wollte ihn immer und jederzeit beschützen, bei mir haben. Ich hatte Angst jemand könnte ihn fallen lassen oder „falsch" anfassen.

Als der Kleine zehn Tage alt war bemerkte ich beim Waschen und Wickeln eine Art Knoten an seinem Hals, unter dem Ohr. Dieser Knoten war hart und fühlte sich komisch an. Voller Panik bin ich sofort zu unserer Kinderärztin gefahren und zeigte ihr dieses Etwas. Sie wusste selbst nicht genau was sie mir sagen sollte, nur soviel wie sie könnte es sich auch nicht erklären. Ich sollte schnellstmöglich eine Tasche packen und mich auf den Weg in die Uniklinik machen. Aufgrund seines Herzfehlers würden wir sicherlich ein paar Tage dort verbringen müssen. Ich konnte es nicht glauben, was sollte das für ein Start für eine kleine Familie sein? Womit hatte ich das alles nur verdient? Ich rief meine Schwiegermutter an, die mit uns beiden ins Krankenhaus fuhr. Die ganze Fahrt über weinte ich, hatte Angst vor dem was auf uns beziehungsweise ihn zukommen würde.

Dort angekommen wurden etliche Untersuchungen gemacht, Blut wurde abgenommen und wie die Kinderärztin schon prophezeite wurden wir stationär aufgenommen. Keiner konnte uns wirklich sagen was das denn nun sein sollte an seinem Hals. Aus dem Grund mussten wir dort bleiben. Das Erste was gemacht wurde, war meinem zehn Tage jungen Baby einen Tropf zu verpassen durch den er Medikamente bekam. Da es nicht so wie normal geklappt hat mit dem Legen der Braunüle in die Hand, entschieden die Ärzte dem Kind die Braunüle am Kopf zu befestigen. Es war so furchtbar, er schrie wie am Spieß und beruhigte sich kaum. Es tat mir in der Seele weh und ich wollte ihm am liebsten alle Schmerzen abnehmen, denn ich hatte sie genau gefühlt. Ich fühlte den Schmerz meines Kindes. Nie in meinem Leben werde ich diesen Anblick vergessen, wie dieses zehn Tage alte kleine Bündel in meinen Armen lag, mit einem Tropf in seinem Kopf, wo durch einen Schlauch Antibiotika in seinen Körper gepumpt wurden. Niemals! Am nächsten Tag wurde er weiter untersucht, dieser Knoten mit einem Skalpell geöffnet. Es kam ein weißlich gelbes Sekret heraus und davon nicht wenig. Zum Glück musste der Schnitt nicht auch noch genäht werden. Es hieß abwarten, dieses Sekret müsste untersucht werden. Er bekam weiterhin Antibiotika durch den Tropf, nur dass die Stelle der Braunüle vom Kopf an den Hacken verlegt wurde. Nach drei Tagen in der Klinik ohne ein Ergebnis wurde ich immer unruhiger, mein Schrei-Kind machte es mir nicht leichter mich etwas zu beruhigen.

Es war einen Tag vor Heiligabend, an dem uns nach mehrmaligem Nachfragen ein Arzt mitteilte, dass soweit alles in Ordnung wäre. Es sei nichts Bösartiges, sondern so etwas wie ein Abszess der sich gebildet hatte, warum auch immer an dieser Stelle am Hals. Leider könnten wir aber noch nicht nach Hause, da die Antibiotika unter ärztlicher Kontrolle weiterhin gegeben werden müssten, aufgrund des Herzfehlers. So verbrachten wir unser erstes Weihnachten in der Uniklinik. Es war traumhaft schön -

105

Ironie off. Zum Glück hatte ein Pizza Lieferservice geöffnet, so machten mein Mann, Sohnemann und ich das beste draus. Frohe Weihnachten mit Pizza unterm Tannenbaum auf dem Krankenhausflur. Welch Freude - ich habe geheult, geheult, geheult und war mit den Nerven komplett am Ende. Ich hatte mir den Start des Elternseins eindeutig anders vorgestellt.

Ich weiß dass ich damals Wochenbett-Depressionen hatte und es niemand erkannt hatte. Selbst ich nicht, denn ich kannte dieses Wort gar nicht, hatte den Ärzten und meiner Hebamme mein vollstes Vertrauen geschenkt. Sie wussten es schließlich besser als ich, sie waren die Profis mit der langjährigen Erfahrung in ihren Berufen. Immer wieder wurde ich beruhigt mit den Worten, dass sich das alles wieder legen würde mit den vielen Tränen, den sehr starken Emotionen etc. Bullshit! – das war der Start in die abgrundtiefe Hölle die da auf mich zukommen sollte.

Als mein Baby acht Monate alt war mussten wir erneut zum Kontroll-Termin in die Universitätsklinik. Wir waren großer Hoffnung dass alles gut ausgehen würde, denn nach der Geburt, als das mit dem Herzen festgestellt wurde, sagten uns die Ärzte ja, dass es sein kann dass sich dieses Loch im Herzen von selbst verschließen könne. Die Hoffnung stirbt zuletzt sagten wir uns immer wieder.

Und tatsächlich: Es wurde erneut Ultraschall gemacht und die Ärzte teilten uns freudig mit, dass mit unserem Sohn alles in Ordnung wäre. Sein Herz schlägt genau so wie bei einem gesunden Kind, es hatte sich alles verwachsen. Wir konnten es nicht glauben, die Tränen flossen uns über unsere Gesichter. Es war vorbei! Er war gesund! Ab jetzt würde endlich alles gut werden.

Die Jahre vergingen, der kleine Mann war putzmunter, ein pfiffiges Kerlchen. Er machte unser Glück perfekt. Ich war eine Glucke, auch als er schon älter war. Behütet haben wir ihn wie ein Stück Glas, welches nicht herunterfallen durfte, da es sonst zerbrechen würde. „Pass auf dass du nicht fällst" „Warte, ich helfe dir beim Klettern" „Pass auf das ist gefährlich" waren typische Sätze. Ich hab ihn nicht aus den Augen gelassen. Die Angst war noch immer da. Angst, dass ihm irgend etwas passieren könnte. Ich wollte nicht wieder Schuld daran sein dass ihm irgendetwas zustößt. Ich hatte schließlich schon Schuld daran dass er einen Herzfehler hatte und soviel leiden musste. Ja ich suchte die Schuld in einer schlechten Situation bei mir. Alles was passierte, was nicht gut war, war meine Schuld.

Sicher, jeder hat Angst um sein Kind und möchte dass es behütet aufwächst, doch bei mir war das schon eine ganz harte Nummer. Wenn ich ihn morgens in den Kindergarten gebracht hatte und er an mir klammerte, weil er nicht wollte dass ich gehe, fühlte ich mich schlecht. Die ganzen drei Jahre der Kindergartenzeit verliefen so, es war ein morgendliches Drama. Ich blieb ihm gegenüber immer stark, doch sobald ich den Kindergarten verließ fühlte ich mich schrecklich. Ich wollte alles perfekt machen für mein Kind, ich wollte niemals dass er so etwas fühlen musste wie ich es als Kind gefühlt und erlebt hatte. Ich wollte ihn mit meiner Liebe überschütten, immer für ihn da sein, egal wie schlecht es mir ging. Nur ihm sollte es gutgehen und er sollte niemals das Gefühl bekommen allein zu sein. Mir war es sogar zu viel, dass mein Mann morgens um neun das Haus verließ und abends um 20:30 Uhr erst wieder nach Hause kam von der Arbeit. Er hatte nichts von seinem Kind und viel schlimmer für mich war, dass der Kleine nichts von seinem Vater hatte. Obwohl er einen ganz tollen Papa hatte der jede freie Minute mit ihm gespielt hat und alles stehen und liegen ließ für seinen Sohn, ich war davon überzeugt dass unser Kind zu wenig Liebe bekam.

Warum nur war ich trotz alledem so gefangen in dem Gedanken mein Kind würde ohne Vater aufwachsen? Es ist ganz einfach: Ich wurde jeden Tag daran erinnert was mich verletzt hatte - dass ich ohne Vater aufgewachsen bin. Ich habe mein Kind gesehen und gleichzeitig auch mich. Mein Kind aufwachsen zu sehen war zwar wunderschön, doch gleichzeitig ein Höllentrip für meine eigenen Gefühle und Gedanken. Jeden Tag dachte ich an meine eigene Kindheit und an meinen nicht vorhandenen Vater. Den Vater, den es nur auf Papier gab.

Man glaubt gar nicht was das Unterbewusstsein in Gang setzen kann um sich bemerkbar zu machen - damit wir es spüren.

Welche Kraft ein Körper hat, welche Qualen er aushalten kann und doch nicht aufgibt ist eine immense Leistung. Unser Körper ist ein absolutes Wunderwerk - aber nur solange bis wir verstehen was er uns mit seinen Anzeichen und Andeutungen sagen will. Übersehen wir diese kann es sehr schnell kritisch werden...

Mein 30. Geburtstag stand vor der Tür, mir ging es richtig schlecht. Ich war der Meinung mit dreißig wäre man alt, das Leben vorbei. Schon Wochen vorher war ich nervlich völlig fertig, noch fertiger als ich es eh schon war. Ich hatte solch eine Angst vor diesem Geburtstag. Wieder war ein ganzes Jahr vergangen im alten Trott, nichts in Sachen Vater hatte sich verändert.

Es war ein Tag im Mai und ich dreißig Jahre auf der Welt. Verdammt, ging es mir dreckig. Ich hatte die ganze Nacht schlecht geschlafen, drehte mich von der einen auf die andere Seite. Noch nicht ganz wach saß ich auf der Bettkante, da meldeten sich schon die ersten Tränen. Es war sieben Uhr morgens, ich stand mit meinem Kaffee in der Hand in der Küche und flennte mal wieder was das Zeug hielt. Als ich dann noch aus dem Fenster schaute und sah, dass vor unserer Terrasse ein riesiges Plakat stand mit so einem tollen Spruch wie „Sei nicht traurig, mit 30 ist man jung" oder so ähnlich war es ganz vorbei mit mir. Ich hasste diesen Tag, ich hasste mich, warum auch immer, es war ein fürchterlicher Morgen. Gleichzeitig hatte ich mich natürlich darüber gefreut dass meine Freunde sich soviel Mühe gemacht hatten. Im ganzen Garten waren gebastelte Dreißigen aufgestellt, alles wurde wirklich mit Herz dekoriert. Engelchen und Teufelchen konnten sich zwischen Freud und Leid nicht entscheiden - dafür hasste und liebte ich sie. Verrücktes Kopfkino!

Um zehn Uhr morgens haben mein Mann und ich auf die böse Dreißig angestoßen. Es gab ein Gläschen Sekt zur Feier des Tages. Die Flasche war schnell geleert, meine Laune besserte sich. Unter Alkohol konnte ich immer ganz gut meine Gefühle unterdrücken, da fiel mir manches leichter. Das Karussell im Kopf drehte sich dann nicht so schnell. Wir bereiteten soweit alles vor, am Nachmittag sollte die Grillparty anlässlich meines jungen Lebens steigen. Locker flockiges Feiern im Garten, mit Wurst,

Salat und natürlich reichlich Alkohol standen auf dem Plan. Ich wollte nicht, so wie andere es machen, Essen gehen oder in einer Gaststätte feiern. Schon immer war ich eher der rustikale und lockere Feiertyp, mit „etepetete" konnte ich mich nie anfreunden.

Es schüttete wie aus Eimern, wir improvisierten mit einem noch schnell ausgeliehenen Pavillon. Es war ja klar dass es an meinem Geburtstag regnen musste. Mein Kopf ratterte. „Bei allen anderen war immer perfektes Wetter und bei mir so ein Mist. Wenn man schon mal was plant. War ja klar, ich muss es wieder abkriegen". Immer und immer verglich ich mich und mein Leben mit anderen, was bei denen besser lief als bei mir und so weiter. Ich gab mir die Schuld dass es an meinem Geburtstag regnete. Dass es auf keinen Fall am Monat Mai liegen würde, dass es in diesem Monat generell gern regnete, sondern der Himmel weinte, weil ich an diesem Tag Geburtstag hatte.

Mir ist es mit meinen 41 Jahren so was von schnurzpiep egal was bei anderen ist und wie sie leben. Ob denen die Sonne aus dem Hintern scheint, ob sie die besten und tollsten Autos, Möbel, Häuser oder sonst etwas haben - es ist mir schnuppe. Ich bin für MICH zuständig, dass ich mich wohl fühle und es mir gutgeht. Ich bin nicht dafür verantwortlich dass es anderen gutgeht, ich muss mich mit niemandem vergleichen. Es ist einfach zu viel vertane Zeit die man besser verbringen kann.

Es war 15:00 Uhr, noch eine Stunde Zeit bis meine Gäste kommen sollten. Ich hatte mir während des Vorbereitens und mich über das Wetter ärgern immer wieder mal ein Gläschen Sekt gegönnt, zum „runter fahren". Sagen wir mal so, ich war schon etwas angeheitert als um 15:45 Uhr meine ersten Gäste kamen und der Himmel aufriss um der Sonne Platz zu machen. Es war wie verhext - gerade hatte es noch geschüttet wie aus Eimern und plötzlich schien die Sonne als wenn nichts gewesen wäre.

Ein gutes Beispiel dafür, dass es nichts bringt sich stundenlang über Dinge oder Sachen aufzuregen, an denen man eh nichts ändern kann. Es kommt wie es kommt - alles ist vorbestimmt.

Meine Party war recht lustig. Jeder meiner Gäste war gut drauf – und durstig! So fiel es nicht all zu sehr auf, dass ich noch ordentlich weiter tankte. Meine Güte, was konnte ich damals noch vertragen!? Ich hab sogar die Männer unter den Tisch trinken können – es war halt ein tolles Gefühl nichts spüren zu müssen. Der Alkohol hat mich - wie nenne ich es? Ja der Alkohol hat mich benebelt und leicht angetrunken war alles so leicht, so einfach.

An meinem 30. Geburtstag kam abends das Finale von „Deutschland sucht den Superstar" im Fernsehen, eine Sendung in der der beste deutsche Sänger gefunden werden sollte. Diese Sendung ist heutzutage völlig ausgelutscht, damals war es ein absolutes Muss dieses Spektakel zu sehen. Wir waren alle süchtig danach und wollten es auf keinen Fall verpassen. Somit schalteten wir den Fernseher ein, wir waren bereit für die Final-Party. Wir konnten den Fernseher so drehen dass wir von der Terrasse aus die Sendung verfolgen konnten. Meine Mädels und ich waren so gut drauf, die Spannung stieg von Lied zu Lied. Man kann sich das so vorstellen, als wenn Männer sich ein Fußball- Endspiel anschauen und völlig eskalieren wenn ein Tor fällt. Bei uns Mädels ging es um den gutaussehenden Mann mit Mikrofon in der Hand, der einfach eine sagenhafte Stimme hatte, wir völlig dahinschmolzen wenn er nur seinen Mund öffnete und die ersten Töne sang. Was soll ich sagen? Unser Favorit hatte tatsächlich gewonnen, wir kreischten und feierten den Sieg wie Teenager.

Zu späterer Stunde hatten wir schon reichlich leere Flaschen für den Altglas-Container gesammelt. Es wurde viel getrunken, die ersten Gäste hatten sich schon verabschiedet. Wir saßen in kleiner Runde zusammen und philosophierten über das Leben. Was wir denn eigentlich schon alles erreicht hätten, wir stolz auf unsere Familie sein könnten, auf den guten Familienzusammenhalt, viel theatralischer Kram halt. Ich lächelte und zeigte mich nach außen hin wie immer stark. Innerlich aber pochte etwas wie verrückt. War es das Herz oder doch mein Magen, der mir sagen wollte dass das letzte Glas zu viel war? Ich stand auf und wollte ins Badezimmer gehen. Auf dem Weg dorthin wurde mir schwindelig, der Druck in meinem Körper stärker und stärker. Was sollte ich tun? Ich dachte „Nein, du musst nicht kotzen, geh ins Schlafzimmer und setz dich einfach kurz aufs Bett, gleich geht es dir wieder besser". Ich wollte mich gerade auf die Bettkante setzen als meine Beine versagten, ich sackte auf den Boden und kurzzeitig wurde mir schwarz vor Augen. Ich konnte nichts tun außer bitterlich zu weinen. Dieses Weinen kam aus tiefstem Herzen, ich hatte keine Chance es zu stoppen. Meine Cousinen mussten mich gehört haben, denn sie standen plötzlich im Schlafzimmer. Ich saß auf dem Boden meines Schlafzimmers und heulte und schrie was das Zeug hält. Es sprudelte aus mir heraus, ich schrie: „Ihr wisst doch alle gar nicht wie es ist so aufzuwachsen wie ich. Ihr alle habt eine Mutter und einen Vater, seid in einer Familie aufgewachsen. Ihr hattet immer jemanden der für euch da war! Ihr wisst doch gar nicht wie man sich fühlt, wenn man so etwas nicht kennt und hatte! Ich will doch einfach nur meinen Papa sehen! Ich will doch einfach nur meinen Vater kennenlernen!" Solche Tränen hatte ich zuvor noch nie vergossen. Es kam aus dem Nichts über mich, konnte es nicht stoppen. Ich fühlte eine solche Verzweiflung in mir, konnte gegen dieses Gefühl nichts tun, mich nicht wehren, wie es sonst immer geklappt hatte. Ich war völlig „kaputt".

Wir saßen zu dritt heulend auf dem Fußboden, meine Cousinen schafften es irgendwann mich ein wenig zu beruhigen. Zumindest so, dass ich aufhörte vor Verzweiflung zu schreien. Die Mädels wollten Pläne schmieden, wie wir das am besten alles in die Wege leiten könnten, dass ich „ihn" einmal in meinem Leben sehen kann und und und... Im großen und ganzen hörte ich mir einfach nur ihre Pläne und Ideen an, das war es aber auch. Für mich war es alles unrealistisch was sie von sich gaben. Im Endeffekt war ich diejenige, die mit diesem ganzen Wirrwarr klarkommen musste, mit meinen Familienverhältnissen, für die ich mich in der Außenwelt manchmal echt geschämt hatte. Ich war zudem überzeugt davon dass es niemals eintreffen würde, bei den Plänen und Ideen konnte es nur schiefgehen meinen Vater jemals zu sehen.

Mein erster richtiger Nervenzusammenbruch war an meinem 30. Geburtstag. Ich sollte mir heute endlich mal auf die Schulter klopfen, mich dafür loben dass ich es bis zur 30 geschafft habe ohne vorher schon einen Zusammenbruch gehabt zu haben.

Mein 30. Geburtstag war vorüber und der Alltag wieder da. Der Zusammenbruch am vorigen Abend hatte Spuren hinterlassen. Doch nach außen hin zeigte ich das natürlich nicht, ich war wieder die Starke, die sich damit rechtfertigte, dass es an etwas anderem gelegen hatte dass ich so „durchgedreht" bin. „War halt ein bisschen viel Alkohol. Man wird nur einmal dreißig, das musste doch begossen werden. Es ist alles in Ordnung, mir geht es gut" sagte ich immer. Innerlich sah es anders aus. Ich fragte mich wie es zu diesem Gefühlsausbruch kommen konnte, warum ich mich nicht so wie sonst einfach zusammenreißen konnte.

Ich hatte so viele Gedanken im Kopf. Tag für Tag. Wie würde es wohl sein, wenn ich ihn eines Tages wirklich kennenlernen würde? Würde ich mich das überhaupt trauen - ihm gegenüber zu stehen? Was, wenn wir uns überhaupt nicht „riechen" könnten? Wenn er überhaupt nichts von mir wissen will? Schließlich waren so viele Jahre vergangen und ich habe noch nie ein Lebenszeichen von ihm bekommen. Was, wenn er überhaupt nicht mehr lebte? Ich dachte nur über die negativen Dinge nach. Dieses „was wäre wenn" Prinzip, dieses typische „Kaputt denken" einer Situation, die noch gar nicht stattgefunden hat - in dieser Kategorie hätte man mir einen Ehrenpreis verleihen sollen.

Ich bin auf einem guten Weg meinem Ego diesem „Problem" des ständigen Nachdenkens einen Riegel vorzuschieben. Ja, das Ego kann einem wirklich oft im Weg stehen um das Wesentliche, das Schöne am Leben zu sehen.

Die Jahre vergingen wie im Flug. Junior war mittlerweile fünf Jahre alt und ein Vorschulkind. An manchen Tagen fragte ich mich wo denn die Zeit geblieben war. Ich war 31 Jahre alt und lebte ein ganz normales Leben - wenn man alles wegdenkt was die Vaterrolle angeht. Meinem Mann und mir fehlte noch etwas im Leben, wir fühlten uns noch nicht komplett. So arbeiteten wir an weiterem Nachwuchs und es dauerte auch nicht lange, da war unser heute 9jähriger Fratz unterwegs. Er ist das komplette Gegenteil von seinem Bruder. Er traut sich vieles zu und ist wie wir so gern sagen, ein kleiner Teufel - mit einer ganz sensiblen Ader.

Ob es wohl daran liegt, dass wir nicht nur hinter ihm standen wenn er auf einen Kletterturm klettern wollte mit den Worten „Pass auf, sei vorsichtig" etc.? Ich glaube schon dass es auch etwas damit zu tun hat. Wenn man von klein auf bestärkt wird und einem auch mal etwas zugetraut wird dann ist manches einfacher.

Die Zeit blieb nicht stehen und Jahr um Jahr ging es im alten Trott weiter. Wir wohnten zur Miete in einem Zweifamilienhaus und fühlten uns dort wohl. Mein Mann arbeitete Vollzeit und ich kümmerte mich um die Kinder, den Haushalt, um alles was eine Hausfrau halt so tut. Meine Tage waren völlig ausgefüllt mit Terminen und Verpflichtungen. Für vier Personen kochen, waschen, bügeln (was ich zu der Zeit noch gemacht habe), Kindergarten, Schule, einkaufen - es war so anstrengend für mich. Es blieb einfach keine Zeit für mich selbst. Wir hatten nach wie vor niemanden der sich um die Kinder kümmern konnte, damit wir Zeit für uns hatten, geschweige denn ich für mich. Meine Schwiegereltern waren mittlerweile verstorben, beide wurden gerade mal etwas über 60 Jahre alt.

Ich beneidete meine Freundinnen die ebenfalls Kinder und Familie hatten. Sie konnten sich jederzeit Zeit für sich nehmen und die Dinge tun zu denen sie Lust hatten, gemeinsam mit ihrem Partner etwas unternehmen oder einfach mal ohne Kinder sein. Sie konnten die Zweisamkeit genießen, die bei uns völlig auf der Strecke blieb. Wir konnten als Paar nicht gemeinsam weggehen, entweder blieb mein Mann zuhause oder ich. Es war zusätzlicher Stress für mich wenn ich abends mit meinen Freundinnen weggegangen war. Schließlich musste ich am nächsten Tag wieder fit für die Kinder sein, konnte nicht mit einem Kater und völlig übermüdet in den Tag starten. Es drehte sich alles um die Kinder. Dass sie gut versorgt sind, dass alles in Schule und Kindergarten klappt, dass wir für sie da sind. Nur fehlte mir etwas - ich war und bin eine Mutter, die ihre Kinder über alles liebt - doch fehlte es mir mal raus zu kommen, etwas anderes zu sehen als dreckige Wäsche und Kochtöpfe. Aber wie sollte ich das machen? Ich hatte niemanden, der mir mal was abnahm und mich in irgendeiner Art und Weise unterstützte.

Da war es wieder - mein Ego. Ich hatte niemanden? Doch, ich hatte genug Menschen um mich herum, doch ich wäre nie darauf gekommen um Hilfe zu bitten. Dann hätte ich Schwäche gezeigt, dann hätte jeder mitbekommen dass ich versagt hatte und mein Leben nicht im Griff hatte - das wollte mein Ego nicht zulassen.

Wie einfach es aber sein kann wenn man einfach zu seinen Gefühlen steht und zugibt, dass man überfordert ist und eine Pause braucht - dafür gingen bei mir noch weitere Jahre ins Land.

Trotz allem bin ich heute so sehr stolz darauf, dass ich, dass wir das alles allein geschafft haben. Wir haben zwei tolle Kinder von mittlerweile 14 und 9 Jahren, die meiner Meinung nach sehr gut gelungen sind.

Die Kids wurden größer und die Ausgaben immer mehr – was Kinder kosten, es ist der Wahnsinn! Kosten für Schule und Kindergarten, Lebensmittel, Kleidung usw. Es wurde von Monat zu Monat knapper in der Haushaltskasse. Eine Lösung musste her. Ich verkaufte einige Dinge die wir nicht mehr brauchten über das Internet, so dass wir dieses Geld noch zusätzlich hatten. Aber es reichte vorne und hinten nicht aus. Es blieb mir nichts anderes übrig als wieder arbeiten zu gehen. Ich musste den Job als Hausfrau mit einem „richtigen" Job vereinbaren, bei dem am Ende des Monats auch ein Gehalt bei rauskam.

Leider ist es ja auch heute noch so, dass wenn du zuhause bleibst und dich um deine Kinder kümmerst keinen Cent dafür bekommst. Was für mich einfach nicht zu verstehen und ein absolutes No-Go ist. Frauen (und/oder Männer) sollten für den meiner Meinung nach wichtigsten Job des Lebens - den der Hausfrau oder des Hausmannes - ein hohes monatliches Gehalt bekommen. Der Job der Kindererziehung ist härter als jeder andere Job. Aber Moment, zurück zum Thema, ich schweife ab.

Ich arbeitete abends und nachts, vorwiegend an den Wochenenden, in einem Restaurant als Servicekraft. Es war sehr anstrengend, doch anders konnten wir es nicht vereinbaren als dass ich zu diesen Zeiten Geld verdiente. Und es war dringend notwendig für die Haushaltskasse. So kam monatlich eine gewisse Summe dazu, was sehr hilfreich für uns war.

Welchen Preis ich dafür letztendlich bezahlt habe, den Preis der Gesundheit, sollte mir bis dahin noch nicht klar sein.

Die Gedanken an meinen Vater waren neben Alltagswahnsinn mit Haushalt, Kindern und Arbeit täglich präsent. Es verging kein Tag mehr, an dem ich nicht an ihn dachte. Den Unbekannten, den ich tief in meinem

Herzen hatte, obwohl ich ihn nicht kannte. Man kann es schlecht beschreiben, doch es war ein Gefühl von miteinander verbunden sein, obwohl man die Person noch nie gesehen, geschweige denn gesprochen hatte.

Ganz schlimm waren für mich die Sonntage, wenn auf RTL oder Sat1 die Sendungen „Vermisst" oder „Bitte melde dich" kamen. Ich heulte jedes Mal Rotz und Wasser wenn sich die vermissten oder aus den Augen verlorenen Personen nach etlichen Jahren oder auch zum ersten Mal in die Arme fielen. Es war so herzzerreißend für mich und doch gleichzeitig wunderschön. Ich brauchte diesen Herzschmerz einfach jeden Sonntag, so war von 19:00 Uhr bis 20:00 Uhr „meine" Zeit vor dem Fernseher. Ich freute mich so sehr für diese Menschen, war gleichzeitig gebrochen, weil genau das was sie erleben durften, mir so unsagbar in meinem eigenen Leben fehlte.

Der Kontakt zu meinem Bruder, den ich ja durch Zufall fand *(obwohl ich heute weiß dass es keine Zufälle gibt)*, war nach wie vor da. Wir telefonierten regelmäßig, schrieben uns Nachrichten. Jeder lebte seinen Alltag, doch wussten wir, dass wir uns im Herzen haben, auch wenn wir uns nicht regelmäßig sahen. Jeder dachte an den anderen und man wusste dass alles in Ordnung war.

Im Leben gibt es keine Zufälle, alles ist vorbestimmt. Menschen die in dein Leben treten, SOLLEN in dein Leben treten. Situationen wo du denkst das sei ein Zufall dass das passiert, sind keine Zufälle. Alles passiert aus einem Grund!

Bei einem unserer Treffen sprachen Chris und ich über unseren Vater, was eigentlich sehr selten war. Wir hatten viele andere Themen über die wir sprachen wenn wir uns sahen. Er gab mir einen Zettel mit einer Telefonnummer. „Falls du sie mal brauchst" sagte er zu mir. Es war die Telefonnummer meines Vaters. Sie war gespeichert in meinem Handy, täglich schaute ich im digitalen Adressbuch nach, ob ich sie auch ja nicht aus Versehen gelöscht hatte. Diese Telefonnummer hatte ich aber nicht erst seit ein paar Tagen. Nein, ich trug diese Nummer schon seit ungefähr zwei Jahren bei mir. Mein kleines Heiligtum mit dem ich nicht wusste umzugehen. Ich traute mich einfach nicht diese Nummer zu wählen. Täglich hielt ich mein Handy in der Hand, schaute auf das Display, sah die vielen Zahlen und weinte leise vor mich hin. Die Gedanken waren gefangen in der „Negativ-Spirale", das Negative war zu präsent. Was blockierte mich bloß so sehr dass ich es nicht schaffte den grünen Hörer zu drücken? Es wäre alles so einfach, nur was sollte ich denn überhaupt sagen? Wie sollte ich reagieren? Vor allem, wie würde er reagieren? Ich hatte einfach zu viel Angst!

Wenn die Kinder abends im Bett waren und Ruhe bei uns einkehrte, saßen mein Mann und ich oft zusammen, tranken ein Glas Wein und redeten darüber wie der Tag war, auch das „Papa"-Thema kam oft zur Sprache. Doch so einen richtigen Anfang, was man machen könnte, hat es nie gegeben. Sicher wäre es am einfachsten gewesen diese Nummer zu wählen und zu sagen: „Hallo, hier ist deine Tochter aus Deutschland. Ich dachte mir gerade, ich rufe dich mal an! Wie geht es dir?" Es wäre so einfach gewesen - wenn einfach nur so einfach wäre.

Mein Mann wollte mir unbedingt helfen und hatte mich, ohne dass ich es wusste, sogar bei „Bitte melde dich", der Sendung die ich jeden Sonntag im Fernsehen schaute, angemeldet. Er legte mir eines Abends die Bewerbungsformulare auf den Tisch. Wir müssten nur noch alles ausfüllen, zurückschicken und mit ein bisschen Glück würde die Moderatorin sich auf den Weg machen um ihn zu suchen. Wollte ich das? Ja, sicher wollte ich das. Ich wollte ihn sehen, kennenlernen, umarmen, das volle Programm - aber wollte ich das dann alles auch ernsthaft über das Fernsehen laufen lassen? Dafür war mein Selbstbewusstsein nicht ausgelegt, ich würde mich schämen. Dann würde jeder mitbekommen wie ich aufgewachsen bin. Jeder wüsste um meine Vergangenheit und auch Gegenwart und vor allem hätte ich mich für meine Familie geschämt. Die Familie, die mich jahrelang angelogen hatte und mir erst kurz vor meinem zwölften Geburtstag sagte, dass mein Papa gar nicht mein Papa ist. Nein, das konnte ich nicht. Und ich konnte mir beim besten Willen nicht vorstellen, dass sich ein Fernsehteam auf den Weg gemacht hätte um meinen Vater zu suchen, ohne es dann im TV auszustrahlen. Was war nur los mit mir? Engel und Teufel diskutierten wieder mal auf meinen Schultern, ich hörte zu und wurde immer unsicherer. Was spricht dafür und was dagegen? Ich war, wie so oft, überfordert mit meinen Gedanken und Entscheidungen. Vor lauter Alltag ging auch dieses Thema unter, nie habe ich die Formulare ausgefüllt zurück an das Fernsehteam geschickt.

Der Alltagswahnsinn hat mich krank gemacht. Zum einen, weil alles viel zu schnelllebig ist und man immer nur rudert und rudert um näher ans Ziel zu kommen - wobei ich mich frage: an welches Ziel? Das Ziel sollte sein mit sich im Reinen zu sein, sich selbst zu lieben und zu erkennen, dass man so wie man ist genau richtig ist. Nur wenn ich mich selbst liebe kann ich glücklich und zufrieden sein.

Es war ein schöner Tag im Frühling. Ich hatte mich mit Nina und ihrem Sohnemann am Nachmittag verabredet. Sie wollten zu uns kommen damit die Kids im Garten spielen und wir ein bisschen quatschen konnten. In unserem Garten gab es alles was das Kinderherz begehrte. Eine Rutsche, einen Sandkasten, ein Trampolin und etliche Fahrzeuge vom Rutsch-Auto bis zum Trampeltrecker. Die Kinder waren immer gut beschäftigt und ihnen wurde nie langweilig.

Vormittags saß ich in der Küche, trank meinen Kaffee und träumte vor mich hin. Obwohl träumen die falsche Wortwahl ist. Ich dachte vor mich hin, denken war zu der Zeit meine Hauptbeschäftigung. Von morgens bis abends ging es in meinem Kopf zu wie auf der Börse, es war ein solches Durcheinander dass man nicht wusste auf welche Stimme man zuerst hören sollte. An die Vergangenheit denken, Lügen und falsche Menschen um mich herum, an die Zukunft denken, Ängste wie es finanziell weitergehen soll. Ich dachte an alles, nur nicht an mich. Ein Gedanke übertrumpfte den anderen, ich kam von einem Thema zum nächsten und drehte mich immer und immer wieder im Kreis. Und da war er wieder - der Gedanke an den Mann der mir in meinem Leben am meisten fehlte - mein Vater ...

Ich nahm mein Handy in die Hand, drückte die Option „Kontakte" und starrte wie so oft auf die Telefonnummer. Ich habe es einfach getan! Wie von Engelshand geführt drückte ich den grünen Hörer. Es tutete. Einmal, zwei Mal - und dann - legte ich auf! Was hatte ich getan? Warum habe ich dort angerufen? Warum habe ich diese Nummer gewählt? War ich denn komplett verrückt geworden? Ich wusste doch gar nicht was ich hätte sagen sollen!

Verwirrt saß ich in der Küche, gleichzeitig hatte ich ein erlösendes Gefühl in mir. Mein Magen zog sich zwar zusammen und mir war etwas flau in der Magengegend, aber doch fühlte es sich gut an. Ich hatte mich etwas getraut, von dem ich dachte ich würde es niemals schaffen. Vielleicht war es ja auch gar nicht mehr seine aktuelle Rufnummer und ich habe jemand ganz anderen angerufen? Das hätte ich natürlich am ehesten herausgefunden, wenn ich nicht nach dem zweiten Klingeln aufgelegt hätte. Wie blöd konnte ich nur sein!?

Ich sage nicht mehr wie blöd ich doch in manchen Situationen bin. Denn ich weiß, ich bin gut so wie ich bin und lerne aus Dingen oder Situationen einfach nur, wie ich es beim nächsten Mal anders machen kann. Und auch du bist gut so wie du bist! Egal welche Vergangenheit du hast oder in welcher Situation du dich momentan befindest. Du bist gut so wie du bist. Sage nie zu dir du bist blöd oder dumm, denn diese Worte halten sich in dir fest und automatisch speichert dein Unterbewusstsein dieses als Wahrheit ab. Du wirst immer davon überzeugt sein blöd oder dumm zu sein. Sag dir jeden Tag wieder, dass du gut bist wie du bist und es wird sich einiges ändern – wenn auch erst einmal in minimal kleinen Schritten.

Es war kurz vor zwölf, ich machte mich auf den Weg um meinen Junior aus dem Kindergarten abzuholen. Wir aßen zusammen zu Mittag, anschließend wartete ein großer Traktor im Malbuch darauf von uns in kräftigen Farben ausgemalt zu werden. Wir hatten noch eine gute Stunde Zeit, da stand auch schon meine Freundin mit ihrem Sohnemann auf unserer Terrasse. Die Kinder waren sofort im Garten verschwunden und wir hatten Ruhe um uns zu unterhalten. Es platzte wie eine Bombe aus mir heraus, ich musste ihr sofort erzählen was ich am Vormittag getan hatte. Sie war ganz baff und fragte mich natürlich gleich was er denn gesagt hätte, wie seine Reaktion war. Als ich dann erzählte, dass ich nach zwei-maligem Klingeln aufgelegt hatte, fasste sie sich mit der Hand an die Stirn und schüttelte den Kopf. Gleichzeitig liebevoll meinte sie, sie wüsste auch nicht was sie getan hätte, ob sie sich das zugetraut hätte. Wir mussten beide lachen, denn wir merkten mal wieder wie gleich wir doch waren und gönnten uns zur Feier des Tages ein Gläschen Sekt.

Gegen 16:00 Uhr klingelte mein Handy. Wir saßen auf der Terrasse, mein Telefon lag noch immer drinnen auf dem Küchentisch. Ich sagte zu meiner Freundin das würde sicher mein Mann sein der jeden Tag um diese Uhrzeit anrief um zu fragen ob alles in Ordnung ist und was wir Schönes machen würden. Er musste leider immer bis 19:00 Uhr arbeiten, war frühestens gegen 20:00 Uhr zuhause, wenn die Kinder meist schon im Bett waren und schliefen. Somit verpasste er eigentlich alles was mit der Freizeit seiner Kinder zu tun hatte. Das machte mich sehr oft sehr traurig, denn ich wusste ja am besten wie es war ohne Vater zu sein. Obwohl das natürlich ein riesengroßer Unterschied zu meiner Kindheit ist fand ich es immer herzzerreißend, wenn ich mit den Kindern allein auf irgendwelchen Kinderfesten war, während der Papa arbeiten musste.

Ich ging in die Küche und traute meinen Augen nicht! Es war die Nummer meines Vaters, oder der Person der die Nummer mittlerweile gehörte, auf dem Display zu sehen. Ich war wie gelähmt, im Schockzustand, was sollte ich tun? In meinem Kopf brannte die rote Lampe. Error leuchtete in einer Ecke meines Gehirns auf. Diese Situation überforderte mich eindeutig. „Reiß dich zusammen", sagte der Engel auf meiner linken Schulter. „Geh ran bevor es aufhört zu klingeln, du schaffst das!" Der Teufel auf meiner rechten Schulter war nicht da, niemand der es mir ausreden konnte auf den grünen Hörer zu drücken und das Gespräch anzunehmen. Ich atmete tief durch, ging über den Flur ins Schlafzimmer und drückte auf den grünen Knopf.

„Hallo?" sagte ich.

„Hallo? Wer ist da?" sagte die männliche Stimme am anderen Ende der Leitung.

„Hier ist Rosa".

„Welche Rosa?"

„Hier ist Rosa", ich zögerte kurz, „aus Deutschland". Meine Kehle schnürte sich zu, ich hielt die Luft an während mein ganzer Körper vor Aufregung zitterte. Es war für einen kurzen Moment Stille am anderen Ende bis die Stimme folgendes sagte: „Rosa? Welche Rosa? Rosa! Ich fasse es nicht, ich glaube es nicht, meine Rosa. Endlich! Endlich meldest du dich! Es ist nicht zu glauben! Wie geht es dir? Wie lange hat es nur gedauert? Wann kommst du endlich?" Die Freude in seiner Stimme war nicht zu überhören. Ich war mir sofort sicher dass es mein Vater war und kein „Fremder". Er stellte so viele Fragen auf einmal, dass ich gar nicht zu Wort kam. Ich war so froh seine Stimme zu hören, noch mehr war ich froh dass er deutsch sprach. Somit war das Problem mit der Kommunikation aus der Welt geschafft. Es war nicht zu fassen, es war so unbeschreiblich, ich redete mit meinem Vater. Und er freute sich mich zu hören, das war das Schönste überhaupt! Es hätte auch anders ausgehen können und doch war es das Gegenteil von dem was ich befürchtet hatte. Wie schön! Ich sprach tatsächlich mit meinem Vater, dem Mann, den ich noch nie zuvor gesehen oder gesprochen hatte. Es war ein verdammt schönes Gefühl, welches ich nie in meinem Leben vergessen werde.

Wir telefonierten ein paar Minuten miteinander. Ich war total durcheinander, das Zittern wollte nicht aufhören. Es war ein Adrenalinschub vom Feinsten.

Da ich gerade Besuch hatte, nahm ich diesen als Ausrede und sagte ich müsse auflegen. Wir könnten am Abend noch einmal miteinander telefonieren, da hätte ich mehr Zeit und Ruhe schlug ich ihm vor. Am liebsten hätte ich noch viele weitere Stunden mit ihm gesprochen, doch ich brauchte dringend Zeit um das Geschehene zu begreifen und mich zu sammeln. Somit beendeten wir das Gespräch und verabredeten uns für 20:00Uhr zu einem erneuten Telefonat. Ich stand wie angewurzelt in der Küche, konnte mich kaum regen. Nina kam auf mich zu und erkundigte sich ob mit mir alles in Ordnung wäre. Ich muss sehr blass ausgesehen haben. Das Einzige was ich sagen konnte war: „Das war mein Vater, ich habe gerade eben mit meinem Vater gesprochen!" und schon liefen die Tränen an meinen Wangen herunter. Dieses Mal waren es Freudentränen, Tränen des Glücks, die ich das letzte Mal vergossen hatte als mein zweiter Sohn auf die Welt kam. Ich war überglücklich! Das musste gefeiert werden. Der Traum und die Hoffnung sind wahr geworden.

Momente und Gefühle die einem etwas bedeuten vergisst man niemals in seinem Leben. Es ist wichtig viele, sehr viele schöne Momente zu sammeln, die die weniger schönen übertrumpfen. Ich musste erst 41 Jahre alt werden um zu begreifen was wirklich wichtig ist und wünsche mir, dass ich mit dem was ich hier schreibe auch jüngere Menschen dazu bewegen kann früh genug damit anzufangen an sich selbst zu glauben und nicht auf andere Menschen zu hören wenn das Bauchgefühl nicht stimmig ist. Höre immer auf dein Herz und deinen Bauch, so wird alles gut. Nur du selbst kannst dich glücklich machen, niemand anderes!

Es war ein wohliges Gefühl in mir, wenn auch die Magenschmerzen weiter anhielten. Diese schuldete ich der Aufregung die in mir brodelte. Wir hatten das Glück, dass unsere Kinder noch immer vertieft in ihre Spiele im Garten waren und wir die Ruhe hatten noch weiterhin über dieses Telefonat zu sprechen. Ich fühlte mich wie benebelt, wie in einer Traumwelt. Meine Freundin musste mich mehrmals kneifen damit ich realisieren konnte dass das Geschehene wahr war.

Ich rief natürlich gleich meinen Mann an und berichtete unter Freuden-tränen vom wichtigsten Telefonat meines Lebens. So aufgeregt wie ich war verstand er nur die Hälfte von dem was ich ihm mitteilen wollte. Wir beschlossen, dass ich ihm am Abend alles in Ruhe erzählen sollte und legten auf.

Mein Mann war um 19:45 Uhr zuhause, somit hatte ich noch genau dreizehn Minuten für meine Berichterstattung, denn um 20:00 Uhr hatte ich ja einen ganz wichtigen Telefontermin mit ihm - meinem Vater! Ich hatte es endlich geschafft - ohne Hilfe hatte ich den Schritt gewagt, diesen doch so einfachen Schritt den grünen Knopf zu drücken.

Es war kurz vor 20:00 Uhr, ich legte mir alles parat – eine Decke, denn ich wollte mich draußen auf die Terrasse setzen um Ruhe zu haben, Zigaretten und natürlich ein kaltes Getränk. Ich ging schnell noch einmal ins Bad, danach setzte ich mich auf meinen Gartenstuhl. Noch einmal tief durch-geatmet drückte ich erneut den grünen Knopf und war mir sicher, ich würde dieses Mal definitiv nicht auflegen!

Es dauerte keine zwei Sekunden bis mein Vater am Apparat war. Er hatte sicher schon darauf gewartet dass sein Telefon klingelte. So, nun hatten wir Ruhe für uns und konnten über einiges sprechen. Es war ein so schönes, tiefes Gespräch. Wir machten uns erst einmal mit einander bekannt, denn der eine wusste ja rein gar nichts vom anderen. Ich erzählte ihm wie und mit wem ich lebe, dass ich verheiratet bin und zwei Kinder habe, dass ich im Restaurant als Servicekraft arbeite, wo und wie ich wohne und all solche eigentlich belanglosen Dinge, die an diesem Abend doch sehr interessant waren für den Telefonpartner. Man konnte Stolz aus seiner Stimme hören als ich ihm erzählte dass er bereits Opa ist. Mein Vater erzählte mir dass er auf Sardinien lebt (was für mich einer Entfernung bis nach Amerika entsprach), dass er dort sehr ländlich wohnt, wieder verheiratet ist und noch zwei weitere Söhne mit seiner sardischen Frau hat. Was für mich sehr aufschlussreich und interessant war, war die Antwort auf meine Frage, ob er denn auch mal an mich gedacht hatte in den ganzen Jahren oder ob ihm das alles egal gewesen war. Die Antwort hat mich sehr berührt und noch heute läuft mir ein Schauer über meinen Rücken. Er sagte mir mit seiner ruhigen und tiefen Stimme, dass er immer an mich gedacht hat, Jahr für Jahr. Er liebt jedes seiner Kinder, auch mich, doch er hatte Angst davor Kontakt mit mir aufzunehmen, denn er wollte nicht zurück-gewiesen werden. Er hatte das gleiche Denken wie ich es habe. Erstmal davon ausgehen dass eine andere Person es schlecht mit einem meint ohne es vorher zu wissen. Was ganz witzig war und worüber wir viel gelacht haben war, als wir von meinem Geburtsort und der Umgebung sprachen in der ich lebe. Er konnte sich noch genau an Straßen, Wege, Gebäude erinnern und sprach sie mit seinem Deutsch-Italienisch so komisch aus, dass wir immer wieder herzlich lachen mussten. Wichtig war mir auch zu wissen, wie es denn damals dazu gekommen war, dass er Deutschland verlassen hatte. Er erzählte mir, dass er als Maurer gelegentlich als Gastarbeiter in Deutschland war und so seine damalige erste Frau, Karen, kennengelernt hatte. Somit blieb er in Deutschland, es wurde geheiratet und zwei Söhne kamen zur Welt. Irgendwann arbeitete er nicht mehr als Maurer, sondern im Restaurant als Servicekraft und hat so meine Mutter kennengelernt. Die beiden waren voneinander angezogen und der Fehltritt passierte, ich bin entstanden. *Das kleine Kummer-Kind war auf dem Weg.* Seine Frau hatte von der Affäre erfahren, die Ehe ging in die Brüche. Er entschloss sich Deutschland den Rücken zu kehren und in seine Heimat Sardinien zurück zu gehen. Er ließ alles hinter sich und wollte neu anfangen. Als er mir dann noch erzählte, dass er mich sogar schon einmal in meinem Leben gesehen hat, war ich ganz erstaunt und wollte alles genau wissen. Es ging 1978 um einen Amtstermin bezüglich der Vaterschafts-Anerkennung. Er stand von Anfang an dazu dass er eine Tochter hat und hat mich nie geleugnet, es fehlte nur noch eine wichtige Unterschrift von ihm. Er konnte sich noch genau an den Tag erinnern, als er meiner Mutter beim Amt begegnete. Ich war dabei, lag mit meinen 6 Monaten schlummernd im Kinderwagen. Seine Worte werde ich nie vergessen. Er sagte: „ Und als ich dann in den Kinderwagen geschaut habe und diesen kleinen Menschen mit dicker braunen Lockenmähne gesehen habe, wusste ich das ist meine Tochter. Du hattest so viele Haare und so viele Locken, genau wie ich damals. Ich hätte dich nicht abstreiten können, selbst wenn ich es gewollt hätte. Ich habe immer dazu gestanden dass ich eine Tochter habe".

Ja, die dunklen, lockigen Haare sind mir bis heute geblieben und jeder beneidet mich darum. Ich kann das immer gar nicht verstehen, denn wenn du Naturlocken hast, hast du keine Chance gegen die Naturgewalten. Du stehst vor dem Spiegel, frisierst deine Haare und bist mit dem Gesamtergebnis im großen und ganzen zufrieden. Dann gehst du vor die Tür. Es hat geregnet oder es ist neblig, die Luftfeuchtigkeit ist auf jeden Fall erhöht und zack – siehst du aus wie ein explodiertes Huhn. Die Haare machen was sie wollen und du hast keine Chance etwas dagegen zu tun. Ein Hoch auf alle Menschen mit Naturlocken die auch bei Wind und Wetter nicht aufgeben! Das musste ich jetzt kurz loswerden.

Das Thema „Treffen/Sehen/Kennenlernen" kam natürlich auch zur Sprache. Er fragte mehrmals wann ich denn kommen würde damit wir uns endlich sehen konnten. Wenn das alles so einfach gewesen wäre. Wir hatten eh schon kaum Geld, geschweige denn Geld für einen Flug nach Sardinien. Es war alles so knapp, Monat für Monat, dass dieses Treffen für mich aussichtslos war. Wir mussten uns damit trösten, dass wir es in der nächsten Zeit bei Telefonaten belassen müssten, uns aber dennoch freuten, dass wir uns endlich gefunden hatten.

Wir telefonierten fast eine ganze Stunde und hatten uns immer noch so viel zu erzählen, was ja klar ist - 33 Jahre kann man nicht in sechzig Minuten aufholen. Wir lachten sehr viel und sprachen miteinander als würden wir uns schon immer kennen, als wären wir nie voneinander getrennt gewesen. Selbst heute fällt es mir noch schwer die richtigen Worte dafür zu finden.

Es war ein wirklich tolles Telefonat, wir wollten gar nicht auflegen, aber es war schon spät und die Kosten für dieses Gespräch würden wahrscheinlich unsere Telefonrechnung immens nach oben schießen lassen. Sechzig Minuten Deutschland – Sardinien, da sind schon mal ein paar Scheine bei drauf gegangen. Es war in diesem Moment, an diesem Tag aber völlig in den Hintergrund gerutscht, das Geld war mir schnuppe, ich hatte etwas viel Wertvolleres am Ohr - meinen Papa, mit dem ich super viel lachen konnte und der immer an mich gedacht hatte! Es war so schön dieses zu wissen. Ich war sehr glücklich mit der Situation, ihn, meinen Vater, endlich gesprochen zu haben. Und doch konnte ich mich nicht richtig freuen. Lieber gestern als heute wäre ich dorthin geflogen um ihn zu sehen, doch das Problem war dass ich absolut kein Geld gespart hatte, geschweige denn überhaupt etwas übrig hatte um es an die Seite zu legen und zu sparen - es war die nächste hoffnungslose Situation in meinem Leben.

Mein Leben lief nach wie vor in ungeregelten Bahnen. Das Geld war knapp, die Kinder und der Haushalt stressten mich sehr, mein Job war mir zu viel. Jeden Monat war irgend etwas anderes. Sei es eine Reparatur am Auto, ein Haushaltsgerät ging kaputt oder es mussten mal wieder Anschaffungen für die Schule oder so getätigt werden. Am Ende das Monats war nie etwas übrig. Die Nebenkosten für die Wohnung fraßen uns auf. Jedes Jahr wieder kam eine Abrechnung ins Haus geflattert von der wir noch heute überzeugt sind, dass unser Vermieter falsch abgerechnet haben muss. Der Betrag war so hoch, dass wir ihn darum bitten mussten die Nachzahlung der Nebenkosten in monatlichen Raten abbezahlen zu dürfen, anders hätten wir es nicht geschafft. Zum Glück ging er darauf ein. Doch das brachte uns nichts, denn im nächsten Jahr ging das gleiche Spiel von vorn los.

Mein Job nahm mir die letzten Reserven, ich arbeitete nach wie vor in der Gastronomie, wo ich an manchen Wochenenden mehr als 40 Stunden arbeitete. Das Ganze in der Zeit von Freitag Abend bis Sonntag Abend. Es war ein harter Job. Die Arbeitszeit war Open-End, man wusste nie wann der letzte Gast nach Hause ging. An jedem Wochenende fanden meist zwei Hochzeiten statt oder auch große Geburtstagsfeiern mit bis zu 120 Personen. Freitags Nachmittag ging es los. Um 15:00 Uhr war Dienstbeginn bis zum anderen Morgen um 07:00 Uhr. Man hatte zwar kurze Pausen um eine Zigarette zu rauchen, doch zu mehr Pause war keine Zeit, die Gäste wollten versorgt werden. Meist kam ich im Hellen nach Hause, wenn meine Familie gerade ausgeschlafen aus dem Bett krabbelte. Ich schlief vier Stunden und machte mich wieder startklar, weil ich um 13:00 Uhr schon wieder bei der Arbeit sein musste, fit für die nächste große Feier, die dann wieder bis zum anderen Morgen ging. Meine Familie hatte nichts von mir und ich hatte nichts von meiner Familie. Wir mussten halt irgendwie an Geld kommen, damit wir beruhigter leben konnten. So musste das Familienleben hinten anstehen.

Durch das viele und vor allem nächtliche Arbeiten am Wochenende brauchte ich meist bis Mittwoch um wieder im normalen Rhythmus zu sein. Das ging weder an mir noch an meinem Mann und den Kindern vorbei. Ich war nur noch genervt und gestresst und stand immer mehr neben mir. Es war eine harte Zeit und so konnte es nicht weitergehen. Es war nur noch Ärger zuhause, ich brauchte dringend eine Auszeit. Doch woher nehmen? Wir brauchten das Geld.

Nichts ist wichtiger als das Zuhause in dem man glücklich sein darf. Kein Geld der Welt gibt dir das wieder, was du in dem Moment, wo du dich für deinen Chef abrackerst, verpasst. Durch Stress und zu viel Arbeit machst du alle anderen glücklich - nur nicht dich selbst!

Ich merkte selbst, dass es Zeit war für eine Auszeit vom Alltag und beschloss eine Mutter-Kind-Kur zu beantragen. Der Antrag war schnell ausgefüllt und auch die Genehmigung kam ziemlich schnell per Post zurück. Im Sommer 2014 sollte es soweit sein, eine Mutter-Kind-Kur war bewilligt für meine Kinder und mich. Ich freute mich sehr darauf, auch wenn bis dahin noch ein halbes Jahr vergehen sollte. Es war Erholung in Aussicht, das beruhigte schon ein wenig. Das nächste halbe Jahr würde ich noch schaffen, ich nahm es mir auf jeden Fall vor.

Es war an der Zeit etwas an unserer Lebenssituation zu verändern. Wir waren nicht mehr glücklich in unseren vier Wänden. Das Stadtleben war uns zu viel, man hatte keinen richtigen Anschluss an die Menschen um einen herum und somit spielten wir mit dem Gedanken wieder aufs Dorf zu ziehen - auch für die Kinder, nicht nur für uns. All unsere Freunde wohnten auf dem Land und unsere Kinder hatten mehr mit den Kindern unserer Freunde zu tun, als dass sie Anschluss in ihrer Klasse oder im Kindergarten fanden. Als ich zu Besuch bei meiner Freundin war sah ich, dass in einem Haus schräg gegenüber ihres Hauses ein großes Schild mit „zu vermieten" und einer Telefonnummer im Fenster hing. Dieses fotografierte ich mit meinem Handy und erzählte meinem Mann am Abend davon. Er rief daraufhin dort an und vereinbarte einen Besichtigungstermin für den nächsten Tag.

Wir standen in dem riesigen Haus, der Besitzer teilte uns mit, dass er nur die Kaltmiete verlangt, um alles andere müsse sich der Mieter selbst kümmern. Heizöl müsste man selbst bestellen und auch Strom und Wasser müsse direkt mit den Stadtwerken abgerechnet werden. Die Räumlichkeiten gefielen uns gut, auch der Garten war sehr groß, so dass Platz für die Kinder zum Toben wäre. Der Vermieter teilte uns schon während der Besichtigung mit dass wir sofort einziehen könnten. Nach einer kurzen Bedenkzeit und Gesprächen mit unseren Kindern entschieden wir uns dafür wieder zurück aufs Dorf zu gehen. Für unsere Kinder war es kein Problem, sie freuten sich sogar, denn sie hatten das Glück in die Schulklasse und Kindergartengruppe ihrer Freunde zu kommen, so dass der Neustart nicht allzu schwer für sie sein würde. Wir freuten uns auf das Neue und darauf endlich selbst unsere Kosten für Strom und Wasser kontrollieren zu können, ohne dass uns jemand übers Ohr hauen konnte.

Der Umzug verlief reibungslos, alles war perfekt organisiert und innerhalb von ein paar Tagen war das neue Heim eingerichtet. Hatten wir vorher 90m², so hatten wir nun das Doppelte und eigentlich viel zu viel Platz. Es war wahnsinnig groß und man verlor sich in den großen Räumen. Trotzdem hatten wir die richtige Entscheidung getroffen. Wir wohnten wieder auf dem Dorf, im Ort wo ich „groß" geworden bin. Nach 19 Jahren war ich zurück in dem Ort in dem mein Leben angefangen hatte. Wo ich als kleines Mädchen schon in den Kindergarten und zur Schule gegangen bin. Es war als wäre ich nie weg gewesen. Vom Balkon aus konnte ich direkt auf das Haus schauen in dem ich aufgewachsen bin und hatte so manches Mal Gänsehaut an meinem Körper, wenn ich mich daran erinnerte was ich dort alles erlebt hatte.

In der Schule und im Kindergarten lief es prima, auch mein Mann hatte mittlerweile eine andere Arbeitsstelle die besser zu ihm passte und ihm viel mehr Spaß machte. Das beste daran war, dass er morgens um 6:00 Uhr das Haus verließ und spätestens nachmittags um 16:30 Uhr wieder zuhause war. Es waren perfekte Arbeitszeiten, so hatten wir noch genügend Zeit als Familie. Wir konnten gemeinsam Abendbrot essen, vorher saß ich jeden Mittag und jeden Abend mit den Kindern allein am Tisch.

Das Haus, in dem wir von da an lebten, haben wir wieder gut in Schuss gebracht. Es war lange Zeit nicht bewohnt, wir haben mit viel Aufwand aus dem Dschungel wieder einen Garten gezaubert in dem man sich gern aufhielt. Unser neuer Nachbar staunte immer wenn er mit seinem Hund an „unserem" Haus vorbeiging und meinte, dass wir das echt toll hinbekommen hätten. Wir merkten leider relativ schnell, dass auch innerhalb des Hauses viele Baustellen waren. Die Heizung funktionierte nicht richtig, mal sprang sie an, dann wieder nicht. Die Wasserleitungen funktionierten auch nicht so wie sie sollten. Es waren alles solche Dinge die man nicht beim ersten Besichtigen feststellen konnte, diese Mängel kamen schleichend ans Tageslicht.

Als wir knapp zehn Wochen dort wohnten kam unser Nachbar während seines Spaziergangs auf uns zu und machte uns ein ultimatives Angebot. Er würde gern ein Haus verkaufen dass er vor einigen Jahren geerbt hatte. Das Haus stehe leer, er hätte bisher noch nichts öffentlich gemacht. Es stünde weder in der Zeitung noch im Internet, er möchte es nur an Personen verkaufen die in seinen Augen die richtigen dafür sind. Und da er bei uns gesehen hat was wir aus der Bruchbude, wie er sie genannt hat, gemacht haben, dass wir „anständige" Leute sind, fragte er ob wir Interesse hätten. Puh, das kam so plötzlich, waren wir doch gerade erst eingezogen. Meine Neugierde siegte, ich fragte welches Haus gemeint war und bat um Eckdaten. Er nannte uns den Straßennamen und die Größe des Hauses, was schon einmal sehr interessant für uns war. Zu verlieren hatten wir nichts und vereinbarten, dass wir uns am nächsten Tag treffen und das Haus von innen anschauen würden. War es nicht verrückt? Sollte das tatsächlich so sein? Das konnten doch alles keine Zufälle sein! Warum sollte sich unser Leben jetzt so schnell wandeln?

Zwei Wochen bevor uns der Nachbar das Angebot mit dem Hauskauf machte, ging ich aus dem Kellerausgang unserer „Bruchbude" zur Garage und fand direkt vor der Tür ein vierblättriges Kleeblatt. Es lag vor meinen Füßen, ich weiß nicht wo es herkam. Ich wunderte mich kurz, hob es auf, gab dem Ganzen aber keine großartige Beachtung, außer dass ich mich darüber freute und es nach dem Trocknen in Folie laminiert hatte.

Ich habe es heute noch am Kühlschrank in der Küche hängen :-)

Wir machten uns auf den Weg zum zweiten Besichtigungstermin innerhalb kürzester Zeit. Von außen war das Haus sehr gepflegt und auch der kleine Garten lud ein es sich gemütlich zu machen. Ich konnte mir direkt vorstellen im Sommer dort zu sitzen. Der Besitzer schloss die Tür auf und man stand in einem ganz kleinen Flur, von dem rechts eine Treppe ins Obergeschoss führte. Er öffnete die Flurtür und wir standen in einem weiteren kleinen Flur, von dem vier Räume abgingen. Links das Esszimmer mit großem Durchgang ins Wohnzimmer, rechts das Bad mit ebenerdiger Dusche und geradeaus ging es in die Küche. Von dort aus konnte man in einen angebauten Wintergarten gehen mit herrlichem Blick in den kleinen Garten. Ich war sofort verliebt, wirklich. Meinem Mann ging es nicht anders, auch er war sofort hin und weg von den Räumlichkeiten. Weiter ging es die Treppe hinauf in das Obergeschoss. Auch dort gab es vier Räume, drei Schlafzimmer und ein Badezimmer mit Dusche und WC. Das Haus war so klein und heimelig, strahlte so viel Wärme aus. Wir standen in unserem Traumhaus von dem wir schon immer gesprochen hatten. All unsere Freunde hatten Häuser, die groß waren mit einem riesigen Garten. Für uns stand schon immer fest: Sollten wir uns jemals etwas Eigenes kaufen sollte es klein und gemütlich sein. So dass jeder seinen Freiraum hat, sprich jedes Kind ein eigenes Zimmer, aber so klein, dass wir uns nicht verlaufen würden. Uns war auch immer klar, dass wir, je älter wir werden, nicht wissen wo es unsere Kinder hin verschlägt und ob wir nicht irgendwann allein wären, dass man das Ganze ja auch pflegen muss. Und jeder weiß, je älter man wird umso schwieriger wird es mit den Gebrechen, man bleibt nicht ewig knackig. Genau das war es was wir uns erträumt hatten: eine kleine Doppelhaushälfte mit gerade mal 98m² und Platz für jeden von uns, es wäre perfekt.

Nur wie sollten wir das stemmen können? Sollten wir das Risiko wirklich eingehen? Würden wir überhaupt eine Finanzierung bekommen? Wir verblieben mit dem Besitzer so, dass wir darüber nachdenken würden und ihm in ungefähr einer Woche Bescheid geben würden wie wir uns entschieden haben. Als wir zurück in unserem gemieteten Palast waren fühlten wir uns alles andere als wohl. Dieses Haus hatte es uns angetan. Wir würden es sehr gern haben wollen, doch stand die Finanzierungsfrage noch im Raum. Das alles machte mich so kribbelig, dass meine Nerven sich wieder meldeten. So schnell wie möglich vereinbarten wir einen Termin bei unserer zuständigen Bank und was soll ich sagen? Wir hatten ein für uns passendes Angebot erhalten und es war auch noch so passend dass wir als Eigentümer weniger Ausgaben hätten als würden wir zur Miete wohnen. Es sollte perfekt sein.

Ich hatte sehr viel Angst davor einen so hohen Kredit aufzunehmen. Wir schrieben uns etliche Pro und Contra Listen, was dafür und was dagegen spricht ein Haus zu kaufen. Doch kamen wir immer wieder auf den gleichen Nenner - dass wir gar nicht anders konnten als unser Traumhaus zu kaufen. Der Notartermin, der Grundbucheintrag und alles was zum Hauskauf dazu gehörte verlief reibungslos, dass wir Anfang Mai 2014 einziehen konnten. Schneller als wir gucken konnten waren wir Eigentümer einer Doppelhaushälfte.

Jetzt wohnen wir schon fünf Jahre hier und noch immer können wir sagen: was das Finanzielle betrifft war es die richtige Entscheidung. Und gemütlich ist es nach wie vor bei uns. Der nächste Schritt ist das Ausmisten des Kellers, denn es häufen sich bei vier Personen auf die Jahre doch sehr viele Sachen an, von denen man manchmal gar nicht mehr weiß dass man sie hat. Erst dann wenn man sie im Keller wiederfindet freut man sich darüber und lässt es doch dort liegen.

Ich habe für mich festgestellt, dass man mit wenig sehr gut leben kann. Ich besitze zwar einen kleinen Kleiderschrank, doch würde eine Kommode mit ein paar Schubladen ausreichen für die paar Klamotten die ich habe. Ich war noch nie die Shopping-Queen, trage eh immer die selben Kleidungsstücke. Unsere Küche ist schon fast so alt wie ich, wir haben sie beim Hauskauf übernommen. Mit ein bisschen Kreativität, Farbe und neuer Arbeitsplatte sieht man ihr das Alter gar nicht an. In unserem Wohnzimmer steht eine gebrauchte Sitzecke mit einem gebrauchten Sessel. Unser Bett, auch die Betten der Kinder sind alle von einem schwedischen Möbelhaus. Wir haben sie kostenlos über das Internet bekommen. Es ist alles in einem tadellosen Zustand. Man glaubt nicht wie viele Menschen ihre fast neuen Sachen für kleines Geld verkaufen oder sogar verschenken, nur weil sie sich etwas Neues, „Besseres" anschaffen wollen.
Ich besitze wenig Materielles, dafür besitze ich sehr viel in meinem Herzen.

Die Umzüge in kurzer Zeit, das Wissen um die vielen Schulden die wir seit dem Hauskauf abzuzahlen hatten, mein Job, die Kinder, mein Mann, die wenige Zeit die ich hatte um mich um mich zu kümmern, alles war mir zu viel. Ich blieb total auf der Strecke, habe nur noch gemeckert und genörgelt. Keiner konnte mir mehr etwas recht machen, jeder machte in meinen Augen alles falsch. Beim kleinsten Missverständnis, oder sei es dass die Kinder etwas fallen lassen haben oder oder oder... ich war eine Furie, mit den Nerven komplett am Ende, völlig ausgelaugt. In drei Wochen sollte die Mutter-Kind-Kur starten. Ich war kurz davor diese abzusagen, hatte im neuen Haus noch so viel zu tun. Allein würde mein Mann das niemals schaffen, ich war ja schließlich die einzige die alles im Griff hatte, ich war unabkömmlich.

Ja, ich war ein unausstehliches Etwas getrieben vom Perfektionismus und dem Gedanken, dass ohne mich nichts läuft. Gut dass alles so gekommen ist wie es gekommen ist. Sonst würde ich wahrscheinlich immer noch diejenige sein, die von sich denkt nur sie könnte die Welt retten - oder ich wäre gar nicht mehr da... Danke dass ich lernen durfte wie es sich anfühlt zufriedener und gelassener zu sein, auch wenn der Preis dafür sehr hoch war.

Mein Mann zwang mich förmlich dazu die Kur anzutreten, so dass ich mich Mitte Juni mit den Kindern auf den Weg an die Nordsee begab. Wir fuhren mit dem Zug bis Wilhelmshaven, von dort aus mit dem Bus in die Kur-Einrichtung. Unser Zimmer war im Erdgeschoss. Wir hatten eine kleine Wohnküche, ein Sofa, Betten für alle, ein kleines Bad mit Dusche und eine tolle Terrasse. Bis zum Meer waren es fußläufig 5 Minuten, wir mussten nur über den Deich gehen und schon konnte man es riechen – das Salzwasser und die frische Luft, der Wind der einem um die Ohren pfiff, es war fantastisch. Ich war schon immer ein Mensch der das Meer liebt. Das Rauschen der Wellen, der Wind, der Sand, es gibt für mich kaum etwas Schöneres.

Wir hatten eine tolle Unterkunft, das Gelände war sehr ansprechend. Alles war gepflegt und lud zum Verweilen ein. Wenn nicht diese eine Sache gewesen wäre, die mir die Kur sehr schwer gemacht hat. Meine Kinder mussten, wenn ich Anwendungen oder Vorträge hatte, in die Kinderbetreuung was ganz und gar nichts für sie war, für beide nicht. Ich hatte jeden Tag ein solches Theater wenn es darum ging sie dort abzugeben, es war kein Spaß. Tränen über Tränen, es wurde geklammert und gebockt. Ich stand unter Zeitdruck, denn ich hatte ja festgelegte Termine. Wie sollte ich das drei Wochen lang überstehen? Ich war doch tatsächlich so naiv und dachte eine Kur mit Kindern würde schön und entspannend werden. Ich fühlte mich wie zuhause - gejagt von Verpflichtungen und Terminen. Da war rein gar nichts zu spüren von Erholung oder „runter fahren". Die ersten drei Tage waren tatsächlich schlimmer als mein Alltagswahnsinn zuhause, ich war kurz davor aufzugeben. Ich wäre gern wieder gefahren, das Meer vor der Tür war mir völlig egal. Wie sollte ich das genießen können? Irgendwie kamen mir auch alle anderen Mütter mit ihren Kindern gestresst vor, keine sah wirklich glücklich aus. Außer die, die nur ein Kind dabei hatten und die, deren Kinder schon etwas älter waren als meine. Diese Frauen genossen ihre Auszeit vom Alltag, zumindest kam es mir so vor. Als ich meine Wochenpläne bekam, welche Anwendungen und Vorträge ich „aufgebrummt" bekommen hatte, war meine Freude nicht größer. Es ging um Entspannungsübungen, Sport und etliche Vorträge über Kindererziehung und dem Alltag mit dem Kind standen auf dem Plan. Wie lustig, mir wollten Menschen, die mich, meine Situation und Lebensumstände gar nicht kannten, etwas von solchen Themen erzählen und mir etwas beibringen? Das konnte ja spannend werden. Doch ich muss ehrlich sagen, dass Frau Jansen, die Leiterin der Klinik, es tatsächlich geschafft hat uns Mamas ganz viel für den weiteren Weg mitzugeben. Sie war eine so tolle Frau die alles auf den Punkt gebracht hatte. Jede dieser Frauen hatte einen anderen Grund warum sie dort zur Kur war und doch hat Frau Jansen es geschafft jeden einzelnen von uns mit ihren Worten persönlich anzusprechen. Jeder konnte nur davon profitieren und das Gesagte für sich und seine Situation umsetzen.

Die Sporteinheiten waren nicht ohne. Wenn man so wie ich gar keinen Sport treibt – sei es nur ein wenig Gymnastik oder ähnliches – dann waren diese Übungen eine kleine Meisterleistung. Wir bewegten uns auf unseren Matten wie Robben, die es nicht ins Meer schafften und hatten tatsächlich Probleme die Anweisungen der Kursleiterin auszuführen. Ich sollte mit meinen gerade mal 36 Jahren ganz schnell spüren wie eingerostet ich doch war. Genießen konnte ich die Kurse nicht, ich hatte immer meine weinenden Kinder vor mir, die dicken Tränen die an ihren Wangen herunter liefen, wenn ich sie wieder in der Betreuung abgegeben hatte. Wie machten das nur die anderen Mütter? Ich hatte zwei kleine Klammeraffen an mir hängen und andere Mütter konnten sich ohne Probleme von ihren Kindern lösen.

Ein kurzes Küsschen und weg waren sie, die kleinen Racker. Bei mir war es immer wieder ein Kampf. Ich konnte nicht so schnell abschalten und während der Vorträge oder anderen Aktivitäten von Beginn an aktiv zuhören, zu sehr waren meine Gedanken auf dem Flur der Kinderbetreuung.

Frau Jansen hatte uns erklärt was der Eintrag „freie Zeit" in unserem Wochenplan zu bedeuten hatte. Einmal in der Woche sollten wir einen Vormittag für uns allein nutzen. Sie bat uns darum, die Kinder in die Betreuung zu bringen und den Vormittag zu verbringen mit dem was uns gut tut. Sei es ein Buch zu lesen, in den Ort zu gehen, sich an den Strand zu setzen, was auch immer für uns in dem Moment das Beste wäre.

Dieser Vormittag war da, ich hatte Frau Jansens Auftrag befolgt. Nur wusste ich, nachdem die Kinder in der Betreuung waren, nichts mit mir anzufangen. Ich war allein und hatte Zeit. Verdammt! Und nun? Was sollte ich denn machen? Ich ging in mein Zimmer und fing tatsächlich an aufzuräumen! Die Kissen wurden ordentlich drapiert, die Betten ordentlich aufgeschüttelt und das Bad geputzt. Das alles war innerhalb einer halben Stunde erledigt, ich hatte noch immer so viel Zeit. Zeit um mich mit mir selbst zu befassen. Das war ziemlich schwierig, ich muss es zugeben. Ich hatte keinen Plan was ich mit mir anfangen sollte. So entschloss ich mich in den Ort zu gehen, um ein wenig zu stöbern und nach Postkarten zu schauen die ich verschicken konnte. Auf dem Rückweg wollte ich auf dem Deich entlang gehen und mich für einen Moment ans Meer setzen.

Als ich in dem kleinen Souvenir-Laden stand und meine Postkarten aussuchte, stand eine Frau neben mir die mir bekannt vorkam. Ich kannte ihr Gesicht von einigen Vorträgen in der Klinik, sie musste also auch eine der Mamis sein die auf Frau Jansen gehört hatte. Wir kamen ins Gespräch, entschieden uns einen Kaffee zu kaufen um uns anschließend ein wenig ans Meer zu setzen. Es war eine tolle Begegnung, Geli und ich waren sofort auf einer Wellenlänge. Das Wetter war toll, die Sonne schien und wir machten es uns im Sand bequem. Sie erzählte mir dass sie in der Kur sei weil sie im letzten Jahr ihren Mann verloren hatte, selbst schon einmal Krebs hatte und ihr Sohn die Kur beziehungsweise den Abstand zum Alltag auch dringend brauchte, denn der Verlust des Vaters sei für ihn nicht leicht gewesen. Ich kam mir so schlecht vor. Im Gegensatz zu solchen Geschehnissen war mein Leben doch prima. Sie hatte ein solches Päckchen zu tragen und war trotz allem total lustig drauf, machte viele Späße. Wir kamen aus dem Lachen nicht heraus. Natürlich wollte sie wissen was mich denn an die Nordsee getrieben hatte. Ich erzählte ihr alles was so in den letzten Jahren passiert war. Von Hauskauf über Alltagsstress bis hin zur Geschichte mit meinem Vater. Wir wurden beide für einen Moment still um über das was wir uns gerade anvertraut hatten nachzudenken. Beide schauten wir aufs Meer und fingen an zu weinen. Es tat gut seinen Gefühlen freien Lauf lassen zu können. Wir waren von diesem Zeitpunkt an unzertrennlich und verbrachten die meiste Zeit gemeinsam mit unseren Kindern, die sich genau so gut verstanden wie wir es taten.

Nach einer Woche Kur kannte man den kleinen Ort an der Nordsee in - und auswendig. Das Wetter spielte glücklicherweise die ganzen drei Wochen mit, so konnten wir nach unseren täglichen Anwendungen viel Zeit am Strand verbringen. Unser Weg war immer der gleiche. Erst ging es zum kleinen Einkaufsladen. Dort kauften wir uns etwas Leckeres für die Nerven (in Form von kleinen Piccolos und Zigaretten) und Kekse und Süßes für die Kinder. Mit vollen Rucksäcken ging es weiter ans Meer. Wir bauten Sandburgen, buddelten uns im Sand ein, machten Spaziergänge im Watt und sammelten Muscheln was das Zeug hielt. Wir waren mittlerweile vier Mamis, die sich nicht gesucht und doch gefunden hatten, wir waren einfach eine tolle Truppe. Wir fühlten uns wie Kinder und benahmen uns auch manchmal so. Was hatten wir für einen Spaß. Viele andere Mütter saßen geschminkt und in bester Garderobe am Strand, als könne jeden Moment ein Boot vorbeikommen mit einer Crew an Bord, die nach der bestaussehendsten Mutter gesucht hatte. Uns war völlig egal wie wir aussahen, ob wir die Haare schön hatten oder nicht, ob unsere Wäsche gebügelt war oder nicht, es war uns alles so egal. Wir hatten uns und das war wichtig.

Es gab viele Momente, in denen Geli und ich uns allein getroffen haben, denn die Verbindung die wir beide hatten war besonders, anders als zu den anderen Mamis die wir kennengelernt haben. Wir saßen am Meer, mit einem Glas Sekt in der Hand und sprachen über die Themen, warum wir eigentlich zur Kur waren und was unseren Alltag zuhause ausmachte. Wir sprachen darüber wie schnell doch alles vorbei sein kann und dass man tatsächlich jeden Tag leben sollte als wäre es der letzte. Dafür war sie das beste Beispiel. Sie hatte ihren Mann ganz plötzlich verloren. Hätte sie es vorher gewusst, hätte sie sich niemals den Stress gemacht und darauf geachtet dass alles perfekt ist was den Haushalt angeht. Sie erzählte mir dass sie seitdem ganz andere Prioritäten setzte was ihr wichtig war und was nicht. Sie legte keinen Wert mehr darauf ob sie einmal am Tag saugen würde und generell würde sie nur noch das machen, auf was sie wirklich Lust hatte. Sie würde ihre Zeit nicht mehr nur mit dem Haushalt ver-schwenden, ihre Wäsche nicht mehr bügeln oder auf die Worte anderer hören. Ihre Worte klangen so klar und wirklich ernst gemeint.

Das war schließlich der Tag an dem ich beschloss nie wieder zu bügeln. Und ich habe es bis zum heutigen Tag durchgezogen. Wie viele Stunden habe ich damit verbracht am Bügelbrett zu stehen und gewaschene Wäsche glatt und platt zu bügeln? Wie viele Stunden meiner Zeit hier auf der Erde vertrödelte ich damit? Ich will es nicht nachrechnen, denn wir kämen auf sehr sehr viele Stunden. Diese Stunden verbringe ich seitdem mit sehr viel für mich Sinnvollerem - und es ist ein gutes Gefühl.

Die Worte die sie mir dann sagte, auch diese Worte werde ich niemals vergessen. Es ging um meinen Vater den ich so sehr vermisste. Sie sah mir in die Augen und sagte zu mir: „Meine liebe Rosa, auf was willst du warten? Die Zeit kann so schnell vorbei sein. Du bist 36 Jahre alt, dein Vater ist über sechzig. Du weißt nicht wie viel Zeit euch bleibt, also nimm es in die Hand und fahr hin, egal wie schwer es wird. Du schaffst das, ich weiß es. Das Geld spielt keine Rolle. Dann borge es dir von jemandem. Du kannst es zurückgeben. Doch du weißt nicht ob du es ansonsten erleben kannst deinen Vater kennenzulernen! Ich weiß, dass da auch ein wenig Angst hinter steckt in ein fremdes Land zu reisen, einem doch fremden Menschen gegenüber zu stehen. Aber nur wenn du es machst wirst du innerlich zur Ruhe kommen können". Eine Träne kullerte meine Wange herunter und das einzige was ich machen konnte war, sie ganz fest in den Arm zu nehmen und ihr zu danken. Danke zu sagen für diese Worte.

Meine liebe Geli, leider hast du letztes Jahr den Kampf gegen den Krebs verloren, aber vielleicht kannst du von da oben meine Zeilen lesen, die ich hier schreibe. Du bist und bleibst eine Person der ich so vieles zu verdanken habe. Nur durch dich ging es in meinem Leben einen Schritt weiter in die richtige Richtung und ich danke dir vom ganzen Herzen dass ich dich kennenlernen durfte. Du fehlst mir!

Die Kur neigte sich langsam dem Ende zu, wir mussten alle schweren Herzens unsere Koffer packen. Wir freuten uns auf zuhause, doch waren wir sehr traurig darüber, dass sich unsere Wege trennen mussten. Wir wohnten alle in ganz Deutschland verstreut, so dass es nicht mal eben so einfach war sich auf einen Kaffee zu treffen.

Es war eine schöne Zeit an der Nordsee. Wir alle heulten beim Abschied - wie die Kinder morgens vor der Betreuung, wenn die Mamas sich von ihnen verabschieden mussten.

Zuhause angekommen liefen die ersten Tage entspannt ab, es waren noch Sommerferien. Wir hatten noch zwei Wochen Ruhe bevor Schule und Kindergarten wieder starteten. Wir wohnten seit knapp zwei Monaten im neuen Eigenheim, mein Mann war sehr fleißig in den letzten drei Wochen. Er hatte während unserer Abwesenheit den Flur gestrichen und einige kleine Renovierungsarbeiten vorgenommen. Seine Freude war riesig als wir endlich wieder zuhause waren, es war ihm einfach zu still und zu langweilig ohne uns.

Ich war schnell wieder im normalen Trott und mein Hamsterrad drehte sich weiter und weiter. Zu schnell ließ ich mich wegen Kleinigkeiten aus der Ruhe bringen, die Erholung der Kur war dahin. Ich hatte zwar die Ratschläge und Tipps von Frau Jansen im Hinterkopf und versuchte diese auch so gut es ging umzusetzen, doch fiel es mir im Alltag sehr sehr schwer.

Geli`s Worte gingen mir nicht mehr aus dem Kopf. Immer und immer wieder reflektierte ihr Gesagtes in mir und ja – sie hatte so was von Recht. Auf was sollte ich warten? Was, wenn ich wirklich niemals die Möglichkeit bekommen würde meinen Vater einmal in meinem Leben zu sehen? Ich musste es umsetzen, ich musste einfach diese Vorstellungen in meinem Kopf Wirklichkeit werden lassen. Abends saßen wir bei einem kühlen Getränk in unserem kleinen gemütlichen Garten und ich sprach das Thema an. Mein Mann hat immer zu mir gehalten und wollte nur das Beste für mich, so war er sehr aufgeschlossen und bestärkte mich in meinem Vorhaben, indem er mir gut zuredete und immer wieder sagte, dass es nicht schlecht ausgehen werde.

Wie sollte ich das anstellen? Ich überlegte hin und her. Fliege ich allein? Das wäre wahrscheinlich besser, so würden wir viel Geld sparen können. Außerdem könnte ich dann all das was passieren wird, ganz für mich allein

146

aufnehmen. Doch wenn es schiefgeht und wir uns ganz und gar nicht „grün" wären würde ich allein auf einer fremden Insel und in einem fremden Land sein. Ich würde mich doch überhaupt nicht zurechtfinden. Ich wusste ja noch nicht einmal wo ich überhaupt hin musste. Das würde ich sicher nicht schaffen. Fliegen wir als Familie? Das könnte sehr stressig werden - wir vier gemeinsam auf einer Insel, in einem Land in dem wir alle zuvor noch nie gewesen waren und keiner von uns wüsste Bescheid. Ich wollte meinem Vater auch nicht meine Familie vorenthalten, denn wenn alles gut laufen würde, würde ich mich sicher ärgern sie nicht mit dabei zu haben. Ich dachte mir mal wieder alles kaputt. Doch mein Entschluss stand fest. Ich wollte und musste noch in diesem Jahr zu meinem Vater, egal wie, wann und mit wem.

Mir kam ein Geistesblitz. Ich rief meinen Bruder an, er sollte mich bei meiner Entscheidung unterstützen. Schließlich war er schon mehrmals auf der Insel und konnte mir genau sagen was ich alles bräuchte um am Ziel anzukommen. So nahm ich den Hörer in die Hand und erzählte ihm von meinem noch nicht vorhandenen Plan. Er gab mir viele Tipps die ich ohne sein Wissen nie bedacht hätte. Vom Flughafen aus muss man noch eine Stunde mit dem Auto fahren, also benötigt man zwingend einen Leihwagen den man von Deutschland aus buchen sollte. Es gibt zwar auch Busverbindungen, doch ich sollte bedenken, dass ich keinen Brocken Italienisch sprechen kann und es somit sehr schwierig werden könnte. Eine Unterkunft zu finden in dem Ort wo unser Vater lebt, wäre auch nicht gerade einfach weil es ein Ort ist der nicht auf Touristen ausgelegt ist. Er sprach immer davon, dass ich in die „Pampa" kommen würde. Bei jedem Tipp und Ratschlag wurde ich unruhiger und für mich stand fest, dass ich mir die Reise nicht allein zutrauen würde. Ich war schon in Bulgarien, auf Mallorca und auch schon an vielen Orten in Deutschland, doch egal wo ich war, ich konnte mich immer auf Deutsch oder Englisch mit den Menschen verständigen.

Was war das nur für ein Hirngespinst, welches ich mir da in den Kopf gesetzt hatte? Während unseres Telefonats schwärmte Chris immer wieder davon wie toll es dort ist und ich mich freuen könnte diese wunderschöne Insel kennenzulernen. Eben gerade sprach er noch von Pampa und vielen Schwierigkeiten und jetzt auf einmal von einer wunderschönen Insel?! Als er von wunderschönen Stränden und glasklarem Meer sprach, hörte ich aus seiner Stimme ein wenig Reiselust und fragte ihn - eigentlich nur zum Spaß - warum er mit seiner Frau denn nicht einfach mitkommen würde. Daraufhin wollte er wissen wann wir denn geplant hätten dorthin zu reisen. Ich erklärte ihm, dass es uns nur in den Herbstferien möglich sei aufgrund der Schulpflicht vom Junior. Und wie es der Zufall wollte *(den es ja gar nicht gibt)*, genau zu dieser Zeit hatten auch er und seine Frau Urlaub. Er wollte mit ihr sprechen und mich spätestens am anderen Tag zurückrufen. Schon am gleichen Abend kam der Rückruf. Chris lachte und sagte, dass er und Anna sich entschlossen haben mit uns gemeinsam nach Sardinien zu fliegen! Er wäre schon so lange nicht mehr dort gewesen und würde sich auch freuen unseren Papa wiederzusehen und außerdem bräuchten er und seine Frau dringend einen Tapetenwechsel. Ich war so geplättet und konnte im ersten Moment gar nicht antworten. Wir alle würden zusammen dorthin fliegen, es war kaum zu glauben! Ich kam meinem Ziel immer näher.

Da ich ja wie jeder mittlerweile weiß der Perfektionist war, machte ich mich daran nach günstigen Flügen zu schauen. Doch alle Flughäfen in unserer Nähe verlangten Unmengen an Geld für einen Flug. Das war einfach nicht machbar für uns, wir mussten schließlich für vier Personen rechnen. Meine Freude ließ mehr und mehr nach, ich sah den Traum aufgrund der Kosten die auf uns zukamen platzen. Mein Bruder und seine

Frau kamen abends zu uns, wir wollten gemeinsam schauen ob wir etwas Preiswerteres finden. Zusätzlich mussten wir ja auch noch die Leihwagen buchen für die Zeit auf der Insel.

Der Perfektionismus meinerseits trieb alle in den Wahnsinn. Ich suchte und suchte auf tausenden Seiten im Internet und fand nichts was unserem Budget entsprochen hätte. Als wir die Suchfunktion auf deutschlandweite Flughäfen änderten wurde das Bild schon besser. Plötzlich waren dort Preise angegeben die uns viel besser gefielen. Nur war die Entfernung von unseren Wohnorten bis zu den günstigen Flughäfen so weit dass wir erst einmal vier bis fünf Stunden mit dem Auto fahren müssten um dort anzukommen. Wir machten ein Rechenexempel und stellten fest, dass selbst dann wenn wir die Benzinkosten rechnen würden, der Flug immer noch günstiger wäre als wenn wir von einem Flughafen in unserer Nähe fliegen würden. Was wir nicht bedacht hatten war, dass wir sechs Personen waren und mit zwei Autos fahren müssten um zum Flughafen zu kommen.

Chris hatte eine sehr gute Idee. Sein Schwiegervater hatte einen alten VW-Bus in dem bis zu acht Leute Platz hatten, mit diesem könnten wir zum Flughafen fahren. Es war perfekt, wir konnten weitere Kosten sparen. Wir mussten nur noch die Flüge und die Leihwagen buchen, dann hätten wir es geschafft. So saßen wir stundenlang am Computer und verglichen Preise von diversen Flughäfen, bis wir irgendwann das absolute Superschnäppchen für uns fanden. Wir buchten über eine sehr bekannte irische Fluggesellschaft und waren über den günstigen Preis etwas erschrocken. Ob das so stimmen konnte? Hatten wir irgend etwas falsch eingegeben? Noch einmal kontrollierten wir unsere Eingaben: Fluggäste sechs - stimmt, Zielort - stimmt, Zeitraum - stimmt. Es wurde alles korrekt von uns eingegeben, wir hatten keinen Fehler gemacht. Somit sollte der Preis für Hin - und Rückflug für insgesamt sechs Personen weniger als fünfhundert

Euro betragen. Nein, dies ist kein Schreibfehler, es war tatsächlich so günstig. Sicher lag es auch an der Jahreszeit, denn unsere „geheimnisvolle" Reise sollte von Ende Oktober bis in den November hinein stattfinden.
Die Buchung des Leihwagens war etwas schneller über die Bühne gebracht. Der Flughafen auf dem wir landen würden hatte keine allzu große Auswahl an Mietwagenanbietern. Auch dort konnten wir ein wirklich gutes Angebot erhaschen und schlugen sofort zu. Somit war alles gebucht und wir konnten uns auf unseren bevorstehenden Abenteuer - Urlaub freuen.

Das einzige was jetzt noch ausstand war meinen Vater zu informieren. Ich hatte ihm noch gar nichts davon erzählt dass wir uns bald gegenüber stehen würden. Er wusste noch rein gar nichts, dass wir in drei Monaten aufeinander treffen würden. Wir telefonierten regelmäßig und von Mal zu Mal wurden wir uns immer vertrauter, wir waren wirklich auf einer Wellenlänge. Ich war voller Freude und rief ihn an, ich müsste ihm unbedingt etwas erzählen. Er hörte ganz gespannt zu und als er realisierte, dass wir uns in drei Monaten sehen würden und schon alles gebucht war, freute er sich so sehr. Er sagte immer wieder „Endlich!" „Endlich!"

Ein Problem gab es noch. Wir hatten keine Unterkunft und auch keine Ahnung wo wir am besten suchen und buchen sollten. Mein Vater meinte nur: „Macht euch keine Sorgen, darum kümmere ich mich. Eine Freundin meiner Frau vermietet eine Ferienwohnung, die meist nur im Sommer belegt ist. Es ist Platz für sechs Personen, das würde passen". Ich vertraute darauf und als er mich fünf Tage später anrief um mir zu sagen dass die Wohnung für uns reserviert war, fiel der letzte Stress in Sachen Urlaubsplanung von mir ab. Somit war alles in trockenen Tüchern und das Abenteuer konnte beginnen.

Die Monate vergingen wie im Flug. Die Schule hatte wieder begonnen, der geregelte Tagesablauf war in vollem Gange. Hausaufgaben, lernen, arbeiten, putzen, Termine, kochen, waschen. Nur kurze Zeit nach der Kur war ich wieder auf Vollgas - der Hengst mit den angezogenen Zügeln, der immer und immer schneller rennen musste. Nur das Bügeln fiel ja seit der Kur weg und diese Zeitersparnis war ein echter Gewinn.

Eines Abends Anfang September erhielt ich eine What`s App Nachricht von einem fremden Absender. Eine mir unbekannte Nummer hatte ein Bild gesendet. Ich drückte auf die Anzeige und traute meinen Augen nicht. Es war ein Bild meines Vaters, ich hatte ihn sofort erkannt. Wenn ich bisher auch nur ein Foto von ihm sah, ihn in jungen Jahren, ich wusste das konnte nur er sein! Ein älterer Mann mit vielen Falten im Gesicht und einer Zigarette in der Hand schaute in die Kamera. Ich war den Tränen nahe und freute mich sehr über dieses Bild. Nur von wem kam es? Ich antwortete mit einem „Danke" und fragte wer mir dieses Bild gesendet hatte. Sofort bekam ich eine Antwort - auf italienisch. Na super, dachte ich nur, was steht da jetzt? Ich hatte zwar vor zehn Jahren mal einen Anfängerkurs in italienischer Sprache bei der Kreisvolkshochschule besucht, doch der half mir in dem Moment kein Stück weiter. Zum Glück gab es das Internet und ich konnte mir darüber alles übersetzen. Laut google stand da so etwas wie: „Ich bin die Frau von Lui, das ist ein aktuelles Bild von ihm". Puh, welch Freude und Ehre für mich, dass ich von einer fremden Frau dieses Bild zugesandt bekommen hatte. Wir schrieben uns noch lange hin und her, es zog sich in die Länge. Ich schrieb Deutsch und sie Italienisch. So mussten wir beide jedes Mal erst einmal den Übersetzer fragen was die jeweilige Person geschrieben hatte. Wir kamen gut zurecht und fanden heraus, dass jeder von uns Skype hatte, wir auch darüber telefonieren und vor allem uns sehen könnten. Die Uhrzeit wurde abgesprochen und der Zeitpunkt war da. Ich versuchte so gut es ging einen ansehnlichen

Menschen aus mir zu machen. Der Stress hatte mich ganz schön altern lassen und ohne etwas Make - up und Wimperntusche hätte ich mich nicht zeigen wollen. Wir hatten einige Startprobleme, das Internet wollte uns erst nicht miteinander verbinden. Nach einiger Zeit klappte es, wir saßen uns tatsächlich gegenüber. Mein Mann und ich saßen in Deutschland, mein Vater und seine Frau in Italien. Es war gigantisch – wir haben uns zum ersten Mal gesehen und mussten tatsächlich alle ein wenig weinen – vor Freude natürlich. Das Gespräch dauerte circa eine halbe Stunde, bis wir durch die Internet-Verbindung getrennt wurden. Es war so schön, ich konnte ihm in die Augen sehen und bald würde ich ihn auch in den Arm nehmen können.

Es war Anfang Oktober, draußen wurde es kalt und dunkel. Die Sonne schien nur noch selten, der Herbst zeigte sich von seiner besten Seite. Regen, Dunkelheit, trübes Wetter, ich habe diese Jahreszeit gehasst. Schon immer war ich ein Sommermensch, ich brauchte die Sonne, die Wärme, Blumen die blühen und Licht! Ich liebte es, bis spät abends draußen sitzen zu können und in den Sternenhimmel zu schauen. Herbst und Winter raubten mir alljährlich sämtliche Kräfte. Ich hatte diesen Winterblues den sicher viele kennen, andere wiederum überhaupt nicht nachvollziehen können. Traurigkeit machte sich in mir breit, es war mir in dieser Jahreszeit einfach alles zu finster, ja ich hasste es! Am schlimmsten für mich war Weihnachten. Alle hatten ihre Familien, wurden besinnlich und freuten sich auf die Feiertage. Für mich war Weihnachten eine Qual. Doch versuchte ich jedes Jahr wieder das Beste daraus zu machen, schließlich hatte ich ja inzwischen selbst eine kleine Familie und diese wollte ich glücklich unter dem Tannenbaum sehen. So zog ich mit. Es gab jedes Jahr einen schön geschmückten Tannenbaum, Geschenke und leckeres Essen. Alles sollte so sein wie bei anderen auch. Das klappte nach außen hin auch recht gut, doch innerlich war ich jedes Jahr wieder gebrochen.

Ich vermisste Familie um mich herum, ich wollte, dass meine Kinder auch dieses Gefühl von Weihnachten bekamen wie ich es von früher kannte. Leider hatten wir kaum jemanden mit dem wir zusammen feiern konnten. Unsere Familien waren nicht so wie andere. Ich hatte ja keine Eltern um mich herum und die Eltern meines Mannes waren nicht mehr am Leben. Wir saßen im Alltag und ebenso an Weihnachten allein zuhause. Es war immer das gleiche, ob Feiertag oder nicht. Keine Abwechslung, kein Besuch der mal spontan kam, ich fühlte mich immer allein, trotz Mann und Kinder. Und am meisten tat es mir leid, dass meine Jungs ohne Oma und Opa aufwachsen mussten. Sie sahen wie es bei ihren Freunden war und das tat mir sehr weh - ihnen nicht das bieten zu können was andere haben.

Und wer war Schuld daran? Natürlich ich, denn ich hatte die Familie die nicht perfekt war. Mein Mann konnte schließlich nichts dazu dass seine Eltern nicht mehr bei uns sein konnten.

Früher war es anders, schöner. Alle trafen sich bei Oma, wir waren circa zwanzig Personen. Meine Tanten und Onkel waren da, meine Cousinen, wir alle feierten Weihnachten gemeinsam. Die Bescherung war immer ein großes Fest. Das ganze Wohnzimmer lag voll mit zerrissenem Geschenkpapier, jeder freute sich dass der Weihnachtsmann die größten Wünsche erfüllt hatte. Meine Oma meckerte immer dass wir das Papier nicht zerreißen sollen, man könnte es doch glätten und weiter verwenden. Sie stand zwei Tage lang in der Küche, hat für alle gekocht und gebraten. Es gab Gänsebrust, Knödel, Rotkohl, alles was das Herz begehrte. Niemand musste hungrig nach Hause gehen, denn Oma kochte immer für eine ganze Mannschaft. Ich habe mir immer für meine Kinder gewünscht dass auch sie dieses Weihnachtsgefühl bekommen. Dass sie diesen Duft von Mandarinen und Lebkuchen, der heute noch in meiner Nase ist, auch riechen können und sich auch später daran erinnern. Somit versuchte ich alles um es ihnen so schön wie möglich zu bereiten.

Ob ich das hinbekommen habe? Ich weiß es nicht, da müsste ich sie fragen. Ich wünsche mir einfach nur dass sie später gut und gerne an UNSER Weihnachten denken und gern davon erzählen. Letztes Jahr war das erste Jahr in dem wir es so gemacht haben wie wir es wollten. Nicht so wie es andere machen, sondern so wie wir Lust darauf hatten. Es gab bei uns an Heiligabend Pizza! Ja richtig, Pizza! Weil wir einfach alle Hunger darauf hatten und ich keine Lust hatte stundenlang in der Küche zu stehen und etwas zu brutzeln worauf im Endeffekt doch keiner Hunger hatte. Na ja, so ganz einfache Pizza war es nicht. Ich wollte es ein bisschen extravagant machen, hatte den Teig ausgerollt und mit einem Messer so zugeschnitten, dass unsere Pizza aussah wie ein Tannenbaum. Belegt mit allem was wir mögen war es ein tolles Essen. Wir machten es uns auf dem Sofa gemütlich und jeder lag in seiner Ecke mit Schlafanzug und Jogginghosen. Welch schöne Weihnachten das waren. Mal sehen, vielleicht gibt es dieses Jahr Nudeln mit Tomatensoße...

Der Oktober war fast vorbei, es wurde Zeit ans Kofferpacken zu denken. Was nimmt man denn nur mit nach Italien? Jeden Tag schaute ich in die Wetter App und freute mich. Es war gutes Wetter angesagt. Zwischen 24 und 28 Grad sollten es werden. Für mich unvorstellbar, im kalten Deutschland hatten wir nur noch 10 Grad, es regnete vor sich hin. Koffer packen für vier Personen und das Richtige mitnehmen stellte für mich keine große Herausforderung dar. Für Kinder und Mann zu packen war einfach, für mich selbst umso schwieriger. Ich hatte ja schließlich nicht nur einen Urlaub vor mir, sondern würde einen großen Schritt in Richtung „Aufklärung der Vergangenheit" gehen. Ich wollte einen guten ersten Eindruck hinterlassen. Da ich ja nie der Mensch mit „besonderen" Klamotten war stand ich vor meinem Kleiderschrank und war unsicher was ich einpacken sollte. Komischerweise war ich gar nicht so sehr aufgeregt wie befürchtet. Die Freude stand an erster Stelle. Es hatte wohl damit zu tun, dass ich meinem Vater schon „kannte" und wir gut aufeinander zu sprechen waren.

Zwei Tage vor dem „großen" Tag telefonierten wir noch einmal mit Chris und Anna um eine genaue Uhrzeit abzumachen wann wir starten wollten. Unser Flieger sollte um 06:30 Uhr morgens abheben in Richtung Süden. Da wir 450km bis zum Flughafen vor uns hatten wollten wir nicht zu spät losfahren, man weiß ja schließlich nie was auf den Autobahnen los ist. Dazu muss man zwei Stunden vor Abflug zum Einchecken da sein.

Wir einigten uns darauf, dass wir um 20:00 Uhr bei meinem Bruder sein wollten um dann gegen 22:00 Uhr in das Ungewisse zu starten.

Der große Tag war da, ich kontrollierte gefühlte zwanzig Mal, ob ich auch alle Papiere und Flugtickets eingepackt hatte - mein Perfektionismus stand mir im Weg. Oft habe ich mir selbst nicht getraut und verfluchte mich dafür, dass ich Dinge tausende Male kontrollieren musste. Meine Tante brachte uns zu meinem Bruder, so dass unser Auto die neun Tage unserer Abwesenheit in der Garage verweilen konnte. Betty, unsere Hündin, die seit 3 Jahren bei und mit uns lebte, machte Urlaub bei einer meiner anderen Tanten und meinem Onkel.

Ich wollte nie einen Hund, denn das bedeutete für mich noch mehr Verantwortung zu haben. Meine drei Männer sprachen schon monatelang davon, schauten sich im Internet süße Welpen an die zum Verkauf standen. Sie wollten mit mir „nur mal hinfahren und angucken". Ich ließ mich breitschlagen und was soll ich sagen? Auf dem Rückweg hatte ich einen kleinen Hund auf meinem Schoß sitzen, der mir im hohen Bogen auf die Klamotten gekotzt hat. So schnell konnte ich nicht gucken wie ich Hundebesitzer war. Innerlich hatte ich mich total geärgert. Der Hund war wirklich zuckersüß, aber eigentlich war abgemacht dass wir erst einmal nur schauen. Ich hatte mich mal wieder breit schlagen lassen und hatte genau das Gegenteil zugelassen von dem was mein Bauch mir sagte. Heute möchte ich Betty nicht mehr missen, sie treibt mich immer wieder an rauszugehen. Hunde brauchen ja bekanntlich viel Auslauf, egal bei welcher Witterung.

Pünktlich um 20:00 Uhr setzte meine Tante uns bei meinem Bruder ab. Sie drückte mich so fest sie konnte, ihr lief eine Träne über das Gesicht und sie sagte zum Abschied zu mir: „Ich freue mich so sehr für dich. Endlich kannst du deinen Vater kennenlernen. Ich wünsche dir und deiner Familie eine wunderschöne Zeit und tu mir einen Gefallen! Genieße es in vollen Zügen!" Ich musste ein wenig schlucken, denn meine Tante war die einzige mit der ich über dieses Thema sprechen konnte.

Meine Tante ist alles für mich. Ein Mensch, den es so nicht noch einmal gibt. Sie hat von klein auf alles für mich getan, meine Wochenenden verbrachte ich sehr oft bei ihr. Ich weiß es nicht genau, aber ich denke so ähnlich fühlt es sich an wenn man eine Mutter hat.

Wir haben bis heute eine Verbindung die ich nicht beschreiben kann. Ich denke an sie und in dem Moment ruft sie mich an. Oder anders herum. Sie denkt gerade an mich und in dem Moment rufe ich bei ihr an. Ja, sie gibt mir immer wieder das Gefühl dass ich etwas wert bin. Ich bin ihr von Herzen dankbar für alles was sie mir bisher in meinem Leben gegeben hat. Immer wieder hat sie mich aufgebaut oder es zumindest versucht, auch in der Zeit in der es mir richtig schlecht ging.

Pati, danke für alles! Ich hab dich lieb! Ich kann es nicht oft genug sagen!

Unsere Koffer standen auf dem Hof, Chris öffnete die Garage und uns traf fast der Schlag! Sollte das tatsächlich der Bus sein mit dem wir noch 450km auf der Autobahn vor uns hatten? Wir würden niemals ankommen waren meine ersten Gedanken. Ich weiß nicht wie alt dieses Auto war, von der Optik her waren es einhundert Jahre. Überall waren Rost und Dellen, so wirklich vertrauenswürdig war der Bus nicht. Die Männer kontrollierten noch einmal den Ölstand und alles andere was wichtig war und luden das

Gepäck ein. Wir Frauen kümmerten uns um die Verpflegung, die Kinder tollten mit dem Hund meines Bruders. Mein Mann stellte sich zur Verfügung uns zum Flughafen zu bringen, er war ein ganz schlechter Beifahrer, hatte das Steuer gern selbst in der Hand. Wir kochten noch eine Kanne Kaffee, packten uns Brote, Snacks und Getränke ein und los ging die Fahrt. Die Männer saßen vorn, die Kinder in der Mitte, wir beiden Frauen saßen ganz hinten und hatten einen riesigen Spaß. Die Korken knallten, wir freuten uns auf unseren ersten gemeinsamen Urlaub.

Sobald wir auf der Autobahn schneller als 100km/h fuhren, leuchtete die Öllampe auf und ein lautes Piepen ertönte. Die Männer sind fast verrückt geworden, denn dieses Piepen ging einem ganz schön auf die Nerven. Die Kinder waren hundemüde und schliefen relativ schnell ein. Die beiden störte das Piepen nicht und auch wir Frauen machten uns einen Spaß daraus. Wir sechs auf der Autobahn in einem alten verrosteten Bus mit polnischem Kennzeichen, einem Piepen als Warnung dass irgend etwas mit dem Ölstand nicht in Ordnung war - es war lustig.

Am Flughafen angekommen hatten wir noch genügend Zeit. Die Männer waren der Meinung wir sollten uns alle noch einmal ein Stündchen aufs Ohr hauen, denn wir hatten ja einen langen Tag hinter uns. Ich konnte beim besten Willen nicht schlafen, dafür war ich viel zu aufgeregt. Einer musste wach bleiben, man stelle sich mal vor, wir wären alle eingeschlafen und hätten den Flieger verpasst. Dieses Risiko wollte ich auf keinen Fall eingehen. Um 04:00 Uhr machten wir uns auf den Weg zum Check In. Alles lief reibungslos, es gab keine Probleme. Ein „Papier und Pass" Problem konnte es auch nicht geben, ich hatte schließlich etliche Male nachgeschaut ob ich alles eingepackt hatte. Wir saßen auf den Stühlen, warteten darauf dass unser Flieger startklar war und wir zum Einsteigen aufgefordert wurden. Draußen war es stockfinster, man konnte nicht erkennen ob das Flugzeug schon bereit stand. Meine Kinder lenkten mich gut ab. Sie schauten sich neugierig um und inspizierten den Flughafen. Es war das erste Mal für sie, sie kannten so etwas nur aus dem Fernsehen.

Chris fragte mich: „Wie geht es dir? Bist du aufgeregt? In weniger als vier Stunden siehst du deinen Vater". Bis dahin war wirklich alles okay, doch in dem Moment spürte ich das Pochen meines Herzens. Trotzdem ging es mir erstaunlich gut – es ging mir wirklich gut!

Es ging los. Wir wurden aufgerufen zum Boarding. Alles ging sehr schnell, ruck zuck saßen wir im Flugzeug auf den von uns reservierten Plätzen. Es waren Dreier-Reihen. Die Kinder und ich saßen zusammen in einer Reihe, die anderen drei saßen direkt hinter uns. Ich war so aufgeregt wegen des Fluges, ich hatte solche Angst vorm Fliegen, was ich bis zu dem Moment total verdrängt hatte. Die Kinder konnten unterschiedlicher nicht sein. Der Große war genauso ängstlich wie ich, wir fassten uns an den schweiß-gebadeten Händen und drückten sie fest zusammen. Der Kleine feierte den Augenblick und juchzte laut als der Flieger startete und vom Boden abhob. Die Anspannung war so groß, ich war so ein Angsthase. Oben angekommen ging die Sonne auf, es war so wunderschön anzusehen. Wir waren über den Wolken die aussahen wie Watte. Ich wäre am liebsten hinein gesprungen. Dem kleinen Mann, der eben noch feierte, hatte irgendjemand den Stecker gezogen. Er schlief tief und fest neben mir in seinem Sitz. Mein „Großer" und ich staunten über das was wir aus dem Fenster des Flugzeuges betrachten konnten. Von hinten sagte eine Stimme: „Jetzt gibt es kein Zurück mehr!" Wie wahr, jetzt war keine Möglichkeit mehr auszusteigen, jetzt dauerte es noch ungefähr eine Stunde und ich wäre auf Sardinien um nach 36 Jahren meinen Vater kennenzulernen. Es war ein gutes Gefühl, ich freute mich sehr und doch war ich ein bisschen misstrauisch was mich erwarten würde und ob tatsächlich alles gutgehen würde.

Engel und Teufel hatten sich in der letzten Zeit gar nicht gemeldet um mir irgend etwas aus - oder einreden zu wollen. Anscheinend sollte alles so sein wie es war...

Von oben konnte man schon die Insel sehen. Es war ein gigantischer Anblick. Wir sahen riesige Berge und Wälder umringt von Wasser, Wasser und nochmal Wasser. Mein Magen machte sich bemerkbar. Es war nur noch ungefähr eine halbe Stunde bis zur Landung. Dann mussten wir nur noch die Leihwagen bei der Vermietung abholen um uns auf den Weg in den Ort zu machen in dem mein Vater lebt. Kurz durchgerechnet kam ich auf ungefähr noch zweieinhalb Stunden bis der Moment da wäre und wir voreinander stehen würden.

Die Landung war ruhig, alle Passagiere applaudierten als das Flugzeug stoppte. Atmen, atmen sagte ich mir immer wieder. Mein Herz klopfte bis zum Hals und ich wollte nur noch aus dem Flugzeug raus, zumal ich dringend auf die Toilette musste und unbedingt eine Zigarette rauchen wollte. Die Aufregung wurde immer stärker. Den ersten Fuß setzte ich auf sardischen Boden, man roch sofort den Duft der Insel. Es war ein frischer süßer Duft und der warme Wind wehte um die Nase. Wir mussten zuerst unsere Jacken ausziehen, das Wetter war herrlich. Die Sonne hatte schon morgens um acht Uhr eine ungeheure Kraft. Ich sah die ersten Palmen und war hin und weg von deren Größe. Die Kinder konnten ihre Augen gar nicht so schnell bewegen wie sie gucken wollten, es waren so viele Eindrücke. Wir waren in einer anderen Welt angekommen.

Ich musste wirklich dringend zur Toilette, die Aufregung machte sich in meiner Blase bemerkbar. Und ich brauchte Wasser, ich brauchte dringend kaltes Wasser in meinem Gesicht und meinen Händen damit der Kreislauf sich ein wenig beruhigen konnte. Inzwischen war ich 24 Stunden wach, ich war eigentlich hundemüde, doch die Aufregung ließ mich keine Schwäche zeigen. Ich zwang mich dazu mich zusammenzureißen und vor den anderen eine gute Miene zu machen. Es sollte keiner wissen wie es in mir aussah. Wir folgten den anderen Menschen, die ebenso wie wir auf dem Weg zur Gepäckausgabe waren. Atmen atmen, immer wieder sagte ich mir diese Worte. Ich wollte rauchen, ich wollte an die frische Luft. Am liebsten hätte ich einen Schnaps zur Beruhigung getrunken. Mein Bruder, der Reiseführer, zeigte uns auf einer Karte von Sardinien, welchen Weg wir nach Abholung des Leihwagens zu fahren hatten um in das Dorf zu kommen welches unser Reiseziel war. „Wir werden in ungefähr zwei Stunden da sein" sagte er. Es war alles so aufregend!

Mit unserem Gepäck in der Hand machten wir uns auf in Richtung Ausgang. Noch zwei Türen durchschreiten und wir wären an der frischen Luft. Ich brauchte dringend Luft. Ich schwitzte so sehr in meiner dicken Jeanshose und meinen Turnschuhen, das Klima war anders als in Deutschland. Die erste Tür hatten wir durchquert, es trennten uns nur noch wenige Meter von der letzten. Chris und Anna gingen voran, die Kinder und ich folgten ihnen, mein Mann war einige Meter hinter uns. Er zog zwei schwere Koffer hinter sich her, war somit etwas langsamer als wir. Gerade als wir durch die Tür gehen wollten rief mein Mann uns zu: „Ey, wartet doch mal! Kennt ihr den da?" und zeigte in eine Ecke des Flughafens, an der wir gerade vorbei gegangen waren.

Mein Herz blieb für einen kurzen Moment stehen. Ich stand wie angewurzelt da, hielt mir die Hand vor meinen Mund, damit niemand sehen konnte wie weit ich diesen aufgerissen hatte. In der Flughafenhalle stand mein Vater mit seiner Frau! Ich ließ meine Tasche fallen, ging langsam auf ihn zu. Er kam in schnellen Schritten auf mich zu, an seinen Wangen liefen kleine Tränen herunter. Mir schossen die Tränen in die Augen, ich war völlig überwältigt. Wir standen voreinander und sahen uns in die Augen. Er nahm mich in den Arm als wolle er mich einfach nur festhalten, drückte mich und sagte: „Alles ist gut!" Ich wollte ihn nicht wieder loslassen, ich hatte so etwas noch nie gefühlt. Da war etwas was uns so sehr verbunden hatte. Ich konnte es nicht glauben, es war so unwirklich und doch war es real. Es war der 26.10.2014, der Tag, der mein Leben vollkommen veränderte. Ich durfte nach 36 Jahren meinen Vater kennenlernen. Es war so viel Zeit die vergangen war.

Wir lösten uns aus der Umarmung, sahen uns noch einmal in die Augen. Ich war mir sicher dass er genau das gleiche fühlte wie ich – den großen Stein der vom Herzen gefallen war. Nachdem ich mir die Tränen aus dem Gesicht gewischt und tief durchgeatmet hatte, fing mein Kopf an „umzuschalten". Ich musste doch stark sein. Gern hätte ich noch viel mehr geweint, die Emotionen gern noch weiter gezeigt, dann hätte der Kloß in meinem Hals sicher nicht so weh getan. Aber ich riss mich am Riemen, schluckte kurz und begrüßte lächelnd und freudig die Frau meines Vaters. Ich hatte schnell eine meiner Masken gewechselt, die ich immer dabei hatte, egal wo ich war. Sie begutachtete mich von oben bis unten und sagte irgend etwas auf Italienisch was ich nicht verstanden hatte. Ich denke es sollte so etwas wie „Ich heiße Maria und freue mich dich kennenzulernen" heißen, so etwas in der Art sah ich in ihren Blicken. Mein Vater begrüßte als nächstes herzlich seinen Sohn und dessen Frau, danach ging er auf meine drei Männer zu. Den Kindern war das alles nicht ganz geheuer, sie begrüßten ihn nur scheu. Es war zwar ihr Opa und doch ein fremder Mann. Mein Mann war da ganz anders, die beiden begrüßten sich als würden sie sich schon ewig kennen. Wir standen alle zusammen und irgendwie wusste keiner so genau was er sagen und wie er sich verhalten sollte. Ich hielt die Situation nicht länger aus, versuchte uns aus der Anspannung, die in der Luft lag, heraus zu holen und sagte lachend: „So, und jetzt lasst uns mal alle rausgehen, es ist so warm hier drin und ich will endlich eine rauchen!" - wie professionell von mir !?

Ich zitterte so sehr, dass ich nicht in der Lage war mir eine Zigarette anzuzünden. Wie peinlich, ich wollte doch perfekt vor ihm stehen, das hatte ich mir doch ganz fest vorgenommen. Nur war ich absolut nicht darauf vorbereitet meinen Vater früher als gedacht in den Arm nehmen zu können, geschweige denn ihn zu sehen. Ich war schon immer ein Mensch der durch sein Denken auf alle möglichen Eventualitäten vorbereitet war, doch diese Situation war mir eindeutig nicht in den Kopf gekommen. Niemals hätte ich damit gerechnet bereits am Flughafen den „Moment meines Lebens" zu bekommen. Es überforderte mich. Innerlich flatterte jedes einzelne Organ meines Körpers was bis nach außen drang.

Wir standen am Flughafen und sprachen darüber, ob der Flug angenehm war und über das Wetter in Deutschland. Vielmehr sprachen die anderen darüber, ich konzentrierte mich hauptsächlich auf das Atmen. Anschließend machten wir uns auf den Weg zur Autovermietung. Gut dass mein Vater dabei war. Allein hätten wir das nicht hinbekommen, die fehlenden Sprachkenntnisse machten sich schon kurz nach der Ankunft bemerkbar. Er hat als unser Dolmetscher alles auf italienisch geklärt, so hatten wir schnell die Autoschlüssel in der Hand und konnten starten. Ich saß im Auto und konnte nicht sprechen, die ganzen Eindrücke machten mich sprachlos. So etwas Schönes hatte ich noch nicht gesehen. Eine Landschaft wie wir sie bisher nur aus Katalogen und dem Fernsehen kannten. Die Kinder dachten wir wären in der Savanne angekommen weil alles sehr sehr trocken war. Wir fuhren im Konvoi mit drei Autos Richtung Heimatort meines Vaters.

Er fuhr mit seiner Frau vorweg, wir waren mittig, das Schlusslicht bildeten Chris und Anna. An der ersten Tankstelle kurz nach dem Flughafen machten wir einen kurzen Stopp. Alle hatten großen Durst. Mein Vater empfahl uns ein sardisches Bier zu trinken zu dem wir nicht nein sagten. Für die Beruhigung der Nerven war es eine perfekte Empfehlung. Die Fahrer tranken natürlich kein Bier sondern Cola, die Kinder wählten Saft der so süß war dass man das Gefühl hatte der Mund klebt zusammen. So standen wir bei herrlichstem Wetter morgens um 09.00 Uhr an der Tankstelle auf Sardinien und haben auf unser Kennenlernen angestoßen.

Die Autofahrt zu unserem Reiseziel war grandios. Man fuhr auf Straßen die etwas weniger holprig waren als die Feldwege in Deutschland. Es ging sehr kurvig zu. Wir fuhren durch Tunnel die durch riesige Berge führten, konnten auf das Meer blicken auf dem etliche Boote fuhren. Große Fährschiffe waren am Horizont zu erkennen, Sportler surften an den Stränden, es war absoluter Wahnsinn. Am Straßenrand wuchsen Palmen und Kakteen, so groß und in einer Vielfalt wie ich es mir noch nicht einmal im Traum hätte vorstellen können. Aus den Bergen ragten Steine, so riesig, dass man sich nicht vorstellen konnte wie sie jemals dort hingekommen sind. Es mussten Naturgewalten gewesen sein, die die Steine an die jeweiligen Stellen gebracht hatten, kein Mensch hätte jemals die Kraft dafür aufbringen können. Ich war wahrhaftig im Paradies angekommen! Wir saßen im Auto, die Kinder riefen immer wieder ganz aufgeregt: „Guck mal da, guck mal da!" Unsere Augen wurden sehr beansprucht, es gab so viel zu sehen.
Nach einer guten Stunde waren wir angekommen, wir standen vor der Tür unserer Ferienwohnung. Ich hätte noch stundenlang weiter über diese Insel fahren können, die Eindrücke waren einfach brillant, ich konnte mich gar nicht satt sehen. Wir nahmen die Koffer aus den Autos und betraten

anschließend unsere Bleibe für die nächsten neun Tage. Alles war sehr gemütlich eingerichtet, wenn doch auch anders als das was man sonst bei uns gewohnt war. Es gab zwei Schlafzimmer, eins für uns, eins für meinen Bruder und seine Frau, ein Bad mit Dusche und WC und einen riesigen Koch-, Ess- und Wohnbereich. Die Küche bestand aus Spüle, Gasherd, Kühlschrank und einigen Schränken mit Töpfen und anderen Utensilien, die man zum Kochen benötigt. Der große Esstisch gab Platz für bis zu zehn Personen, im Wohnbereich standen ein kleines Sofa und zwei Sessel aus Korbgeflecht. Es war so unwirklich, ich hatte Mühe alles richtig wahrnehmen zu können.

Wir saßen gemeinsam am großen Esstisch, plauderten über Gott und die Welt und genossen einfach nur unser Zusammensein. Es wurde mehrere Male angestoßen, die Stimmung war ausgelassen, wir lachten viel. Doch bemerkte ich ein Knistern in der Luft, Gefühle und Emotionen kamen bei uns hoch. Von fröhlich und heiter wechselte die Stimmung in besinnlich und ruhig. Mein Vater wurde sehr still, er schaute mit gesenktem Kopf auf sein Glas und sagte mit leiser Stimme: „Heute ist ein sehr emotionaler Tag für mich". Dabei füllten sich seine Augen mit Tränen, er hob sein Glas und sagte zu uns:„ Es ist so schön dass ihr alle hier seid. Ich kann es noch immer nicht richtig glauben". Es war ein so schöner Augenblick, für einen ganz kurzen Moment war es still, bis Chris mit einem lauten „Salute" die Situation auflockerte und wir alle wieder lachen konnten. Am Abend gingen wir früh ins Bett, wir waren alle sehr müde von der langen Fahrt, dem Flug und auch von den Eindrücken, die an diesem Tag sehr stark waren.

Am nächsten Morgen musste ich erst einmal realisieren wo ich überhaupt war. Bis ich begriffen hatte, dass es tatsächlich kein Traum war, dauerte es eine Weile. Ich hatte das alles erlebt und keine Hirngespinste in meinem

Kopf. Ich war auf Sardinien, im Paradies. Der erste Tag wurde damit verbracht Lebensmittel und Getränke einzukaufen, anschließend machten wir eine kleine Auto-Tour um die Gegend ein wenig zu erkunden. Wie froh war ich dass ich meinen Bruder dabei hatte. Er kannte sich aus und zeigte uns somit wundervolle Strände und Wege, die wir ohne sein Wissen wahrscheinlich nie gefunden hätten.

Der Ort in dem wir wohnten war sehr urig. Es war alles so anders als in Deutschland. Die Gassen waren so eng, man passte nur mit einem kleinen Auto durch. Mit einem typisch deutschen Auto hätte man die Spiegel des Autos an den Hauswänden demoliert, oder aber wäre ohne Außenspiegel weitergefahren. Wunderschöne Zeichnungen waren an Hauswänden gemalt, mediterranes Flair machte es wunderschön. Die Einwohner hatten in ihren Vorgärten unzählige verschiedene Blumen und Kakteen in Terrakotta-Töpfen, es war so schön anzusehen. Die Menschen waren so zuvorkommend, so nett, einfach menschlich. Sie hatten immer ein Lächeln im Gesicht. Alles lief ruhiger ab, wir benötigten ein paar Tage um das Schnelllebige, was wir sonst lebten, ein wenig auszubremsen.

Am Strand hatten wir alle unseren Spaß. Das Wasser hatte 25 Grad Wassertemperatur, so stürzte selbst ich mich in die Wellen. Die Sonne schien am Himmel, man konnte sich kaum vorstellen dass es in Deutschland mittlerweile sehr kalt war. Ich war schon immer ängstlich was das Baden im Meer angeht. Mir war jedes Mal mulmig, ich wusste ja nicht welche Art Getier sich eventuell an mir oder um mich herum befand. Bei dem glasklaren Wasser war es ganz anders. Man konnte bis zum Meeresboden sehen. Bei diversen Arten von Fischen die um uns herum schwammen hatte ich zwar kein gutes Gefühl, dennoch habe ich es genossen. Wer wusste schon ob ich so etwas jemals wieder erleben würde.

Der Spätnachmittag war so geplant, dass wir uns nach unserem Strandausflug mit meinem Vater im Garten meiner Oma treffen wollten. Schon allein der Weg dorthin war ein Abenteuer. Ungefähr zwei Kilometer mussten wir mit dem Auto über enge Feldwege fahren, umgeben von Kakteen und kunterbunt blühenden Sträuchern, Bäumen etc. Farben wie ich sie vorher nie gesehen hatte. Links und rechts sah man Weinberge so weit das Auge reichte, daneben standen Kühe, Ziegen und Schafe auf den Wiesen. Eine malerische Kulisse, wie man sie nicht beschreiben kann, wenn man es nicht mit eigenen Augen gesehen hat. Und nicht zu vergessen der Bambus! Bambus soweit das Auge reichte! Dieser wuchs wild zwischen den Kakteen und Pflanzen hindurch. Die Pflanzen durften so wachsen wie die Natur es wollte, niemand wäre auf die Idee gekommen an dieser Art des Wachstums etwas zu ändern. Zum Glück, denn gerade das machte es aus, das Wilde und „Unperfekte".

Mein Vater erwartete uns schon und sobald ich ihn sah begann mein Herz zu klopfen - vor Freude. Ich war unsicher wie ich mich bei der Begrüßung verhalten sollte und entschied mich es auf die typisch deutsche Art zu machen - mit einem ganz normalen Handschlag. Wir fuhren auf das Grundstück des Gartens und stiegen aus dem Auto. Man konnte die Freude meines Vaters sofort spüren und hören. „Ciao, come stai?" rief er uns fröhlich entgegen. Er lächelte und begrüßte jeden von uns mit einem Kuss auf die linke und rechte Wange - so machte man das also. Auf seine Frage, die er mir gestellt hatte, konnte ich nicht antworten, ich verstand kein Wort. Er übersetzte, dass er gefragt hatte wie es uns geht. Daraufhin konnte ich nichts anderes antworten, als dass es mir sehr gut geht und ich von allen Eindrücken fasziniert bin. Der Garten war, wie mein Bruder es genannt hatte, tatsächlich in der „Pampa". Kein Haus weit und breit war zu sehen, wir waren inmitten der Berge zwischen Weinbergen und Kakteen. Und doch gab es auf dem Grundstück ein gemauertes Gebäude mit einer Küche, fließend Wasser und einem WC. Mein Vater zeigte uns den riesigen Garten. Tomaten, Paprika, Auberginen, Zitronen, alles das was ich nur aus dem Supermarktregal kannte, wuchs in Unmengen direkt vor unseren Augen aus der Erde oder an Sträuchern und Bäumen. Weintrauben, soweit das Auge reichte und aus denen Wein hergestellt wurde, breiteten sich in Hülle und fülle auf den Feldern aus. Mein Highlight war der Granatapfelbaum, voll beladen mit frischen Früchten, die gerade zu der Zeit, als wir auf der Insel waren, reif waren. So durfte ich meinen ersten Granatapfel vom Baum pflücken und essen. Es war purer Genuss.

Die Kinder hatten ihren Spaß mit den kleinen Hunden die im Garten lebten. Sie dienten als Wachhunde vor anderen Tieren und Fremden. Man merkte sofort dass diese Tiere anders behandelt wurden als die Haustiere in unserem Land. Sie bekamen wenig Aufmerksamkeit, es wurde sich wenig um sie gekümmert. Die Hunde wichen nicht mehr von der Seite der Kinder, sie wurden von ihnen gestreichelt, getragen, sich einfach nur um sie gekümmert. Man sah den Tieren direkt an, dass sie froh darüber waren, dass sich jemand mit ihnen beschäftigte. Die Kinder waren überglücklich, die Hunde ebenfalls.

So wie bei den Tieren ist es auch bei den Menschen. Sind wir mit unseren Sorgen und Problemen allein oder haben niemanden dem wir uns anvertrauen können verkümmern wir. Man darf nichts in sich hineinfressen, man sollte frei und offen über seine Gedanken und Gefühle sprechen, ansonsten wird der Körper uns mit seinen Symptomen zeigen, dass er zu viel aufstaut was entladen werden muss.

Während die Kinder durch den Garten tollten, saßen wir Erwachsenen bei Wein, Bier und Brot zusammen. Es war köstlich, das selbstgebackene Brot von meiner Oma, die ich bis dato noch nicht kannte. Mein Vater erzählte uns, dass er sein Geld mit dem Verkauf von Mandeln verdient, welche er selbst pflückt, knackt, röstet und auf Märkten verkauft. Er konnte seinen Beruf als Maurer nicht mehr ausüben, die viele Arbeit hat seinem Rücken nichts Gutes getan. Nebenbei zog er Kaninchen und Schweine auf, die, wenn sie alt genug waren, an den Schlachter verkauft wurden, so dass er damit auch noch ein wenig Geld verdiente. Er sagte immer wieder, dass er mit dem was er hat zufrieden ist und jeden Tag lebt ohne sich große Gedanken zu machen. Für uns war das unvorstellbar, wir waren immer in Hast und Eile, mussten arbeiten, arbeiten und arbeiten um die ganzen Kosten tragen zu können die auf uns lasteten.

Ich erfuhr eine ganze Menge über ihn und die Familie. Er erzählte uns, dass er das älteste von zehn Geschwistern war, von denen alle noch lebten, außer eine seiner Schwestern bereits verstorben war. Sie hatte Krebs und starb mit nicht mal 40 Jahren im Jahr 2000. Das berührte mich sehr.

Mein Vater war ein Mann, der keinen Wert auf große teure Dinge legte. Er fuhr einen alten Fiat, der ihn von A nach B brachte und seine Kleidung war auch schon sehr abgenutzt, was nichts daran tat was für ein Mensch darunter war.

Das wirklich Wichtige ist das was man in sich trägt, das Äußere ist nur eine Hülle und zeigt nichts von alledem was in einem Menschen steckt.

Es war ein wunderbarer Nachmittag, ich hatte wirklich sehr viel erfahren über meine Familie auf Sardinien und alle Informationen abgespeichert. Ich war schon immer gut darin mir alle möglichen Worte und Sätze zu merken, die für andere vielleicht gar nicht so wichtig waren. Ich speicherte so viel in meinem Gehirn, was andere schlichtweg gar nicht gehört hatten. Ich las schon immer zwischen den Zeilen. Wie gut es tat zu wissen wo man herkommt und zu erkennen woher man die ein oder andere „Macke" hat.

Ich stellte fest, dass ich sehr viel „Vater" in den Genen habe. Wir waren uns tatsächlich sehr ähnlich. Endlich konnte ich ein wenig verstehen warum ich schon immer „anders" war als die Menschen um mich herum.

Am nächsten Tag stand ein weiteres wichtiges Ereignis auf unserem Terminplan. Ich sollte meine Oma kennenlernen. Das einzige was ich von ihr wusste war ihr Alter, mehr nicht. Sie war genauso alt wie meine Oma aus Deutschland. Sie hatten sogar beide am gleichen Tag Geburtstag. Also stellte ich mich auf eine alte Frau ein, die wahrscheinlich genauso wie meine andere Oma mit den Lebensjahren zu kämpfen hatte.

Ich weiß nicht warum, doch ich war fast noch aufgeregter als die Tage zuvor, bevor ich meinen Vater kennenlernen sollte. Nach dem Frühstück machten wir uns zu Fuß auf den Weg zu ihrem Haus. Durch enge Gassen, vorbei an kleinen Geschäften, standen wir nach ungefähr zehn Minuten vor ihrer Tür. Ich stellte mich ganz nach hinten, wollte nicht die erste sein die ihr Haus betreten würde. Lieber wollte ich „aus der Ferne" erst einmal beobachten wie der Empfang abläuft. Wir klingelten und kurze Zeit später öffnete mein Vater die Tür. Hinter ihm stand eine kleine Frau ganz in schwarz gekleidet. Sie war sogar noch kleiner als mein Vater, somit auch kleiner als ich. Mein Vater und ich waren nämlich gleich „groß", was sich beim ersten Treffen komisch anfühlte. Die deutschen Männer die ich kannte waren alle größer als ich, auch breiter gebaut, bei meinem Vater musste ich meinen Kopf nicht nach oben strecken um ihn anzusehen. Ich hatte wieder einmal ein dicken Kloß im Hals, konnte vor Aufregung kaum stehen. Meine Oma begrüßte meinen Bruder und seine Frau, die sie auch schon einige Jahre nicht gesehen hatte, Tränen flossen bei allen dreien. Mein Mann schob mich an sich vorbei, er wollte mir damit signalisieren dass ich vor ihm und den Kindern zu ihr gehen sollte. Atmen, atmen, Rosa, immer atmen. Ich stieg die Treppenstufe hinauf und stand vor ihr.
Sie öffnete ihre Arme und ich „fiel" einfach nur in sie hinein. Tränen liefen mir über das Gesicht, auch sie konnte ihre Tränen nicht aufhalten. Sie drückte mich so fest sie konnte, wir konnten uns einfach nicht wieder loslassen. Dann sagte sie etwas, von dem ich nichts verstand – nur wusste

ich, dass es etwas Wundervolles und doch Trauriges war, was man an ihrem Tonfall hören konnte. Anschließend nahm sie mein Gesicht in ihre Hände, küsste meine Wangen und meine Stirn. Mein Vater stand daneben und kämpfte ebenfalls damit die Bäche nicht fließen zu lassen. Ich schaute ihn fragend an, wollte wissen was sie gerade zu mir gesagt hatte. Er schluckte und übersetzte ihre Worte: „Endlich ist es soweit, mein ganzes Leben habe ich auf diesen Moment gewartet. Jeden Tag habe ich dafür gebetet und gehofft dich kennenzulernen. Ich wusste, du wirst eines Tages hier her kommen! Ich wusste, ich werde dich eines Tages in meine Arme nehmen können. Nun ist der Tag da, jetzt kann ich sterben!"

Diese Worte machten mich sprachlos. Wir ließen uns nicht los, es war eine solche Verbindung da, die in irgend einer Form noch stärker war als die zu meinem Vater. Diese Frau hatte etwas an sich, etwas Magisches, was uns von der ersten Minute unseres Kennenlernens verband. Ich konnte mir nicht vorstellen, dass meine Oma tatsächlich schon 80 Jahre alt war. Sie war so lebendig, so vital, sie strahlte eine ungeheure Kraft aus. Sie hatte kaum Falten in ihrem Gesicht, sie sah tatsächlich aus wie das blühende Leben und hatte all meinen Respekt. Man sah ihr an dass sie viel Lebenserfahrung hatte. Sie war wunderschön, strahlte etwas aus was magisch war. Ihre Augen waren ganz besonders, man konnte annehmen sie würden funkeln.

Die Verständigung war schwierig, da ich ja immer noch kein Wort Italienisch konnte. Nur gut, dass mein Vater als Übersetzer eine großartige Leistung brachte. Manchmal war er richtig durcheinander und gab mein Gesagtes auf Deutsch an sie weiter oder ihr Gesagtes wurde mir auf Italienisch noch einmal weitergegeben. Es war toll, er konnte über sich selbst lachen und meinte, dass sein Computer im Kopf das viele Übersetzen nicht verarbeiten kann. Wir hatten tolle Stunden bei meiner Oma zuhause, auch diese Begegnung musste ich erst einmal verarbeiten.

Die Tage vergingen wie im Flug. Jeden Tag gab es ein neues Highlight. Sei es die Landschaft, die Strände, das Wetter, das Essen, ich fühlte mich nach wie vor wie im Paradies.

Ein spannender Tag war der, als wir nach Campagna *(so nennt man die Gärten in der „Pampa")* eingeladen wurden. Uns wurde gesagt, wir sollten zu einer bestimmten Uhrzeit dort sein und so perfekt Deutsch wie wir waren, kamen wir keine Minute zu spät. Im ersten Moment wäre ich gern wieder gefahren, denn als wir auf dem Grundstück ankamen parkten bereits einige für uns fremde Autos dort. Es war mir unangenehm, ich wusste nie wie ich mich verhalten sollte. Wir wurden begrüßt von allen Anwesenden, unter anderem waren es mein Vater und meine Oma die wir bereits kannten und bei den anderen Personen stellte sich heraus, dass es meine Tante, mein Onkel, meine Cousine mit Mann und Freunde meines Vaters waren. Die Begrüßung war wie immer sehr herzlich. Meine Oma und meine Tante waren am Brot backen, das Fleisch drehte sich über dem offenen Feuer am Spieß, die Nudelsoße kochte auf dem Herd vor sich hin und ich fragte mich wer denn diese ganzen Massen essen sollte. Es waren mehr als zwanzig Brote die nach und nach im Steinofen gebacken wurden. Nudelsoße blubberte in einem so riesigen Topf, für den am Gasherd alle vier Platten angestellt werden mussten. Meine Schwägerin und ich wollten helfen – bei irgend etwas, wir wollten nur nicht dumm herum stehen. Doch alles was wir durften war zuschauen, uns wurde „befohlen", wir sollten unseren Urlaub genießen und einfach nichts tun. Eigentlich war ich ja diejenige die immer am Machen und Tun war, jetzt sollte ich einfach nur dasitzen und mich bedienen lassen – es war schrecklich, ich konnte es echt nicht genießen. Die Männer standen am Feuer, die Kinder waren mit den Hunden beschäftigt und wir Frauen verbrachten die Zeit damit ein Bier zu trinken und zu spekulieren, wer das alles essen sollte was an dem Nachmittag vorbereitet wurde. Ich hatte meine Oma im Blick, sie war so eifrig.

173

Jeder Handschlag den sie machte war perfekt und geübt, alles ging ihr so leicht von der Hand, sie hatte alles und alle im Griff - auch die Männer, die vor lauter Reden vergaßen weiteres Holz aufs Feuer zu legen. Ihre Augen waren überall, sie hatte die Kontrolle. Ihre Freude darüber, dass wir da waren, sah man ihr direkt an, sie strahlte aus ihrem Herzen heraus. Sie kam auf mich zu, nahm meine Hand und ich - wurde nervös. Sie würde jetzt sicher wieder etwas sagen, was ich nicht verstehe. Und so war es auch. Mein Dolmetscher kam dazu und teilte uns lächelnd mit, dass gerade die Vorbereitungen getroffen werden für das abendliche Fest. Welches Fest? Was hatten wir verpasst? War ein Feiertag? Hatte jemand Geburtstag, von dem wir nichts wussten? Und so rückten sie langsam mit der Sprache raus. An diesem Abend sollte ein großes Fest steigen zur Feier der „verlorenen Tochter". Es würden alle Onkel und Tanten kommen mit Kindern und Enkelkindern, wir würden essen, trinken und feiern. „Ach du Scheiße" dachte ich! Es war mir sehr unangenehm - ich wollte nicht im Mittelpunkt stehen, ich war noch nie jemand der sich gern in den Mittelpunkt stellte. Schon als Kind habe ich es gehasst wenn wir etwas aufführen mussten und alle Leute uns zuschauten. Jedes Mal war mir angst und bange, immer habe ich geweint vor Aufführungen oder Musikkonzerten, bei denen ich etwas vorführen musste. Es war wieder einer der Momente auf die ich mich nicht vorbereiten konnte und ich innerlich unruhig wurde. Nein sagen war keine Option, also hoffte ich nur dass alles gutgehen würde. Atmen, immer atmen.

Es war 18.00 Uhr, nach und nach trudelten alle eingeladenen Gäste ein. Der Platz auf dem Grundstück reichte nicht aus um alle Autos darauf zu parken, es wurden immer und immer mehr. Ich wurde gedrückt, in den Arm genommen, gekuschelt, es war eine so herzliche „Aufnahme", wie ich sie mir nicht besser hätte vorstellen können. Selbstverständlich wurden auch alle anderen so begrüßt, aber ich bemerkte schon, dass das

Hauptaugenmerk bei allen auf mich gerichtet war. Ich fühlte mich schlecht Chris gegenüber, ich dachte ihn könnte das alles doch sehr verletzen. Schließlich war auch er schon viele Jahre nicht mehr zu Besuch dort gewesen. Als er auf mich zukam, mich fest in den Arm nahm und mir sagte, dass er sich riesig für mich freut, konnte ich aufatmen. Den negativen Gedanken war ich schon mal los.

Es wurde gefeiert, gegessen und getrunken – viel getrunken! Es gab so unglaublich leckeren Wein, selbst hergestellt aus den Trauben aus dem eigenen Garten, es gab selbstgemachten Schnaps und natürlich sollten wir alles probieren. Das Essen – es war purer Genuss, eine Gaumenfreude sprengte die nächste. Mir wurden so viele Fragen gestellt, mein Dolmetscher war immer an meiner Seite. Viele wollten das gleiche wissen, über meine Kindheit, mein Leben, sie wollten einfach alles wissen. So kam es, dass alle wie eine Traube um mich herum standen und saßen und ich meine Lebensgeschichte erzählte, bis zu dem Tag als ich auf Sardinien ankam. Viele waren so bewegt von meiner Kindheit, weinten und andere wiederum schüttelten den Kopf, weil sie nicht glauben konnten was ich ihnen erzählte.

Eine meiner Tanten erzählte mir, dass sie gern eine Sendung im TV sah, in der es sich um vermisste Personen, die ihre Wurzeln suchten, handelte und sie jedes Mal an mich gedacht hatte, ob ich denn jemals gefunden werde. Mein Herz ging auf, es fühlte sich alles so positiv an. Als ich, beziehungsweise mein Dolmetscher, ihr erzählte, dass auch ich jeden Sonntag solch eine Sendung im TV schaute, mussten wir herzlich lachen.
Einer meiner Onkel setzte dem Ganzen die Krone auf, es war so herrlich. Er rief all seine Geschwister und mich zu sich. Wir sollten uns alle zu ihm setzen. Er erzählte davon, dass alle aus der Familie ein „Erkennungsmerkmal" hätten, der Zeitpunkt da wäre um herauszufinden, ob ich dieses denn

auch hätte. Es klappte ganz ohne Dolmetscher, manche Verständigung funktioniert mit Händen und Füßen, manchmal braucht es keine Worte. Er zog seinen Schuh aus, das gleiche sollte ich auch tun. Okay, jetzt wird es spannend dachte ich mir. Als wir beide mit nackten Füßen voreinander saßen, zeigte er auf eine Stelle zwischen zwei Zehen. An dieser Stelle waren die Zehen unten ein klein wenig zusammengewachsen. Ich wurde gefragt ob ich auch so etwas hätte. Da ich mich noch nie so intensiv mit meinen Füßen befasst hatte, zuckte ich mit den Schultern, beugte mich zu meinem rechten Fuß herunter um dieses zu überprüfen. Als ich die Zehen auseinander zog und zum Vorschein kam, dass auch ich dieses „Merkmal" habe, fingen alle an laut zu jubeln und zu rufen „Ja, sie ist eine von uns, sie gehört dazu!". Es war grandios, man hätte denken können, es wird gerade gefeiert, dass Italien Weltmeister in irgendeiner Sportart geworden ist. Dabei ging es nur um „zusammengewachsene" Zehen.

Meine Oma beobachtete das Geschehen des Abends aus der Ferne. Sie genoss es einfach zu sehen dass wir uns alle so gut verstanden. Man sah ihr an, dass sie sehr glücklich war. Ich ging zu ihr und nahm sie einfach nur in meinen Arm. Ich spürte ihr Herz schlagen und zudem eine solche Energie von ihr ausgehen, dass ich mich bei ihr nichts anderes als einfach wohlfühlen konnte, sie war mein „Kraftpunkt".
Sie nahm mich an die Hand und ging mit mir zum Kamin. Dort stand ein Foto von einer Frau, welche mir tatsächlich ein wenig ähnlich sah. Auf den ersten Blick hätte man denken können dass ich es bin. Es war ein Foto meiner Tante, die leider viel zu früh verstorben war. Mir lief ein kleiner Schauer über den Rücken, die Ähnlichkeit war verblüffend. Was für ein schöner und aufregender Abend es doch war. Wir feierten bis weit nach Mitternacht und sind, als wir in unserer Wohnung waren, alle völlig k.o. ins Bett gefallen. Es war ein unvergesslicher Abend!

Am nächsten Tag waren wir alle ziemlich kaputt, erstens weil wir wenig Schlaf hatten und zweitens klopfte der Kater uns an die Stirn, es war wohl doch ein wenig zu feucht-fröhlich. Zum Glück hatte mein Mann an dem Abend nichts getrunken, er war derjenige der Kaffee kochte, damit wir wieder zum Leben erweckt wurden. Wir quälten uns aus den Betten, zogen uns an und nach dem Kater-Frühstück verbrachten wir den Tag am Strand, auf unseren Decken im Schatten. So ein „Chill-Tag" war dringend nötig. Wir waren bisher jeden Tag am Strand oder anderweitig auf Tour um uns die Insel anzuschauen, danach waren wir immer noch in Campagna um meinen Vater zu treffen. Jedes Mal war es sehr spät bis wir in unserer Wohnung waren. Meinem Vater ging es an dem Tag auch nicht so gut. Auch bei ihm war das letzte Glas Wein wohl schlecht, auch er hatte einen Kater und war für den Tag außer Gefecht gesetzt. Wir haben aber auch ordentlich über den Durst getrunken - aber egal - es gab schließlich „die Zehen" zu feiern. Die Kinder spielten im Sand, bauten und buddelten, wir kühlten uns und unsere Köpfe im Wasser.
Jedes Mal wenn wir am Strand lagen musste ich zu einem bestimmten Berg schauen, irgend etwas war da was mich anzog. Mein Blick ging immer und immer wieder in diese Richtung. Ich wollte unbedingt dorthin! Als ich meinen Bruder fragte, ob es möglich ist mit dem Auto dorthin zu kommen sagte er, dass das problemlos möglich sei, man müsste dann halt einige Meter zu Fuß weitergehen. Schon stand unser Plan für den morgigen Tag fest, wir würden diesen Berg besteigen. Ich musste dorthin!

Es waren so viele Eindrücke in der ersten Woche, ich wollte einfach nicht dran denken müssen, dass es in drei Tagen wieder nach Deutschland gehen sollte. Ich wollte nicht in die Kälte zurück, in den Alltag, ich wollte noch viel mehr sehen von dieser wundervollen Insel und diesen wundervollen Menschen. Doch das Ende war in Sicht, es näherte sich schneller als uns allen lieb war.

Der „Chill-Tag" tat uns allen gut. Wir waren motiviert „meinen" Berg zu erklimmen. Mit Rucksäcken bewaffnet starteten wir zunächst mit dem Auto zu unserer Wandertour. Ich war an dem Morgen nicht so fröhlich wie sonst aufgewacht, ich war traurig und nachdenklich. In der letzten Woche hatte ich so viele neue Eindrücke bekommen, es war reichlich und für mich schwer zu verarbeiten. Ob es ein guter Tag werden würde? Ich versuchte das Beste daraus zu machen. Wir parkten unsere Autos und mit Rucksäcken bewaffnet machten wir uns auf den Weg. Es war gar nicht so steil wie es vom Strand aus aussah, man konnte ganz gemütlich auf einem kleinen Weg, umgeben von Sträuchern und Bäumen, spazieren gehen. Dort waren so viele Geckos und Eidechsen auf einem Haufen, von klein bis groß, wir waren fasziniert, wie nah man doch an diese Tiere heran kam. Sobald man aber auch nur einen Millimeter zu nah war, verschwanden sie im Gebüsch oder zwischen den Steinen und ließen sich nicht mehr blicken.

Ich wollte gern für einen Moment allein sein und ging den anderen einige Meter voraus. Wir hatten eine Woche lang ständig aufeinander gehockt, ich brauchte dringend ein bisschen Zeit für mich. So schlenderte ich in der Sonne den Weg entlang und nahm alle Eindrücke in mir auf. Es war wunderschön, der Weg bog sich zu einer Kurve, so dass ich die anderen hinter mir nicht mehr sah. Ich war ganz allein und konnte einen sagenhaften Ausblick genießen. Das Meer spiegelte sich bis zum Horizont, die hohen Berge waren gigantisch, es herrschte nichts als Ruhe. Nur die Wellen hörte ich rauschen, ich blieb stehen um zu beobachten wie sie an den Klippen brachen.

Dann passierte etwas was ich lange Zeit niemandem erzählte...

Ich stand auf dem Berg, schaute auf das Wasser. Plötzlich fühlte es sich an, als komme etwas über mich. Irgendetwas legte sich wie eine Hülle um mich herum. Es streifte ganz sanft die Haut in meinem Gesicht - es war nicht der Wind, in dem Moment wehte kein Lüftchen. Alles war still. Ich wurde gestreichelt von etwas nicht Sichtbarem. Dieses Gefühl ging in meinen ganzen Körper hinein, es kribbelte so wohlig schön, als hätte ich Schmetterlinge in mir. Es berührte mein Herz, ich fühlte nichts außer mir und meinem Inneren. Es war ein so schönes Gefühl dass ich weinen musste. Irgend etwas war da, das mir etwas sagen wollte, ich spürte etwas was ich nicht sehen konnte. Ich fühlte pures Glück, ein „Du bist ange-kommen" in mir, doch hörte ich keine Stimme die es aussprach. Es war so unbeschreiblich schön. Ich stand wie angewurzelt dort, aber hatte doch das Gefühl als würde ich schweben. Etwas schmiegte sich an meinen Körper und nahm meine Hände. Ich stand dort, umarmte mich, hielt mich selbst im Arm, konnte ganz intensiv mein Inneres spüren, war auf einer Art anderen Ebene, auf der mir irgendjemand irgendetwas mitteilen wollte. Von dem Moment an war mir klar, dass es irgend etwas zwischen Himmel und Erde gibt, was man nicht erklären kann. Dieses Gefühl wollte ich einfach nicht loslassen und umarmte mich immer mehr. Es war pure Liebe, ja es war einfach magisch.

Leider wurde dieser Moment unterbrochen von tobenden Kindern und drei weiteren Personen, die fröhlich lachend um die Kurve gebogen kamen. Ich wischte mir die Tränen aus dem Gesicht, versuchte „normal" wie immer zu sein. Mein Mann kam auf mich zu, nahm mich in den Arm und meinte: „Na, kommt gerade alles zusammen? Kommen gerade die Emotionen hoch?" Wenn er nur gewusst hätte was ich kurz zuvor erlebt hatte. Ich konnte es ihm nicht erzählen. Niemandem konnte ich davon erzählen, es war MEIN Moment auf MEINEM Berg, ein unvergesslicher Augenblick.

Dieses Gefühl war das allerschönste Gefühl welches ich jemals hatte. Hätte ich jemandem davon erzählt, sie hätten mich für verrückt erklärt. Somit blieb dieser Moment für eine lange Zeit mein Geheimnis. Ich wollte und konnte während des restlichen Urlaubs nicht mehr an die Situation denken, es blieben nur noch zwei Tage bis es wieder nach Deutschland ging. Wir nutzten die Zeit für Strandbesuche und Treffen mit meinem Vater so oft es ging. Schneller als geglaubt war der Tag der Abreise gekommen. Wir mussten uns schon am Vorabend von meiner Familie verabschieden, der Flieger startete früh morgens, also mussten wir in der Nacht aufbrechen.

Ich mag Abschiede generell nicht und doch war der Abschied von den Personen, die ich so sehr in mein Herz geschlossen hatte, einer der schlimmsten. Meine Oma und ich hielten uns in den Armen, wir konnten einfach nicht aufhören zu weinen. Mit meinem Vater war es ebenfalls so, wir wollten uns einfach nicht voneinander trennen. Die Zeit war viel zu schnell vergangen. Immer wieder sagte er: „Wir sehen uns wieder, versprochen?" „Kommst du wieder?" Selbstverständlich würde ich wiederkommen, so schnell wie möglich. Am liebsten wäre ich dort geblieben. Ich wollte nicht gehen. Doch mein Zuhause war in Deutschland, ich musste wieder in den Alltag zurück.

Auf dem Weg zum Flughafen sprach ich kein Wort, dachte an mein Erlebnis. Beim Check-In und ganz besonders als das Flugzeug startete und den sardischen Boden verließ, weinte ich Milliarden von Tränen. Es machte mich so unendlich traurig dass ich wieder nach Hause musste, ich wollte einfach nicht und konnte nichts dagegen tun. Das Berg-Erlebnis war tief in meinem Herzen, es war ein so wunderschöner Augenblick - von dem ich niemandem erzählte. Es war MEIN Moment.

Erst viele Jahre später erkannte ich was mir dieser Moment sagen wollte.

Wir landeten morgens um 8:30 Uhr auf deutschem Boden. Bei starkem Regen zeigte das Thermometer nur noch 8 Grad. Es war furchtbar dunkel. Wir zogen unsere dicken Jacken an und machten uns mit dem Bus auf den Weg nach Hause. Die Öllampe piepte auch auf dieser Fahrt nicht weniger als auf der Hinfahrt, es nervte mich so sehr, dass ich am liebsten das kaputt geschlagen hätte was es auslöste. Nichts von der Freude der Hinfahrt war zu spüren. Ich war so unendlich traurig, weil ich diese wunderschöne Insel verlassen musste, mein Herz war gebrochen. Es verging kein Tag an dem ich nicht an Sardinien dachte. Ich hatte mein Herz auf dieser Insel verloren, ich hatte es dort gelassen.

Mich machte zuhause alles wahnsinnig, ich dachte tatsächlich ich würde verrückt werden. Unter mir machte sich ein kleines Loch auf, in welches ich in Zeitlupen-Geschwindigkeit fiel. Der Alltagswahnsinn fraß mich auf. Ich hatte inzwischen meinen Job gewechselt und arbeitete vormittags als Bürofachkraft für zwanzig Stunden in der Woche. Die Arbeitszeiten waren so geregelt, dass ich morgens im Galopp die Kinder startklar machte für Schule und Kindergarten, um Punkt acht Uhr den Kleinen in den Kindergarten „geschmissen" habe um pünktlich bei der Arbeit zu sein. Dort habe ich meinen Schreibtisch in Akkord abgearbeitet um pünktlich um zwölf Uhr gehen zu können, da das Kind aus der Schule kam und ich vorher den Kleinen noch aus dem Kindergarten holen musste. Es musste gekocht werden, die Kinder hatten Hunger. Danach waren Hausaufgaben an der Reihe, nebenbei wurde Wäsche gewaschen und ständig hatten wir irgendwelche Termine. Mein Mann war viel unterwegs, er hat nebenbei noch gearbeitet um Geld in die Haushaltskasse zu bringen. Wir sahen uns sehr wenig. Abends bin ich halbtot ins Bett gefallen, um am nächsten Morgen wieder gestresst weiterzumachen.

Ich fiel in ein noch tieferes Loch, die Geschwindigkeit wechselte von Zeitlupe in Dauerlauf. Mein Körper und auch meine Gedanken wurden krank. Innerlich war ich tot, ich fühlte nichts als Leere. Ich wollte nur noch weg, auf meine Insel. Warum hatten wir dieses Haus gekauft? Wie konnten wir so blöd sein? Ich wollte das alles nicht mehr! Ich fühlte mich gefangen, gefangen in meinem eigenen Haus – weil es an der falschen Stelle stand. Ich hatte mir Schulden aufgehalst für etwas was mich nur noch anwiderte. Warum waren wir wieder aufs Dorf gezogen? Wo einen jeder Hans und Franz kannte und alle dich und dein Leben besser kennen als du selbst. Ich hinterfragte jedes einzelne Teilchen in meinem Leben, warum warum warum?

Meine Familie in Deutschland ging mir auch einfach nur noch gegen den Strich, sie waren so typisch Deutsch. Diese Klischees, die den Deutschen ausmachen, erfüllten alle um mich herum, ich konnte mich damit nicht mehr identifizieren. Mich kotzte meine eigene Wohnungseinrichtung an, mich kotzte es an, dass alles so perfekt aussah in unserem Haus, dass alles so beschissen schick war im Gegensatz zu dem, wie auf meiner Insel gelebt wurde. Ich vermisste die einfachen Plastikbecher aus denen getrunken wurde, ich vermisste die Rolle Küchentücher die auf dem Tisch stand und als Serviette benutzt wurde, ich vermisste jede klitzekleine Kleinigkeit der Insel.

Zu viele Jahre schwamm ich im Strom, bin mitgeschwommen - perfektes Außen, perfektes Haus, perfekte Kinder, perfekte Beziehung. Perfekt perfekt perfekt. Ich wollte nur noch weg, auf meine Insel, alles verkaufen und ein neues Leben anfangen. Ich war wie getrieben davon alles abzubrechen und zu gehen. Mein Leben machte keinen Sinn mehr. Ich wollte gehen, komme was wolle. An allem habe ich gezweifelt, keiner konnte mir mehr etwas recht machen, ich mir selbst erst recht nicht. Ich war wie ein Flummi, der von links nach rechts und von oben nach unten sprang, ohne Pause, immer wieder geworfen von irgendwem aus der breiten Masse. Ich hastete von einem zum anderen, war am Schreien und Toben. Meine Kinder störten mich nur noch, auch mein Mann ging mir mehr als nur auf die Nerven. Traurig aber wahr. Ich war rast - und ruhelos, hatte keine Ruhe um mich einfach mal hinzusetzen und eine Pause zu machen. Immer musste ich irgend etwas tun, mein Körper fuhr auf Vollgas. Du musst du musst du musst – das war mein Leben – ich musste! Ob ich wollte oder nicht. Selbst am Wochenende konnte ich nicht abschalten. Ich fing an das Wohnzimmer umzuräumen, manchmal wöchentlich. Mal stand das Sofa in der einen Ecke, mal in der anderen. Das gleiche tat ich mit den Kinderzimmern oder unserem Schlafzimmer. Ich musste ständig etwas verändern – in der Hoffnung mich wohlfühlen zu können. Doch egal wie ich es machte, nichts hat mich zufrieden gestellt.

Ich trank jeden Abend mein Glas Sekt zum „Runterkommen", manchmal trank ich sogar schon nachmittags, ich musste mich betäuben um nicht durchzudrehen. Mein Leben kotzte mich nur noch an. Jeden verdammten Tag habe ich mich durch mein Leben geboxt, immer mit Gedanken an die Insel. Jeden verdammten Tag habe ich gekämpft, gegen mich selbst und die Sehnsucht. Und jeden Tag mehr starb ein kleiner Teil von mir. Jeden Tag kämpfte ich - ein Jahr lang.

Mein Körper geriet außer Kontrolle und gab mir viele Warnzeichen die ich ignorierte. Ich trabte und trabte immer schneller und schneller auf meiner Rennbahn Richtung Ziel, von dem ich nicht wusste wo es sich befindet, immer im Kreis, mit aller Kraft die ich hatte.

Mein Puls raste schon beim Aufstehen. Ich hatte Schwindelattacken, mein Blutdruck war meist so weit im Keller, dass ich mich kurz setzen musste. Ich zitterte am ganzen Körper, bekam Schweißausbrüche. Ich konnte vieles nicht mehr essen, hatte Magenschmerzen, Sodbrennen, mir war täglich übel. An Schlaf war nicht zu denken, ich machte die Nächte durch, zwei Stunden Halbschlaf waren das Maximum. Herzrasen, Atemnot, Rückenschmerzen und der immense Druck auf der Brust wurden unerträglich. Ich war mir sicher dass ich eine schwere Krankheit hatte die diese Beschwerden auslöste.

Angefangen hat alles beim Allgemeinmediziner. Meine Ärztin meinte, bevor wir über die Psyche sprechen, wollten wir alles andere ausschließen. Ich und Psyche – ja klar. „Hat die `ne Macke?" dachte ich. „In mir steckt irgendwo irgendwas, ich habe eine schwere Krankheit", sagte ich immer wieder. Das Blutbild war prima, ich hatte spitzenmäßige Werte, besser konnte es nicht sein. Doch es musste etwas gefunden werden, ich bin schwer krank - zu tausend Prozent war ich davon überzeugt!

Die Odyssee startete beim Lungenfacharzt (ich war mir sicher ich hab Lungenkrebs, denn die Luft blieb immer weg), über Gastro- und Enterologe (Magenkrebs, denn die Magenschmerzen wurden immer schlimmer und auch die Verdauung war nicht mehr so wie gewohnt), Allergologe (Krebs im Hals, weil es immer kratzte und ich einen Kloß im Hals spürte), Internist (ich war mir sicher ich habe Bauchspeicheldrüsenkrebs, denn irgend etwas fühlte sich komisch an), Gynäkologe (Eierstockkrebs weil der Unterleib schmerzte), Orthopäde (Krebs im Rücken oder MS, weil die Schmerzen so stark waren), Kardiologe (Herzklappenfehler oder Herzmuskelentzündung, weil das Herz ständig raste und stach) und und und ... Es nahm kein Ende.

Mehr als zwanzig Mal am Tag habe ich meinen Blutdruck gemessen, weil ich merkte wie mein Herz bollerte, ich hatte einen richtigen Kontrollzwang entwickelt. Ich habe noch nicht mal mehr dem Gerät geglaubt, war überzeugt davon dass es kaputt ist. So oft wie ich in der Notaufnahme war, ich kann es nicht mehr zählen. Ich glaubte niemandem! Irgend ein Arzt hatte irgend etwas übersehen, ich war mir so sicher dass ich nicht mehr lange zu leben hatte, dass es nicht mehr lange dauern würde und ich eines Tages einfach nur noch umfallen würde.

Das Ganze entwickelte sich so weit dass ich Panikattacken bekam. Tag für Tag kamen sie aus dem Nichts, ich hatte Todesängste. Erst einmal, dann zweimal, es wurden täglich mehr. Die Angst zu sterben war so immens dass ich sehr oft in der Notaufnahme landete. Ich dachte zuhause ich müsste tatsächlich sterben und fuhr los. Nie wurde etwas gefunden! Ich war todkrank, davon war ich überzeugt.

Ständig wechselte ich die Ärzte, denn irgendwann musste doch mal jemand die bösartige Erkrankung in meinem Körper finden. Meine Blutwerte wurden überprüft, nach wie vor war alles perfekt. Ich bekam Magenspiegelungen, Darmspiegelungen, MRTs, war im Herzzentrum zum Check, ich hatte sie alle durch – und immer war alles in bester Ordnung, außer einer Magenschleimhautentzündung, bedingt durch Stress. Die Worte „psychisch und psychosomatisch" fielen bei jedem Arztbesuch. Egal bei welchem Arzt ich war, am Ende der Untersuchung war die Psyche der Auslöser für meine Symptome, was ich nicht einem einzigen der etlichen Ärzte glaubte.

Von jedem Untersuchungsbefund, von jeder Blutuntersuchung ließ ich mir eine Kopie geben, die ich zuhause Tag für Tag studierte, um das zu finden was die Ärzte übersehen hatten. Ich war getrieben davon, immer und immer wieder alles genau durchzulesen, das Internet zu befragen und den Beweis zu finden, dass ich kein psychisches Problem hatte, sondern dass die Ärzte nicht genau genug untersucht hatten.

Immer wieder saß ich im Wartezimmer der Praxis meiner Hausärztin. Ich war ständig krank und erkältet. Husten, Schnupfen, Heiserkeit plagten mich, ich fühlte mich krank und schlapp, egal zu welcher Jahreszeit. Kein Antibiotika half, ob ich die Tabletten schluckte oder nicht, es gab keine

Besserung. Von einer bestimmten Sorte Antibiotika hatte ich so heftige Nebenwirkungen, dass ich nach drei Tagen die Einnahme abbrechen musste.

In diesem Jahr habe ich fünf verschiedene Antibiotika verschrieben bekommen. Wenn ich heute darüber nachdenke - es ist doch unverantwortlich wegen einer Erkältung gleich Antibiotika zu verschreiben. Leider war ich da noch nicht schlau genug. Die „Götter" in weiß... Ich möchte hier keineswegs alle Ärzte verurteilen, doch gibt es viele, die wirklich nur in ihrem Verordnungskatalog blättern und das verordnen was am meisten Geld bringt. Ist so...

Jede Krankheit die es auf der Welt gibt steckte in meinem Körper! Ich war der festen Überzeugung, dass in meinem Körper eine tödliche Krankheit lauert, die durch Ärztepfusch übersehen wurde. Google war mein liebster Ansprechpartner, ich habe jegliche Krankheiten gegoogelt. Meinen Körper habe ich auf alles untersucht. Hatte ich einen Pickel oder eine Schramme entdeckt - laut Dr. Google war es ein Anzeichen für Krebs. Ich traute mich nicht mehr unter die Dusche, weil ich sicher war wieder einen Leberfleck zu entdecken der bösartig war, oder einen Knoten in der Brust weil ich Brustkrebs habe. Es war ein fürchterliches Leben, ich war gefangen und entwickelte mich zum Hypochonder, war belesen in allen Krankheiten mit ihren Symptomen und Folgen. Sobald ich auch nur einen kleinen Schmerz im Rücken spürte – es war der Herzinfarkt der sich ankündigte. Ich kam aus diesem Wahnsinn nicht mehr heraus, hatte sogar Wahnvorstellungen. Eines meiner Beine war verfärbt und dicker als das andere - was nicht stimmte, nur ich sah es. Ich stand vor dem Spiegel und kontrollierte ob mein Gesicht noch „normal" aussah. Hatte ich vielleicht einen kleinen Schlaganfall übersehen und mein Mundwinkel hing herunter? Jedes klitzekleine Wehwehchen war für mich ein Anzeichen dafür dass mein letztes Stündchen geschlagen hatte. Zu den Panikattacken entwickelte sich eine Angststörung die mich irre machte.

Vor den Kindern versuchte ich die gute und aufmerksame Mama zu sein, doch gelang es mir nicht mehr. Ich war so gefangen in meiner Angst, konnte mich nicht mehr auf meine Kinder und deren Worte konzentrieren, alles ging an mir vorbei. Die Gedanken an die Krankheit in meinem Körper trieben mich in den Wahnsinn. Selbst während die Kinder mit mir sprachen oder wir bei den Hausaufgaben saßen – in meinem Kopf drehte sich alles darum dass ich bald sterben muss. Sogar während eines Gesprächs sprang ich auf um das Blutdruck - Messgerät aus dem Schrank zu holen.

Heute bin ich 41 Jahre jung und was soll ich sagen?! ICH LEBE NOCH!!! Und ja, das Leben lohnt sich!

Nach außen hin, vor meinen Freundinnen, meinem Arbeitgeber und meiner Familie, spielte ich jahrelang die Starke, niemand merkte dass mit mir etwas nicht stimmte, auch mein Mann nicht. Ich konnte bis zu einem gewissen Grad alles gut vertuschen. Ich selbst hatte es ja nicht kapiert dass mit mir etwas „falsch" war! Ich konnte mich gut verstellen, schließlich hatte ich das seit 37 Jahren gut im Griff. Doch irgendwann merkte auch mein Umfeld dass ich mich veränderte, was ich immer vehement verneinte wenn ich darauf angesprochen wurde. An einem Tag war es so schlimm, dass ich von der Arbeit nach Hause musste. Ich hatte Schweißausbrüche, Herzrasen und sah alles verschwommen. Ich verkaufte meiner Chefin sehr glaubwürdig, dass der zu viele Kaffee der Grund war dass ich nach Hause musste. Am nächsten Tag saß ich wieder wie gewohnt an meinem

Arbeitsplatz als wäre nichts gewesen. Wie es innerlich aussah wusste ja niemand.

An Wochenenden half ich ab und an noch zusätzlich in einem Restaurant aus, welches von zwei Bekannten aus unserem Ort geführt wurde. Dort war ich gut abgelenkt und hatte keine Zeit mich mit meinen Krankheits-symptomen auseinander zu setzen. Obwohl ich mich krank und schlapp fühlte zog ich auch das Arbeiten am Wochenende immer weiter durch, konnte nicht nein sagen, denn ich wollte die Jungs nicht allein dastehen lassen, wenn deren Restaurant bis auf den letzten Stuhl ausgebucht war. Ich bin jederzeit eingesprungen, auch kurzfristig, wenn Not am Manne (oder Frau) war, ich war ein perfektionistischer Workaholic, der meinte alles im Griff zu haben. Immer weiter und immer weiter habe ich mich in die Hölle katapultiert, weil ich nicht auf meinen Körper gehört hatte. Es gab so viele Warnzeichen, ich hatte sie einfach ignoriert und nach hinten geschoben.

Jedem Menschen in meinem Umfeld wollte ich es recht machen. Ich spürte wie sich das Messer in meinem Körper Stück für Stück öffnete, die Klinge sich langsam und stetig weiter nach innen arbeitete. Sie kratzte anfangs nur die Oberfläche an, bohrte sich nach und nach tiefer ins Fleisch.

Einkaufen wurde zum Desaster. Ich musste dringend in den Lebens-mittel-Markt, unser Kühlschrank war fast leer. Für jede „anständige" Mahlzeit fehlte mindestens eine Zutat. Die Gedanken an die vielen Menschen denen man dort begegnet, vielleicht sogar noch jemanden zu treffen, mit dem man sich unterhalten musste, daran denken zu müssen, welche Lebensmittel man benötigt und auch ja nichts zu vergessen, machten mich schon auf dem Weg dorthin unruhig. Bevor ich den Markt betrat, setzte ich meine „glücklich-zufrieden-froh-Maske" auf, hielt mich am Einkaufswagen fest und versuchte so gut es ging meinen Einkauf zu erledigen. Mitten im Laden überkam sie mich – die Panikattacke, die Welle die durch meinen Körper ging und immer stärker wurde. Es war das komplette Programm mitten im Lebensmittelgeschäft. Ich ließ den halbvollen Wagen stehen, flüchtete an die frische Luft und fuhr zitternd nach Hause. Ich konnte nicht mehr, war noch nicht einmal in der Lage einkaufen zu gehen. Ich hasste mich nur noch, dafür, dass ich nichts mehr auf die Reihe bekam.

Auf dem Rückweg kam mir, aus dem Nichts, der Gedanke einfach vor den nächsten Baum zu fahren. Ich überlegte welchen ich am besten nehmen sollte. Die Straße kannte ich in - und auswendig, so musste ich nur noch den passenden Baum aussuchen der mich erlöst. Was hatte ich gerade gedacht? Vor den Baum fahren? Was war nur los mit mir? Warum dachte ich in letzter Zeit so viel über den Tod und das Sterben nach? Ich dachte tatsächlich für einen Moment daran es zu tun – einfach vor den Baum zu fahren! Alle Probleme die ich hatte wären mit einem Schlag gelöst. In dem Moment machten sich meine „sprechenden Schultern" wieder bemerkbar und diskutierten über ein Für und Wider bezüglich der Baumsuche.

Ich hatte Selbstmordgedanken die sich von Tag zu Tag häuften. Ich wollte doch nur befreit werden! Von den Schmerzen die immer schlimmer wurden, vom Kampf in meinem Kopf. Ich wollte nicht mehr leben, zu sehr tat alles weh. Ich wollte diese Leere in mir nicht mehr fühlen, die Schuldgefühle und die Angst machten mich wirklich wahnsinnig. Ich dachte ich würde jeden Moment durchdrehen. Doch darüber gesprochen habe ich mit niemandem.

Danke dass ich leben darf und in dunklen Momenten nicht auf meine Gedanken gehört habe. Ich hätte zu viel verpasst. Es lohnt sich zu leben, auch wenn es manchmal aussichtslos scheint. Es geht immer weiter und wenn man ganz tief in sich hinein hört erkennt man den richtigen Weg.

Ich konnte das Haus nicht mehr verlassen, hatte Atemnot und alle möglichen Symptome, wenn ich nur daran dachte dass ich mit Menschen reden sollte. War ich allein zuhause hatte ich Angst tot umzufallen und niemand würde mich finden. Waren die Kinder und mein Mann zuhause war ich überfordert mit der Lautstärke im Haus. Mein Kopf, mein ganzer Körper schien zu versagen. Hatte ich etwas gegessen, wurde mir kurze Zeit später so übel, dass ich mich nicht mehr auf den Beinen halten konnte, ich krümmte mich vor Schmerzen. Das ganze dauerte ungefähr zehn Minuten, danach war es abrupt vorbei. Ständig waren sie da, die Panikattacken. Zehn Minuten, in denen ich damit rechnete zu sterben. Diese zehn Minuten kamen mehrmals am Tag, ich wollte und konnte nicht mehr. Ich war innerlich schon lange gestorben, nur mein Äußeres lief weiterhin mit guter Miene durch die Welt. Es war unerträglich für mich. Mein Leben war zerstört. Ich hatte solche Schuldgefühle meinen Kindern gegenüber. Wollte ich ihnen doch immer eine vorbildliche Mutter sein - ich hatte versagt! Ich zog die gleiche Scheiße ab, so wie es mir in meiner Kindheit vorgelebt wurde. Ich machte genau das was ich niemals für meine Kinder wollte! Ich war die schreiende Mutter! Egal was ich versuchte, ich hatte keine Beherrschung mehr. Das kleinste Wort, war es noch so lieb gemeint, trieb mich weiter in den Wahnsinn. Mehr und mehr zog mein Leben mich runter, ich hatte die Hoffnung aufgegeben, dass es mir irgendwann wieder besser gehen würde. Nicht nur die Hoffnung, sondern auch mich hatte ich aufgegeben.

Ich lag nur noch im Bett oder auf dem Sofa, niemand durfte mich mehr anfassen. Ich ekelte mich vor jeglicher Berührung, wollte weder von meinem Mann noch von meinen Kindern angefasst werden. Ging mein Mann zur Arbeit oder machte nur eine kurze Gassi-Runde mit dem Hund wurde ich panisch. Ich hatte Angst allein zu sein und gleichzeitig wollte ich niemanden um mich herum haben. Am schlimmsten war es vormittags, ich hatte eine Attacke nach der anderen, mein Körper rebellierte. Ich schaffte nichts mehr. Der Haushalt guckte mich an und ich schaute zurück. Ich war nicht mehr in der Lage überhaupt irgend etwas zu tun. Für mich als Perfektionistin war es fürchterlich das „Elend" zu sehen. Die dreckige Küche, die Wäscheberge, überall lag etwas herum, die Wollmäuse auf dem Boden, das war nicht ich. Der Hund durfte nur noch in den Garten, es war mir egal ob irgendwelche Haufen in den Garten gekackt wurden. Ich hatte Angst vor die Tür zu gehen. Wenn ich tot umgefallen wäre, hätte mich in der Feldflur niemand gefunden. Betty tat mir unendlich leid wenn sie mit dem Schwanz wedelnd vor mir stand, weil sie dachte es geht endlich los.

Ich war zu nichts mehr fähig. Waren die Kinder aus dem Haus legte ich mich sofort auf das Sofa und starrte stundenlang die Wand an. Mein Handy hatte ich immer neben mir, für den Fall der Fälle dass ich den Notarzt rufen musste. Gegen 12:00 Uhr wurde ich schon nervös, weil ich wusste in einer Stunde würden die Kinder nach Hause kommen, dann musste ich wieder „funktionieren". Ich hatte solche Angst, ich war getrieben von bösen Gedanken. Tickende Zeitbomben in meinem Kopf warteten nur noch darauf endlich explodieren zu können. Auf einer Seite wollte ich mein Leben beenden und auf der anderen Seite hatte ich höllische Angst zu sterben. Waren da wieder Engel und Teufel am Werk?

Die letzten drei Wochen im Dezember 2016 waren wohl ein letztes „Aufbäumen", ich hatte es geschafft wenigstens nicht den ganzen Tag in der Ecke zu liegen, sondern schaffte es mich darum zu kümmern, dass jeder frisch gewaschene Kleidung anhatte und der Haushalt weitestgehend erledigt wurde. Ich fühlte mich schlecht meinem Mann gegenüber, der sonst nach seinem anstrengenden Arbeitstag noch meine Arbeit erledigte. Ich war die Frau und eigentlich dafür zuständig dass alles blitzte und blinkte. Meinen Perfektionismus beruhigte das ganz und gar nicht, ich war nicht fleißig genug, in meinen Augen war es zu dreckig im Haus. Innerlich brodelte es weiter und weiter, nach außen versuchte ich immer und immer wieder eine gute Miene zu machen. Mein Mann hat sich um die Kinder gekümmert, ich war nicht in der Lage mich auf Hausaufgaben zu konzentrieren, geschweige denn irgendwelche Termine wahrzunehmen. Noch schwieriger war es für mich, mich mit ihnen zu beschäftigen, Spiele zu spielen oder etwas dergleichen. Trotz allem war ich froh darüber das Sofa ab und zu verlassen zu können und war der festen Überzeugung, es würde so langsam wieder bergauf mit mir gehen. Bis der große Hammer mich direkt am Kopf traf. Es ging BATSCH - aus und vorbei. Von jetzt auf gleich!

Ich lag im Bett, habe bitterlich geweint und geschrien, habe jegliches Essen und Trinken verweigert. Ich hatte Schmerzen – überall – mein Körper hat gestreikt. Die negativen Gedanken wurden immer stärker und stärker. Ich wollte nicht mehr leben, ich wollte von diesen Qualen endlich erlöst werden. Zu leben hatte keinen Sinn mehr für mich. Mir waren tatsächlich mein Mann und auch meine Kinder, die ich über alles liebe, egal. Ich spürte nichts mehr, wollte sie davon befreien mit einem so schlechten Menschen wie mir leben zu müssen. Wenn ich nicht mehr da wäre könnten sie endlich in Ruhe leben, ohne eine Frau und Mutter die ihnen mit ihrem Geschrei, ihrer Gleichgültigkeit und ihrem Egoismus ihr eigenes Leben kaputtmachte. Sie sollten glücklich sein und das ginge nur ohne mich. Ich wollte einfach nicht, dass sie weiterhin mit einer Person leben müssen die sie nicht achtet, sondern Tag für Tag für alles was sie taten schlecht behandelte. Ich wollte meine Familie durch mein „Nicht mehr da sein" erlösen.

Mein Mann versuchte mir zu helfen, doch habe ich niemanden mehr an mich herangelassen, auch konnte ich die Kinder nicht mehr in den Arm nehmen. Ich wollte es ihnen nicht zu schwer machen. Wenn ich bald nicht mehr da wäre würden sie auch nicht mehr mit mir kuscheln können. Aus Liebe zu ihnen habe ich sie abgewiesen. Ich war der festen Überzeugung, dass es besser wäre dem Ganzen ein Ende zu setzen.

Gedanken an Selbstmord und Tod hatte ich schon über einen längeren Zeitraum, doch in der letzten Zeit manifestierte sich das Ganze immer mehr und mehr in meinem Kopf. Ich überlegte tatsächlich, wie ich es am besten anstellen könnte meine Familie „glücklich" zu machen. Das ginge nur, indem sie von mir befreit sind.

Wenn ich an diese harte Zeit zurückdenke, läuft mir es noch heute eiskalt über den Rücken. Ich bin so dankbar dass ich hier sein darf und stolz auf mich selbst, dass ich es geschafft habe den Weg bis hierher zu gehen - so anstrengend er auch gewesen ist und ich sehr sehr hart kämpfen musste.

Meine Freundin Dina war zu der Zeit hochschwanger. Ich lag mit Atemnot, Herzrasen – dem üblichen vollen Programm – mit immer wiederkehrender Panik im Bett, dachte ich muss sterben. Das wollte ich doch eigentlich, warum nur hatte ich dann solche Angst davor? Ich schrieb ihr eine Nachricht, flehte sie an schnell zu mir zu kommen, ich hätte wieder eine Attacke und solch panische Angst. Mein Mann war mit den Kindern und dem Hund unterwegs, ich war allein zuhause in meinem Bett und hatte Todesängste. Wenn doch nur alles endlich vorbei wäre, ich konnte mich nicht mehr ertragen.

Unsere Türen waren nie abgeschlossen, es sollte jederzeit der Notarzt freie Bahn haben um mich zu finden. Wie widersprüchlich das war! Es dauerte keine fünf Minuten, bis jemand von unten ins Obergeschoss rief. Mein Mann war es nicht, es war eine weibliche Stimme. „Rosa? Wo bist du?". „Hier oben", rief ich mit letzter Kraft. Ich konnte die Stimme zuordnen, hörte Schritte auf der Treppe. Dina's Mutter stand in der Tür. Sie setzte sich an mein Bett und nahm meine Hand. Ich schrie vor Verzweiflung, zitterte am ganzen Körper. Sie nahm mich in den Arm, sagte mit ganz ruhiger Stimme zu mir: „Wir machen uns alle schon seit längerem Sorgen um dich. Auch wenn du es nicht glauben willst, aber es ist so. Ich denke es ist jetzt genug. Wir packen dir jetzt eine Tasche mit Klamotten für ein paar Tage, anschließend fahre ich dich ins Krankenhaus, wo du zur Ruhe kommen kannst und Ärzte vor Ort sind. Es wird alles wieder gut mein Kind!" Mein Kind - das hat sie damals schon immer gesagt. Ich war ja tagtäglich bei ihrer Tochter zum Spielen. Dort, wo ich alles vergessen konnte was in meinem eigenen Zuhause passierte.

Ich wehrte mich nicht, hatte keine Kraft mehr mich dagegen zu stellen und so zu tun, als ob ich es noch weiterhin schaffen würde. Nein, ich hätte es keinen Tag länger geschafft mich davon abzuhalten mir etwas anzutun. Die Gedanken waren einfach zu präsent. Mein Mann kam mit den Kindern zurück, die mich mit großen Augen anschauten. Ihnen wurde erklärt, dass ihre Mama für ein paar Tage ins Krankenhaus müsste weil es ihr immer schlechter ging. Meine Tasche wurde gepackt, ich saß in der Küche und starrte die Wand an. Es war mir alles egal. Ich bin mir gar nicht mehr sicher ob ich mich noch von meinen beiden Kleinen verabschiedet hatte, ich weiß nur, dass mein Mann mich in den Arm genommen hat, Tränen an seinen Wangen herunterliefen und er mir sagte, dass alles wieder gut werden würde. Ich hatte keine Reaktion auf das, ich war starr und ließ mich zum Auto führen, welches mich ins Krankenhaus brachte.

Vierzig Minuten später standen wir auf dem Parkplatz der Psychiatrischen Klinik.

Die Aufnahme lief schnell ab, die Versichertenkarte wurde durch das Gerät gezogen, dann brauchten wir viel Geduld. Mir war es egal wie lange es dauern würde, ich hatte eine Wand die ich anstarren konnte. Ich weinte vor mich hin, merkte gleichzeitig dass in mir irgendetwas abfiel. Eine Last? Druck? Angst? Keine Ahnung was es war. Ich nahm die Hand meiner „Pflege-Mama", wie ich sie früher immer nannte und bedankte mich weinend bei ihr, dass sie gekommen war, mich in die Klinik gebracht hatte. Etwas in mir sagte mir, dass es genau richtig war dort zu sein. Wahrscheinlich war es auch mein kleiner Engel auf der Schulter, der jetzt beruhigter sein konnte, da er nicht ständig Angst haben musste dass ich mir etwas antue.

Es dauerte eine ganze Weile bis eine Ärztin zu uns kam um mir Fragen zu stellen. Ich beantwortete jede Frage offen und ehrlich, bis auf eine. Als ich gefragt wurde ob ich Selbstmordgedanken hätte, antwortete ich mit einem klaren „Nein!" Ich wollte definitiv nicht auf eine geschlossene Station wo nur Mörder sind und ich eingesperrt wäre.

Nachdem alle Formalitäten erledigt waren ging die Ärztin mit uns zum Fahrstuhl. Wir fuhren in den 5. Stock und gingen durch eine große Glastür zur Station, auf der ich nun meine Nacht verbringen sollte. Mir war alles recht, nur wollte ich nicht zu den Bösen, den Mördern und Vergewaltigern, deshalb hatte ich gelogen.

Ein sehr netter Mann kam auf mich zu, stellte sich mir als Pfleger auf der Station vor. Meine Pflege-Mama und er schauten sich an, fingen an zu lachen und sich zu freuen. Es stellte sich heraus, dass die beiden sich schon viele Jahre kannten, sich das letzte Mal vor ungefähr 20 Jahren gesehen hatten. Hatte es also etwas Gutes dass sie mich in die Klinik gebracht hatte.

Vielleicht wären sie sich sonst nicht ein zweites Mal begegnet. Nach der großen Wiedersehens-Freude wurden mir noch ein paar Fragen gestellt, dann sollte ich mich von der Mutter meiner besten Freundin verabschieden. Er wollte mir die Station und mein Zimmer zeigen. Als ich ihm sagte, dass ich sie noch gern bis zum Hauptausgang begleiten wollte verneinte er. Ich durfte mich für den restlichen Abend nur noch auf der Station aufhalten, diese nicht mehr verlassen. Merkten sie etwa dass ich bei der Selbstmord - Frage geschummelt hatte? Na das ging ja gut los. Wäre ich nicht so kraftlos gewesen hätte ich dem Herrn wahrscheinlich erst einmal ein paar Takte erzählt dass er mich auf der Station festhält. Wir verabschiedeten uns unter Tränen an der großen Glastür voneinander, wobei mir immer wieder von ihr gesagt wurde dass alles gut werden wird. Ich glaubte an alles, nur nicht daran, aber nickte immer wieder um ihr zu zeigen dass ich ihr glauben würde.

Ich ging zurück zum Stations-Zimmer, der Pfleger erwartete mich schon. Ich musste meine Tasche öffnen und zeigen was ich alles dabei hatte. Da ich es selbst nicht wusste wurde es spannend für uns beide. Ich hatte Wechselkleidung dabei, Schlafsachen, Handtücher, alles was man für die Körperpflege benötigte und meine Magentabletten und Tropfen, ohne die ich es seit Wochen noch weniger ertragen hätte. Mein Mann hatte an alles gedacht als er die Tasche für mich gepackt hatte. Die Tabletten musste ich abgeben. „Medikamente auf dem Zimmer sind nicht erlaubt" wurde mir erklärt. Ich guckte ihn mit großen Augen an und überlegte das erste Mal, ob es wirklich eine gute Idee gewesen war, dass man mich hierher gebracht hatte.

Ich durfte meine Tasche wieder schließen nachdem nichts „Auffälliges" gefunden wurde und weiter ging es mit Fragen, Fragen, Fragen. Das gleiche Spiel, wie schon mit der Ärztin durchgekaut, durfte ich noch einmal mit dem Pfleger spielen. Logisch, dass auch er bei der Frage nach Selbstmordgedanken ein klares Nein von mir bekam. Ich war zwar irre aber nicht blöd!

Er nahm einen Schlüssel aus dem Regal und sagte mir dass ich meine Tasche nehmen sollte, er würde mir als Erstes mein Zimmer zeigen. Es ging über einen langen Flur vorbei an vielen Zimmern mit Nummern und Namen, so wie ich das aus einem Krankenhaus kannte. Fast am Ende des langen Flures angekommen stoppten wir. Er steckte den Schlüssel in das Schloss, drehte ihn ein kleines Stück nach rechts, so dass die Tür sich öffnen ließ. Wir gingen in das Zimmer in dem zwei Betten standen, von denen das eine schon in Gebrauch war. Die Bettdecke war durcheinander gewühlt, ein Buch lag darauf. Wie lange hatte ich schon kein Buch mehr in der Hand? Wie lange hatte ich schon nicht mehr gelesen? Ich hatte gar keine Ruhe mehr dafür, ich hätte mich gar nicht darauf konzentrieren können. Noch nicht einmal dem Inhalt eines Kinderbuches war ich mehr gewachsen. Was hatte ich es damals geliebt mich einfach nur auf das Sofa zu setzen und zu lesen. Damals war lange her.

Die Person mit der ich mir mein Zimmer teilte war wohl gerade duschen, man hörte Wasser rauschen. Der Pfleger sagte mir dass hinter der anderen Tür das Bad ist. Es war tatsächlich wie in einem Krankenhaus. Nachdem ich meine Tasche abgestellt hatte gingen wir den langen Flur zurück an den Krankenzimmern vorbei und kamen wieder beim Stations-Zimmer an. Ich entdeckte gegenüber dem Stations-Zimmer ein großes Aquarium in dem viele Fische schwammen. Solche Arten hatte ich noch nie vorher gesehen. Von groß bis klein, alles bewegte sich still und langsam im Wasser. Vor dem Aquarium standen ein Sofa, ein Tisch und zwei Sessel. An der Wand stand ein Regal mit vielen Büchern die man sich ausleihen durfte. Geradeaus ging es zur großen Glas-Eingangstür der Station, die ich ja an dem Abend nicht mehr verlassen durfte. Der Flur gabelte sich, links und rechts ging es zu weiteren Räumen. Auf der rechten Seite des Flures befanden sich zwei Räume. Einer davon war das Sprechzimmer der Stationsärzte, der andere Raum war der der Psychologin. Auf der linken Seite der Station wurde es etwas interessanter. Wir gingen in den Essensraum, an dem jeden Tag gemeinsam mit den „Insassen" zu Mittag und Abend gegessen wurde. Gegenüber des Essensraumes gab es einen kleinen Raum mit Kaffeeautomat, einer kleinen Küchenzeile mit Spüle - jedoch ohne Herd, einer Mikrowelle, einem Kühlschrank und einem Sofa und Fernseher. Okay, das kannte ich nicht von Krankenhäusern.

Auf dem Sofa saßen ein älterer Mann und zwei jüngere Mädchen, die sich unterhielten und TV schauten. Sie sagten wie aus einem Mund heraus „Hallo" zu mir und strahlten eine Freundlichkeit aus, die ich schon lange nicht mehr gespürt hatte. Weiter ging es in den nächsten Raum, ich war sehr erschrocken als ich diesen betrat. Eine riesige Wohnlandschaft stand dort, diese war besetzt von Menschen aller Altersklassen, die es sich darauf gemütlich gemacht hatten um Fernsehen zu schauen. Es standen Chips, Kekse und Getränke auf dem Tisch, es sah sehr gemütlich und einladend aus. Ein großes Regal stand an der Wand, indem viele Gesellschaftsspiele und Puzzle ihren Platz fanden. Was hatte ich früher gern gepuzzelt?! Auch das war lange her. Zuhause hatte ich bestimmt drei Puzzle, die noch neu und eingepackt waren. Ich hatte mir immer vorgenommen sie „irgendwann wenn ich mal Zeit habe" zu puzzeln. Es war mir etwas unangenehm, alle Augen waren auf mich gerichtet. Von oben bis unten wurde ich beäugt, ich sah ziemlich beschissen und fertig aus. Nach den ersten Blicken folgte schnell ein herzliches „Hallo" von allen. Ein junger Mann kam auf mich zu, gab mir die Hand und stellte sich als Niklas vor. „Herzlich Willkommen!" sagte er und bot mir einen Platz auf dem Sofa an. Ich war völlig überfordert.

Anscheinend war meine Führung durch den Pfleger noch nicht beendet, denn dieser unterbrach unser kurzes Gespräch und forderte mich auf mit ihm zu kommen. Weiter ging es durch die nächste Tür und wir standen auf einer großen Dachterrasse, mit Blick auf das Klinikgelände und die Stadt. Was für ein Ausblick - es war mittlerweile schon stockfinster draußen, nur die Lichter der Großstadt waren zu erkennen. Auf der Terrasse standen viele Tische und Stühle, es war tatsächlich sehr gemütlich - aber kalt! Es war Anfang Januar, es hatte sogar mal wieder geschneit. Meine dicke Winterjacke hatte ich in „meinem" Zimmer liegenlassen, stand also nur mit Pullover draußen und fror gewaltig. Doch tat es gut nach diesen vielen Eindrücken für einen kurzen Moment die kalte Luft einzuatmen. Die Führung wäre beendet meinte der Pfleger, ich solle erst einmal in Ruhe ankommen und mich ein wenig ausruhen. Wenn etwas wäre, ich Fragen hätte oder so, könnte ich jederzeit ins Stations-Zimmer kommen, es wäre jederzeit jemand da. Am morgigen Tag würde dann alles weitergehen. Was war denn „alles", was würde „alles" weitergehen? Ich nahm zwar die Dinge wahr die er mir während der Führung auf der Station erzählte, doch richtig aufgenommen hatte ich gar nichts. Ich war einfach zu fertig, die Leere in meinem Kopf machte es mir nicht leicht irgend etwas darin zu behalten. Nachdem es mir dann doch viel zu kalt wurde auf der Terrasse, ging ich zurück ins Warme und stand in dem Zimmer mit den vielen anderen Personen, die anscheinend alle meine „Mitbewohner" waren. „Setz dich zu uns" sagten sie, doch ich wollte erst einmal meine Jacke holen um mich wieder draußen auf die Terrasse setzen zu können, ohne frieren zu müssen. Somit sagte ich dass ich gleich wiederkommen würde und versuchte den Weg zu meinem Zimmer zu finden. Es war anfangs gar nicht so leicht bei den vielen Türen und Wegen, vor allem wenn man „balla

201

balla" im Kopf ist.

In meinem Zimmer angekommen, setzte ich mich für einen Moment auf das Bett und starrte aus dem Fenster in die Dunkelheit. Ich starrte aus der Dunkelheit in die Dunkelheit - ich sah weder in meinem Inneren noch draußen irgend etwas. Der Unterschied zwischen drinnen und draußen war der, dass ich draußen wenigstens noch ein paar kleine Lichter der Stadt brennen sehen konnte. In meinem Inneren war vollständige Dunkelheit, rein gar nichts brannte mehr. Keine Emotion, kein Gefühl, kein Gedanke, nichts! Ich war innerlich tot und ausgelöscht. Die Tränen liefen mir über das Gesicht, die ganze Anspannung der letzten Jahre saß wie ein Monster auf meinen Schultern, krallte sich an mir fest und brach mir fast das Genick.

Meine Bettnachbarin war nicht im Zimmer, die Badezimmertür stand offen. Vielleicht war es eine der Vielen im Fernsehraum, mit der ich mir ein Zimmer teilen würde? Nachdem ich mir die Tränen aus dem Gesicht gewischt hatte, machte ich mich mit meiner Jacke auf den Weg. Ich brauchte unbedingt eine Zigarette - auf der Terrasse durfte man rauchen, das hatte ich gesehen, denn auf jedem Tisch stand ein Aschenbecher.

Mit Zigarette in der Hand stand ich auf der Terrasse, schaute auf die Lichter der Stadt, die Tränen kullerten langsam an meinen Wangen herunter. Ein paar andere standen ein wenig entfernt von mir, sie mussten mitbekommen haben dass ich weine. Es dauerte nicht lange, da standen ein junges Mädchen und Niklas, der sich mir schon vorgestellt hatte, bei mir und fragten ob sie etwas für mich tun könnten. Ich zuckte mit den Schultern, schüttelte den Kopf, die Tränen schossen aus meinen Augen wie Wasserfälle. Beide legten ihre Hände auf meine Schultern, versuchten mich zu beruhigen. Melanie, so hieß das junge Mädchen, sagte, sie würde gleich wiederkommen, Niklas und ich setzten uns an einen der Tische. Er erzählte mir, seit wann er in der Klinik war und auch warum. Ganz offen ging er damit um, dass er zuhause nicht mehr klar kam und es für ihn höchste Zeit wurde „da raus" zu kommen. Ihm ging es also ähnlich wie mir. Melanie kam zu uns, sie hatte in der Zwischenzeit für jeden von uns eine Tasse Tee besorgt. Sie erzählte nicht viel von sich, wirkte etwas verschlossen. So saßen wir zu dritt draußen in der Kälte und schlotterten mit Zigaretten in der Hand vor uns hin. Es tat gut mit ihnen zu reden, zu hören, dass auch andere Probleme und Sorgen hatten, die sie soweit trieben, dass sie zu nichts mehr in der Lage waren.

Als ich den beiden ihre Frage, ob ich denn schon Tabletten nehmen würde, mit einem Nein beantwortete, schmunzelten sie und sagten soviel wie „Na ja, dann kriegst du hier welche, die machen das schon. Hier kriegt jeder sein passendes Medikament". Ich war geschockt, sollte es wirklich so sein wie es in Film und Fernsehen beschrieben wurde? Ich hatte einiges vor Augen: weggeschlossen, weiße Jacken hinten zugeschnürt, zugedröhnt und ruhiggestellt mit Pillen, schreiende Menschen in ihren Zellen. War das, was ich bisher gesehen hatte, nur ein Schein und das richtig „Böse" würde mich erst noch erwarten? Ich hatte Angst. Angst davor, was noch auf mich zukommen würde, von dem ich noch nichts wusste.

Mit der Aussage über Pillen war ein Punkt in mir getroffen, bei dem ich merkte, dass meine innere Unruhe sich mächtig zeigte. Genau wie vor zwei Jahren schon, als die Ärzte sagten, meine Beschwerden wären psychisch bedingt, ich sollte mir die verordneten Tabletten aus der Apotheke holen und einnehmen. Es würde mir damit besser gehen. Als ich den Göttern in weiß noch traute, habe ich mir die für mich verordneten Antidepressiva geholt, nach Anweisung eingenommen und nach einer Woche wieder abgesetzt. Ich hatte solche Nebenwirkungen, dachte ich werde komplett verrückt, hatte noch mehr Schwindel, Übelkeit und Brain-Zaps die nicht aufhören wollten. Ich konnte kein Auto mehr fahren, geschweige denn mich wachhalten, ich bin vor Müdigkeit eingeschlafen. Niemals mehr würde ich solche Tabletten anrühren geschweige denn schlucken. So verrückt und kaputt bin ich nicht! Definitiv nicht!

Der Abend neigte sich dem Ende, es war spät, wir rauchten noch eine letzte Zigarette. Ich wollte nur noch auf mein Zimmer und Ruhe haben. Als ich die Tür des Zimmers öffnete war auch meine Bettnachbarin da. Wir stellten uns kurz vor, sie zeigte mir, welcher Schrank für mich wäre und wo ich im Bad Platz finden würde für meine Utensilien. Manuela war ganz anders als Melanie und Niklas. Sie erzählte mir, dass sie nicht das erste Mal in der Klinik sei, dass sie regelmäßig dort wäre. Sobald sie es zuhause nicht mehr aushält, fährt sie hier her und lässt sich für ein paar Tage „runter fahren" bis sie sich besser fühlt. Dann geht sie wieder nach Hause. Die Klapse wäre schon so etwas wie ihr zweites Zuhause. Was für eine Einstellung - ich konnte mir beim besten Willen nicht vorstellen, dass man sich in einer psychiatrischen Einrichtung wie zuhause fühlen kann…

Die erste Nacht war kurz, ich starrte die Hälfte der Zeit aus dem Fenster ins Dunkel, nebenbei immer mal wieder auf mein Handy, welches ich nur benutzte wenn ich die Bettdecke über meinen Kopf gezogen hatte. Manuela bestand darauf dass ab 22:00 Uhr alles aus und dunkel war, sie fühlte sich gestört durch jede Art von Licht. Ich konnte einfach nicht schlafen, ich war so aufgewühlt und doch so leer. Und ganz nebenbei schnarchte Manuela so laut dass an Schlaf überhaupt nicht zu denken war. Na das konnte ja was werden.

Am nächsten Morgen um 6:30 Uhr klopfte es. Eine Frau öffnete die Tür zu unserem Zimmer und rief ein überfreundliches „Guten Morgen" in den Raum hinein, so überfreundlich, dass mir schlecht wurde.

Gekünstelte Freundlichkeit habe ich schon immer auf Anhieb erkannt. Mir wurde es mit in die Wiege gelegt - einen Menschen sofort zu „durchschauen", zu erkennen was er für eine Person ist, ob es gespielt ist was er sagt oder tut, oder ob er es ernst meint und sich genau so zeigt wie er in Wirklichkeit ist.

Ich stand auf und wollte gerade ins Bad gehen, als meine Bettnachbarin sich an mir vorbei drängelte um als erste ins Bad zu kommen. Sie verschaffte sich immer wieder einen „Heimvorteil". Ich versuchte gelassen zu bleiben, nicht auszuflippen und hoffte auf das Glück, dass ich nicht all zu lange ein Zimmer mit ihr teilen musste. Nachdem sie das Bad für mich als „Gast" an ihrem Zweitwohnsitz frei machte, putzte ich mir die Zähne und ließ eiskaltes Wasser in meine Handflächen laufen um mein zerknittertes Gesicht damit zu befeuchten, in der Hoffnung, dass die Tränensäcke etwas verschwinden würden.

Ich nahm meine Jacke um auf die Terrasse zu gehen und meine allmorgendliche Zigarette zu rauchen. Die Reinigungskräfte waren schon fleißig auf dem Flur zugange und auch die vielen anderen „Irren" waren auf den Fluren unterwegs. Manche hatten eine Tasse mit Tee oder Kaffee in der Hand, andere liefen in Schlafanzügen in ein Gemeinschaftsbad, da es wohl nicht auf allen Zimmern ein WC mit Dusche gab. Somit hatte ich anscheinend ein Luxus-Zimmer erwischt.

Eine Dame kam auf mich zu, stellte sich als Pflegerin vor. Sie gab mir einen Becher in die Hand und erklärte mir, dass ich eine Urinprobe abgeben müsste bevor ich zum Frühstück gehen könnte, welches im Nebengebäude stattfinden würde. Auf meine Frage hin, warum ich denn Urin abgeben soll, sagte sie nur kurz „Drogentest!". Ja klar, ich und Drogen! Ich schüttelte nur mit dem Kopf, ging auf mein Zimmer, pinkelte in den Becher und gab diesen im Stations-Zimmer ab. Dort wurde mir auch gleich noch eine Blutprobe entnommen. Sie wollten anscheinend nichts unversucht lassen irgend etwas bei mir zu finden. Andere standen in einer Schlange und warteten darauf ihre Morgenration Tabletten in kleinen Bechern serviert zu bekommen. Mir schauderte es, es war so ähnlich wie in einem Film den ich mal gesehen hatte.

Niklas kam auf mich zu, wünschte mir einen guten Morgen und bot sich an, mir den Weg zum Frühstückssaal zu zeigen. Dieses Angebot nahm ich gern an und folgte ihm zum Fahrstuhl. Wir gingen aus dem Haupteingang der Klinik heraus und mussten noch ungefähr 500 Meter durch die Kälte gehen bis wir endlich da waren. Es hatte über Nacht noch mehr geschneit, wir rutschten in unseren Schlappen auf der Eisfläche unterhalb der Schnee-decke zum Frühstück. Es gab ein großes Frühstücksbuffet - Brötchen, Brot, Toast, Wurst, Käse, Joghurt, Müsli, Kaffee, Tee, Kakao, Obst - es war für jeden etwas dabei. Da konnte man nicht meckern. In vielen Hotels würde es kein besseres Frühstück geben, da war ich mir sicher. Wir setzten uns an einen großen Tisch, an dem bereits andere Personen saßen, deren Gesichter ich mir vom Vorabend im Fernsehraum gemerkt hatte. Wir stellten uns einander vor und ich hatte so ein bisschen das Gefühl als wäre ich auf Klassenfahrt. Der große Essensraum mit vielen unbekannten Gesichtern und jede Klasse saß für sich, es war wie früher. Nur dass es hier nicht nach Klassen sondern nach Stationen ging. Ein Mädchen „meiner" Station schaute auf ihre Uhr und wurde unruhig. Wir müssten uns beeilen, es wäre schon spät, die Visite würde gleich beginnen.

Also ist es doch ein Krankenhaus, dachte ich mir. Visite gibt es nur in Krankenhäusern. Wir stellten unsere Tabletts in die dafür vorgesehenen Ablagen und machten uns auf den Weg zu unserer Station. Oben angekommen saßen schon viele Menschen vor der Tür des Arztzimmers und warteten darauf, dass die Ärzte mit der Visite starteten.

Es dauerte noch eine gute halbe Stunde, bis sich die Glastür der Station öffnete und vier Personen über den Flur in das Ärztezimmer gingen. Eine davon erkannte ich, es war die Ärztin, die mich am Abend zuvor aufgenommen hatte. Es dauerte eine halbe Ewigkeit bis ich an der Reihe war und ging sichtlich nervös in das Ärztezimmer. Dort saßen acht Augen die mich musterten, von oben bis unten, genau wie meine Mitbewohner gestern vom Sofa aus. Die Stationsärztin kannte ich ja bereits, die anderen stellten sich mir einmal als Chefarzt und die anderen beiden als Ärzte im Praktikum vor. Sie stellten mir viele Fragen, warum ich in der Klinik wäre, was passiert wäre, wie meine Lebenssituation sei, über meine Vergangenheit und und und. Dabei trafen sie sehr viele wunde Punkte, bei denen ich durch Tränen zeigte, dass sie mich sehr bewegten und aufwühlten. Nach ungefähr 15 Minuten Aufnahmegespräch kamen die Ärzte zu dem Punkt, dass ich dringend Medikamente bräuchte, hier in der Klinik „eingestellt" werden würde um im Alltag wieder klarzukommen. Sofort ging mir das imaginäre Messer in der Tasche auf. Ich holte es aber nicht aus der Hosentasche, sondern versuchte ruhig zu bleiben. Mit ruhiger Stimme fragte ich nach dem Medikamentennamen und nachdem mir gesagt wurde, welches denn die „Wunderpille" für mich wäre, erklärte ich sachlich, dennoch unruhig und zittrig, dass ich diese Tabletten nicht nehmen würde. So wie ich angeschaut wurde war es den Ärzten alles andere als Recht dass ich mich wehrte. Die Tonlage veränderte sich, der Chefarzt wurde etwas schnippisch. Mir wurde gesagt, dass ich es selbst entscheiden könnte, im Endeffekt aber nur die Ärzte wüssten, was für den Patienten das Richtige ist. Ich sollte mir das ganz genau überlegen, Medikamente wären die wichtigste Grundlage für die Besserung meines derzeitigen Zustands. Ich würde niemals diese Tabletten in meinen Körper werfen, das stand fest. Ich kannte mich durch mein jahrelanges Recherchieren über Krankheiten etc. bestens aus, aber auch durch die Ausbildung und Arbeit in der Apotheke bin ich keinesfalls ein Laie was Wirkstoffe und Inhaltsstoffe angeht. Das wussten die Ärzte nur nicht.

Diagnostiziert mit schwerer Depression und ohne Einverständnis, dass mir Medikamente verabreicht werden dürften, verließ ich das Behandlungszimmer. Ich war so sauer und wütend auf die Ärzte, dass ich mich auf die Terrasse setzte und eine nach der anderen geraucht habe. Wäre ich zuhause gewesen, hätte ich wahrscheinlich noch ein Getränk für die Nerven getrunken. Ich weiß gar nicht warum ich so wütend war. Ich fand es einfach so fies! Man fühlt sich wie der letzte Dreck, ist am Boden zerstört, wird von acht Augen gleichzeitig angeschaut, teilt mit Scham seine Sorgen und Probleme mit, die für andere wahrscheinlich lächerlich sind und das einzige was sie dann sagen ist: „So, Frau oder Herr Soundso, sind nehmen jetzt mal morgens und abends eine von diesen Tabletten und sie werden sehen wie schnell es Ihnen besser geht."

Es war wohl allgemein auf der Station so, dass nach jeder Visite erst einmal alle darüber sprachen, was der Arzt zu einem gesagt hat, welche Tabletten man bekommt und ob man höher oder niedriger dosiert eingestellt wurde. Ich fand das so krass mitzubekommen, überall war Gerede davon wer was nimmt und wie viel. Es hat mich geschockt was dort alles verabreicht wurde.

Meine Magenschmerzen waren wieder einmal so stark, dass ich im Stations-Zimmer nach meinen Tabletten fragte, die mir ja bei meiner Ankunft abgenommen wurden. Ohne diese Tabletten war es kaum auszuhalten, so stark war der Druck, der vom Magen aus in meinen restlichen Körper strahlte. Ich bekam allen Ernstes keine meiner eigenen Tabletten die ich mir mitgebracht hatte. Das müssten die Ärzte entscheiden war die Aussage der Pfleger. In dem Moment habe ich rot gesehen, dachte ich müsste ausrasten. Antidepressiva gehen hier raus wie Bonbons, aber meine Magentabletten werden mir verweigert?! Es war nicht zu fassen! Nach langem hin und her und Rücksprache mit den Ärzten wurde ein Medikamentenplan erstellt, so dass ich jeden Morgen im Stations-Zimmer meinen kleinen Becher mit der rosafarbenen Magentablette bekam, die ich vor den Augen der Pfleger einnehmen musste. Genauso wie alle anderen ihre Pillen bekamen. In Reih und Glied, unter Kontrolle der „Aufseher". Ich fühlte mich schrecklich.

Die ersten zwei Tage verliefen ruhig, ohne weitere Anwendungen und Gespräche. Ich sollte erst einmal ankommen und zur Ruhe kommen. Das alles brachte mir rein gar nichts, ich saß in einem emotionalen Gefängnis und kam nicht raus. Immer und immer wieder weinte ich ganze Meere aus meinem Körper, war ganz unten. Ich wollte diese Leere in meinem Körper nicht mehr, doch konnte nichts dagegen tun. Mein Mann versuchte ständig mich zu erreichen, doch ich ging nicht ans Handy wenn es mal wieder brummte. Am liebsten hätte er mich gleich am nächsten Tag mit den Kindern besucht, doch ich wollte es nicht! Ich wollte niemanden sehen und hören, selbst meine eigene Familie nicht. Ich wollte nur meine Ruhe, nichts anderes.

Pro Schicht waren drei Pfleger oder Pflegerinnen auf Station, die meisten von ihnen waren wirklich sehr nett und nahmen sich Zeit für uns Patienten. Man konnte immer zu ihnen kommen, sie hatten immer ein offenes Ohr. Ich selbst wäre niemals auf die Idee gekommen mich ihnen gegenüber freiwillig zu öffnen. Schließlich hatte ich es bisher immer alleine geschafft wieder auf die Beine zu kommen, selbst in der Klapse war ich der Meinung ich bräuchte niemanden um Hilfe zu bitten. Bis zu dem Tag als ein Pfleger auf mich zukam und mir die Frage stellte: „Wie geht es Ihnen?". Ich saß gerade mal wieder auf dem Flur, als er sich zu mir setzte und diese ganz banal einfache Frage stellte. Er hatte es noch nicht ganz ausgesprochen, da liefen wieder die Bäche aus meinen Augen. Wir unterhielten uns eine ganze Weile, ich redete mehr als er, obwohl meine Worte immer und immer wieder die gleichen waren. Ich konnte ihm einfach nicht erklären was mit mir los war. Ich wusste es ja selbst nicht! Mir müsste es doch eigentlich gutgehen, ich hatte doch alles. Mann, Kind, Haus, Hund, Arbeit. Es fehlte doch rein gar nichts zum großen Glück und trotzdem war ich am Boden zerstört. Er hatte eine warmherzige Art an sich, konnte mich relativ schnell beruhigen. Ich fühlte mich das erste Mal nicht schlecht, sondern ernst genommen. Auch er sprach davon, dass Medikamente manchmal eine gute Option wären um erst einmal wieder klar denken zu können, ich sollte mir das ruhig noch einmal durch den Kopf gehen lassen.

Klar denken - das konnte ich schon lange nicht mehr. Ich war gefangen in Stress, Angst und Panik, habe kein Licht mehr am Horizont gesehen. Alles in meinen Augen war hoffnungslos. Ich fühlte mich so schlecht, da ich meine eigene Familie nicht sehen wollte, ich fühlte mich schlecht, weil ich sie allein gelassen hatte, ich fühlte nur Hass auf mich selbst und auf mein Leben.

Die „Vermieterin" meines Zimmers durfte an meinem zweiten Tag in der Klinik diese verlassen, sie war wieder fit genug um nach Hause zu gehen. So hatte ich das Zimmer für mich allein und konnte in „meinen" vier Wänden tun und lassen was ich wollte, ohne dass mir jemand sagte, dass ich das Licht auszumachen habe oder wegen anderer Dinge herum nörgelte. So lag ich auf meinem Bett und „genoss" es mich von Musik aus meinem Handy berieseln zu lassen. Ich hörte mir Lieder an, die mir noch mehr weh taten als mein Körper eh schon schmerzte. Das konnte ich sehr gut – mir selbst einen weiteren Stich versetzen, damit es mir noch schlechter ging. Ich weinte und weinte und weinte.

Ich wollte doch einfach nur wieder lachen können, Leben in meinem Körper spüren. Diese entsetzliche Leere machte mich mehr und mehr kraftlos. Ich wollte das alles nicht mehr und dachte inständig darüber nach, ob ich denn nicht auf die anderen hören sollte und endlich eine Pille, die es mir leichter machen würde mit dem Unerträglichen klar zu kommen, einzunehmen. Die Mitpatienten auf Station kamen besser klar als ich, sie konnten lachen, hatten sich im Griff und schwärmten immer wieder davon, wie viel leichter ihr Leben damit wäre. Ich hatte solche Angst vor Antidepressiva, ich hatte einfach zu viel Negatives darüber gelesen. Die Nebenwirkungen und Spätfolgen wollte ich meinem Körper nicht antun. Ich hatte mir geschworen meinem Körper niemals mehr so etwas anzutun. Dennoch sah und hörte ich die anderen immer wieder sagen wie gut es ihnen damit ging.

Nach vier Tagen wagte ich mich erstmals allein an die frische Luft, sonst war mein einziger Weg der auf die Terrasse um „frische" Zigarettenluft zu schnuppern, oder gemeinsam mit den anderen zum Frühstück in den Speisesaal zu gehen. Ich traute mich allein mit dem Fahrstuhl runter auf den Parkplatz der Klinik, um auf meinen Mann und die Kinder zu warten. Sie wollten mich unbedingt sehen, vermissten mich so sehr und machten sich große Sorgen um mich. Außerdem brauchte ich frische Kleidung, es war ja nur die Rede von ein paar Tagen. Mit dem Pflegepersonal abgesprochen, wartete ich draußen vor der Tür auf meine Familie. Es ging mir so schlecht dabei, ich wollte eigentlich gar nicht dass sie mich in meinem Zustand sehen. Ich saß vor der Klinik auf der Bank und zitterte am ganzen Körper. Was werden sie wohl von mir denken? Was soll ich ihnen sagen? Was kommt jetzt auf mich zu? Wie werden sie sich verhalten? Ich malte mir jegliche Situationen im Kopf aus, wie das Aufeinandertreffen aussehen könnte. Es war nur leider kein Platz mehr in meinem Kopf, denn der lief ja schon seit Monaten auf Hochtouren.

Noch fünf Minuten und sie sollten da sein. Ob ich noch schnell eine rauchen sollte? Ich wollte mir gerade eine Zigarette anzünden, als ich unser Auto auf den Parkplatz fahren sah. Mein Herz raste, der Puls ging viel zu schnell, mir schnürte es ein wenig die Luft ab. Atmen, immer atmen, dachte ich mir. Das Auto parkte und meine Männer stiegen aus. Ich sah alles wie in Zeitlupe. Mein kleiner Sohnemann kam auf mich zugelaufen, rief „Mama, Mama" und sprang in meine Arme. Meine anderen zwei Männer kamen mit strahlenden Augen auf mich zu, drückten mich ganz fest. Sie freuten sich sehr mich zu sehen. Ich wäre am liebsten schnell wieder auf „meine" Station gegangen, hätte mich in mein Bett gelegt und unter der Decke versteckt. Es war mir komplett zu viel - zu viel Nähe, zu viel Freude, von allem zu viel. Ich konnte kaum atmen, auch wenn ich es mir innerlich immer wieder zusprach. Atmen, atmen - ich hatte das Gefühl zu ersticken. Mein Kopf war so klein wie ein Tennisball in dem sich ein Riesenrad ausbreiten wollte. Es hämmerte gegen meinen Schädel, es war kein Platz für weitere Emotionen. Wie ferngesteuert fühlte ich mich, nahm zwar alles wahr was sie mir erzählten, doch geantwortet habe ich nur kurz und knapp mit „ja" oder „nein" oder mit „das ist ja toll", wenn Juniors von Kindergarten oder Schule erzählten. Wir gingen ein paar Meter spazieren, die Kinder kletterten und turnten auf den Wegen. Nach einer halben Stunde fühlte ich mich wie andere nach einem Workout, mit dem Ziel 2000 Kalorien zu verbrennen. Ich war so erschöpft, konnte mich kaum noch auf den Beinen halten. Meinem Mann gab ich das irgendwie zu verstehen, so dass er zu den Kindern sagte, dass sie nun wieder fahren würden. Die Kinder fragten, wann ich denn endlich wieder nach Hause kommen würde und ein paar Tränen huschten an ihren Wangen entlang. Da ich keine Antwort darauf geben konnte, wie lange ich denn noch in der Klinik bleiben müsste, vertröstete ich sie mit einem „Bald bin ich wieder zuhause" und drückte sie mit meiner letzten Kraft. Auch von meinem Mann verabschiedete ich mich mit einem knappen „Wir telefonieren", zu mehr war mein Körper nicht in der Lage. Die Kinder saßen auf dem Rücksitz des Autos, klebten mit ihren Nasen an der Fensterscheibe und winkten mir solange zu, bis das Auto um die Kurve fuhr und nicht mehr zu sehen war. Ich stand allein vor der Klinik und war einfach nur froh dass sie wieder weg waren.

Der Aufzug fuhr in den fünften Stock, es kam mir vor wie eine Ewigkeit. Ich wollte nur noch auf mein Zimmer, allein sein. Die Tränen liefen über mein Gesicht, ich war überfordert mit dem was gerade passiert war. War ich tatsächlich froh, dass meine eigene Familie, mein eigen Fleisch und Blut, wieder weg war? War ich wirklich so tief gesunken, dass ich die, die ich über alles liebte, nicht mehr sehen wollte? Ich habe mich so sehr gehasst dafür, doch tatsächlich war es so – ich war einfach nur froh dass sie weg waren.

Da man direkt am Stations-Zimmer vorbei musste wenn man die Station betrat, blieb es natürlich nicht geheim, wie fix und fertig ich war. Tränenüberströmt lief ich an den Pflegern vorbei. Ich wollte einfach mit niemandem reden und nur meine Ruhe, mich ins Bett legen, den Schmerz herausschreien. Doch da war ich an der falschen Adresse. Ein Pfleger - „mein" Pfleger - hatte gerade Dienst, kam hinter mir hergelaufen. Ich schaffte es nicht bis auf mein Zimmer, er fing mich vorher ab. Auf dem Flur sackte ich zusammen, zitterte am ganzen Körper. Er nahm mich in den Arm und ich ließ alles einfach raus. Dass ich das nicht verstehen könnte, dass ich meine eigene Familie nicht sehen wollte, dass ich einfach nicht verstehen könnte was mit mir los ist und so weiter. Er redete mir immer wieder gut zu, dass das alles normal sei, dass man nicht ohne Grund in einer Klinik wäre, dass der Körper Zeit bräuchte um sich zu finden etc. Dass es manchmal einfach besser ist, wenn man eine Zeitlang nur für sich ist und dass das absolut nichts damit zu tun hat, dass man seine Mitmenschen nicht liebt. Seine Stimme und seine Worte hatten eine beruhigende Wirkung. Er war der erste Mensch, der mir beigebracht hat, dass man auch mal an sich denken muss und nicht an das was andere möchten. Als Beispiel nannte er mir die Situation die vor ein paar Minuten erst passiert war: Obwohl ich nicht wollte dass meine Männer zu mir kommen, habe ich klein beigegeben, sie wollten mich sehen und hatten mich vermisst. Ich hatte wieder an das Wohl der anderen gedacht und nicht auf das gehört was ICH wollte. Das war die Quittung dafür – totale Überforderung und Nervenzusammenbruch, in einer Situation, die eh schon nicht einfach war.

Ich dankte ihm für seine Worte und machte mich auf den Weg in mein Zimmer, wo mich fast der Schlag traf. Ich stand in der Tür und traute meinen Augen nicht. Im ganzen Zimmer lagen Klamotten verstreut, eine

Reisetasche lag mitten im Raum, es stank erbärmlich. Im vorhin noch leeren Bett saß eine junge Frau, ich schätze sie war 25 Jahre jung, die Haare in allen möglichen Regenbogenfarben gefärbt und völlig zerzaust. Sie hatte einen Laptop auf den Knien stehen, aus dem eine grauenhafte Musik ertönte. So etwas hatte ich vorher noch nie gehört. Bis heute weiß ich nicht welcher Musikstil das gewesen ist, es war irre. Irgendwas mit „Ich wäre lieber tot als hier auf der Welt" „Erlöst mich doch endlich von dieser Scheiße" „Das Leben f.... uns alle, wir sollten gehen", schreiende Stimmen aus den Lautsprechern, es war gruselig. Ja, es war dämonenhaft und angsteinflößend. Das hatte mir gerade noch gefehlt. Ich wollte doch nur meine Ruhe und außerdem konnte ich meine neue Bettnachbarin einfach nicht riechen, es stank erbärmlich in unserem Zimmer.

Nein. ich bin kein Mensch dem Äußerlichkeiten wichtig sind, doch mit dieser Person war es einfach nicht auszuhalten. Sie wirkte benommen, in ihrer eigenen Welt versunken, nahm nichts auf was um sie herum passierte, hat nicht ein einziges Wort gesprochen. Egal was ich versucht hatte, von leise bis laut mit ihr zu kommunizieren, sie erwiderte nichts - im Gegenteil, sie schaute mich mit einem starren Blick an der mir Angst machte. Einerseits tat sie mir wirklich leid, wer wusste schon, was sie durchgemacht hatte bevor sie in der Klinik landete, aber andererseits war dieses Miteinander in diesem Zimmer nicht förderlich für meine psychische Genesung. Ich hielt es nicht länger als zehn Minuten aus, ich musste aus dieser stinkenden Bude raus. Selbst auf dem stickigen Flur war es angenehmer als im Zimmer. So saß ich entweder auf dem Flur oder der Terrasse, wechselte ein paar Worte mit den anderen die vorbeikamen, oder ließ den Nachmittag mit meinen Männern Revue passieren, was mich immer wieder weinen ließ. Zum Fernsehgucken hatte ich keine richtige Lust, doch auf mein stinkendes Zimmer wollte ich auch nicht zurück. Also verbrachte ich den

Abend im Fernsehraum mit allen anderen fröhlichen lachenden „Mit-Irren", die jeden Morgen ihre Pillen bekamen. Nur ich saß wie ein Häufchen Elend mittendrin - was mich zum Nachdenken brachte.

Ich war nun mittlerweile schon fünf ganze Tage dort und meine Verfassung wurde nicht besser. Mein Kopf rotierte nach wie vor wie ein Karussell, die Gedanken drehten und drehten sich, mal schneller, mal langsamer.
Mir fiel schon am Vormittag dieses Tages eine Frau auf, die allein auf dem Flur saß und strickte. Sie war schon etwas älter als ich, geschätzt hatte ich sie auf Anfang bis Mitte 50 Jahre. Wir kamen am Abend ins Gespräch, als ich auf dem Weg vom Fernsehraum zu meinem Zimmer war. In mir sträubte es sich in das Zimmer zu gehen. Ich wollte nicht in diesen muffigen Raum, zu der Person, die mich ansah als wolle sie mich jeden Moment töten. So setzte ich mich noch allein auf den Flur um Kraft zu tanken bevor ich mich in den „Höllenraum" begab. Die Frau vom Vormittag kam aus ihrem Zimmer, bepackt mit ihrem Strickzeug und fragte mich ob der Platz an meinem Tisch noch frei wäre. Ich bot ihr an sich zu mir zu setzen, wir kamen sehr schnell ins Gespräch. Sonja erzählte mir davon warum sie in der Klinik war, wir stellten viele Parallelen zueinander fest. Auch sie hatte Depressionen und kam mit ihrer Welt nicht mehr klar. Wir saßen in unserer Ecke auf dem Flur und redeten und redeten und weinten und weinten. Noch stundenlang hätten wir weiter reden können, doch es war mittlerweile 22:00 Uhr. Ab der Uhrzeit durfte man auf dem Flur nicht mehr „laut" sein, aus Rücksicht auf die anderen die schlafen wollten. Wir hätten die Möglichkeit gehabt uns in den Fernsehraum zu setzen, hatten aber beide keine Lust auf die anderen. Also verabredeten wir uns für den anderen Morgen am gleichen Platz und wünschten uns eine gute Nacht.

In der Nacht machte ich kein Auge zu, da meine Mitbewohnerin der Meinung war sie könne die Nacht zum Tag machen. Sie schrie immer wieder irgendwelche dämonenhafte Worte die ich nicht verstand, sprang auf, rannte ins Bad, legte sich zurück ins Bett um ein paar Minuten später wieder aufzuspringen. Es war katastrophal, ich lag starr in meinem Bett, traute mich nicht mich bemerkbar zu machen. Ich hatte wirklich Angst sie würde auf mich losgehen und in tausend Stücke zerreißen.

Gleich am nächsten Morgen ging ich zu den Pflegerinnen, um ihnen zu sagen was in der Nacht passiert war. Ich bat sie darum mich in ein anderes Zimmer zu verlegen, dass es für mich nicht auszuhalten wäre. Diese junge Frau tat mir wirklich leid, doch ich hatte einfach zu viel Angst vor ihr. Keine Nacht hätte ich es weiter mit ihr ausgehalten. Die Pflegerin, die uns am ersten Morgen nach meiner Einweisung so überfreundlich geweckt hat, hatte an dem Morgen Dienst und war alles andere als freundlich. Sie machte mir klar, dass diese Klinik kein Wunschkonzert wäre und ich keine Extrawurst bekommen würde was die Zimmerauswahl angehe. Die Station wäre überfüllt und sie würde es nicht regeln können dass ich ein anderes Zimmer bekommen würde. Dann müsste ich halt auf dem Flur schlafen wenn es so schlimm wäre. Am liebsten wäre ich ihr mit dem nackten Arsch ins Gesicht gesprungen, doch das tat ich nicht. Die geschlossene Station hätte mich schneller gehabt als mir lieb gewesen wäre...
Ich machte ihr freundlich aber verständlich klar, dass ich dieses Angebot gern annehmen würde. Ich würde lieber auf dem Flur schlafen als noch eine weitere Nacht in diesem Zimmer zu verbringen. Anschließend bat ich noch um meine Magentablette, ließ sie stehen und ging voller Wut im Bauch in die Ecke unseres Flures, wo ich mich mit Sonja verabredet hatte. Dort kotzte ich mich erst einmal über die „blöde Kuh" aus. Als ich mich ein wenig beruhigt hatte sprachen wir weiter über unsere Themen vom

Vorabend. Wir hatten tatsächlich viele Parallelen, der einzige Unterschied war, dass Sonja schon seit längerem Tabletten nahm, vor denen ich ja eine solche Abneigung hatte. Auch sie hatte es erst ohne versucht um dann festzustellen, dass die Depression stärker war als sie. Als sie mir aufzählte welche Tabletten sie täglich einnahm war ich geschockt. So viele verschiedene Medikamente in solch hohen Dosen - und trotzdem saß sie vor mir, war am Boden zerstört und weinte. Sollten diese Medikamente wirklich etwas bringen?

Herzrasen, Schwindel, Atemnot, Kreislaufprobleme, die Schmerzen in der Magengegend waren jeden Tag da, ich musste mir immer mit der Hand unter den Rippenbogen fassen und dagegen drücken, anders hätte ich es nicht ausgehalten. Diese Attacken dauerten ungefähr 10-15 Minuten. Es waren die typischen Panikattacken wie ich sie schon seit langem kannte. Nichts wurde besser, selbst in der Klinik, wo ich Ruhe und Abstand von allem hatte, es änderte sich nichts. Die meiste Angst hatte ich jedoch vor den bösen Gedanken die wieder hochkamen – alles zu beenden damit ich befreit bin von diesem Leben, welches für mich nicht mehr lohnenswert war. Von diesen Gedanken erzählte ich nach wie vor niemandem, denn ich wäre ganz schnell im ersten Stock gelandet - in der „Geschlossenen", wo ich nicht mal eben hätte rausgehen können oder geschweige denn einen Fernsehraum gehabt hätte. Wie schnell das auf der Station ging, hatte ich während meines Aufenthaltes in der Klinik schon mehrmals mitbekommen.

Ich hatte ja anfangs nicht nachvollziehen können warum meine Taschen durchsucht wurden. Am dritten Tag meines Aufenthaltes in der Klinik hatte ich es dann verstanden! Ein 17jähriges Mädchen hatte an diesem Tag versucht sich das Leben zu nehmen – auf Station! Sie hatte eine Möglichkeit gefunden sich die Pulsadern aufzuschneiden, auf eine Art und Weise, die mir im Traum nie eingefallen wäre. Sie ging ins Gemeinschaftsbad, wollte dort alles beenden. Zum Glück war ihre Bettnachbarin so schlau und ist ihr gefolgt, so dass die Pfleger gerufen werden konnten bevor es zu spät war. So schnell konnte man gar nicht gucken, wie das Mädchen auf der Geschlossenen gelandet ist und wir sie eine Zeitlang nicht mehr gesehen haben.

Ich werde hier nicht schreiben, wie und mit was das Mädchen es versucht hatte, denn ich möchte nicht, dass vielleicht der ein oder andere auf dumme Ideen kommt. Es ist erschreckend was man sich einfallen lässt, wenn man „ganz unten" ist und keinen Ausweg mehr weiß. Ich verstand schließlich auch, warum es in der kleinen Teeküche keinen Herd gab. Die Versuchung wäre für manch einen zu groß gewesen sich an den Herdplatten Schaden und Schmerzen zuzufügen. Selbst einen Fön durfte man nicht auf dem Zimmer haben, denn mit der Schnur … jeder weiß was ich meine. Man konnte sich nach dem Duschen einen Haartrockner im Stations-Zimmer abholen, so wussten die Pfleger genau wer diesen benutzt. Nagelscheren, Nagelfeilen, nichts von alledem durfte man auf seinem Zimmer haben. Sicherheit ging vor.

Bei der nächsten Visite erzählte ich den Ärzten davon, dass meine Attacken auch in der Klinik nicht weniger werden, dass es kaum auszuhalten wäre. „Der Schwindel, die Übelkeit, die Atemnot, all das sind psychosomatische Beschwerden" diagnostizierten die Ärzte. Ich glaubte ihnen inzwischen, was anderes konnte es nicht sein, wenn es selbst in der Klinik nicht enden wollte. Wir, die Ärzte und ich, einigten uns darauf, dass ich eine „harmlose" Variante eines Medikaments bekommen sollte, welches man langsam in den Körper einschleicht und dann nach und nach steigert.

Wovon andere Patienten 200mg zu sich nahmen, war ich die Patientin die erst einmal 25mg bekommen sollte. Die Aussage der Ärzte war: „Eine homöopathische Dosis". Ich hatte solch eine Angst vor dem nächsten Morgen, der „Pillen-Ausgabe". Ich konnte an nichts anderes mehr denken als an die „Wunderpille". Doch war ich mittlerweile überzeugt davon, dass es für mich keine andere Möglichkeit mehr gab aus dem Kopf-Chaos raus zu kommen. Damit ich im Kopf klarer werden konnte und das Kino endete, war ich bereit, das zu tun was ich nie wollte.

Ich hatte großes Glück an diesem Tag was die Zimmerverteilung betraf. Ein junges Mädchen wurde am Vormittag entlassen, ich durfte ihren Platz in dem neuen Zimmer einnehmen. Ich war heilfroh keine Nacht weiter im Gestank schlafen zu müssen und hoffte inständig, von nun an mit einer zu mir passenden Person das Zimmer teilen zu dürfen. Ich hatte wirklich Glück. Meine neue Bettnachbarin hieß Anna, sie war ein reizendes junges Mädchen Anfang 20. Sie war sehr ruhig, wir verstanden uns sehr gut. Als sie mir ihre Geschichte erzählte lief mir ein Schauer nach dem anderen über den Rücken. Sie hatte einen Unfall auf der Autobahn, unverschuldet. Sie wurde von einem anderen Fahrzeug von der Fahrbahn gedrängt, überschlug sich mehrere Male und wurde in ihrem Auto eingeklemmt, welches Feuer fing. Der Fahrer eines Fahrzeuges etwas weiter hinter ihr verfolgte das Szenario, fuhr rechts ran, rannte zum brennenden Wagen und half ihr in letzter Sekunde aus dem Auto. Wäre dieser Mensch nicht gewesen hätte sie es nicht überlebt. Seither plagten sie Albträume, sie hatte ein Trauma dadurch bekommen, welches sie nur schwer verarbeiten konnte. Trotz ihres Schicksals ist sie ein so liebevoller Mensch gewesen. Ich mochte sie vom ersten Augenblick.

Die „Kaputten" sind einfach die Besten, ist so!

Der Tag der Pillen-Ausgabe war gekommen. Es war also nicht nur meine rosafarbene Magentablette in dem Becher, sondern auch eine kleine weiße Pille, die es mir einfacher machen sollte durchs Leben zu kommen. Ich würgte sie mit einem riesigen Schluck Wasser herunter und fühlte mich elend. Etwas was ich nie wollte, was ich mir geschworen hatte, niemals zu tun - mich mit Antidepressiva wegzuschießen – war tatsächlich geschehen. Ich habe mich und die Ärzte gehasst.

Ungefähr eine bis eineinhalb Stunden später spürte ich eine Veränderung. Mein Kopf war ein wenig benebelt, doch fühlte ich mich nicht schlecht. Ich hatte ein Gefühl von Watte im Kopf, es fühlte sich alles leicht an. Beruhigt, dass alles normal war, wurde ich von meiner lieben Sonja und der lieben Anna, die beide immer an meiner Seite waren, für den Fall der Fäll, dass ich tot umzufallen drohte. Meine hypochondrische Ader war nach wie vor da, ich hatte panische Angst umzufallen, die Angst davor zu sterben war weiterhin präsent. Ich war den ganzen Tag über ein wenig müde und benommen, doch es war auszuhalten. Eine großartige Veränderung konnte ich trotz der Tablette nicht feststellen. Die erste Nacht hatte ich gut geschlafen, Anna schnarchte nicht und störte sich auch nicht an Licht nach 22:00 Uhr. Wir lagen bis Mitternacht in unseren Betten, sprachen über unsere Sorgen und Krankheiten. Noch drei Tage in Folge wurde meine Medikation weiter eingeschlichen mit 25mg, der „homöopathischen Dosis". Am vierten Tag sollte auf 50mg, also auf das Doppelte, erhöht werden.

Es war ein schrecklicher Tag, es war einfach zu viel Wirkstoff für meinen Körper. Mir wurde so sehr schwindelig, ich hatte Brain-Zaps die sich gewaschen hatten. Meine Zylinder liefen nicht mehr richtig, der Turbo wurde eingestellt. Ich zitterte am ganzen Körper, mir war elend zumute und die Erstverschlimmerung, wie sie mir prophezeit wurde, setzte ein. Ich schrie und weinte was das Zeug hielt. Ich brauchte Wasser, dringend Wasser auf meiner Haut, es fühlte sich an, als ob ich innerlich verbrennen würde. Melanie half mir zur Gemeinschaftstoilette, ich schaffte den Weg dorthin nicht alleine, sah alles verschwommen, durch den Schwindel drohte ich zu stürzen. Am Waschbecken hielt ich meine Hände unter eiskaltes Wasser, während ich voller Verzweiflung schrie, dass es endlich aufhören sollte. Ich fing an mir mit den Fingernägeln in die Haut zu reißen, hätte ich etwas gehabt was tiefer ging, ich hätte mir die Pulsadern aufgeschnitten. Es war eindeutig zu viel des Wirkstoffes. Die Pfleger bekamen das alles natürlich mit, stuften das Ganze als „normal" ein, konnten sich dennoch nicht erklären, dass solche Symptome oder Nebenwirkungen bei einer „homöopathischen" Dosierung wie meiner auftraten. Den Rest des Tages lag ich im Bett und schlief. 50mg die mich komplett aus der Bahn geworfen hatten. Nie wieder würde ich solch eine Menge zu mir nehmen. Das machte ich den Pflegern und auch Ärzten sehr bestimmend klar. Ich war zwar verrückt, doch so verrückt um durch Nebenwirkungen einer Pille eventuell sterben zu müssen, so verrückt war ich nicht.

Ab sofort bekam ich morgens meine Magentablette und die niedrige Dosis von 25mg, mit der ich tatsächlich gut zurecht kam. Ich merkte nach ungefähr einer Woche, dass ich etwas ruhiger wurde und nicht mehr die Niagara-Fälle weinen musste, sobald ich einen schlechten Gedanken hatte. Ich war ausgeglichener, was aber vielleicht auch daran gelegen haben kann, dass ich mittlerweile gut in der Klinik angekommen war und tatsächlich mich und meinen Körper schonen konnte. Ich hatte keinen Stress mehr, konnte schlafen so viel ich wollte, brauchte nicht kochen, hatte Zeit für mich, es war niemand da der mich forderte. Okay, wir hatten zwar jeden Tag unsere Anwendungen und Therapien, doch war ich nur für mich zuständig. Ich konnte mich darauf konzentrieren was mein Körper verlangte. Verlangte er Ruhe bekam er sie von mir. Zuhause war das nie möglich, ich war von morgens bis abends in Aktion - für andere. Zeit für mich habe ich mir zuhause nie genommen.

Das was einfach nicht enden wollte waren diese verdammten Schmerzen, diese Attacken mit Atemnot, Schwindel, Kreislaufbeschwerden. Es konnte doch nicht sein, es musste doch irgendwann aufhören! Es war doch schließlich eine Wunderpille die ich mir seit eineinhalb Wochen einverleibte. Anna und Sonja bekamen diese Attacken mit, wir waren seit unserem Kennenlernen unzertrennlich. Es war kurios, diese „Anfälle" kamen immer urplötzlich, ohne Vorwarnungen. Von jetzt auf gleich, von null auf hundert, wurde ich kreidebleich, Hitzewellen zogen vom kleinen Zeh bis hoch in meinen Kopf, vor Schmerzen gekrümmt musste ich mich hinlegen, egal wo wir waren. Ich bekam schlecht Luft, ich hatte jedes Mal das Gefühl als würde der Kreislauf jeden Moment versagen. Nur fühlte es sich nicht mehr so an wie bei einer typischen Panikattacke, es war anders. Ich konnte eine Panikattacke mittlerweile gut von einer „dieser" Attacken unterscheiden. Es war ähnlich, doch nicht so intensiv was die Todesgedanken betraf. Diese waren, eventuell doch durch die Tabletten, abgestumpft und seit der Einnahme nicht mehr aufgetreten. Und doch waren diese Attacken da, für mich und auch meine Mädels war es unbegreiflich. Laut Arzt und Pfleger war es die Psychosomatik, alles normal.

Ich war mittlerweile zwei Wochen in der Klinik, meine Familie war in der Zwischenzeit schon mehrmals zu Besuch bei mir. Den Zusammenbruch nach ihrem ersten Besuch hatte ich verdaut. Wir telefonierten zwar jeden Tag miteinander, doch sehen wollte ich sie in der ersten Woche nicht. Sagen wir lieber ich konnte nicht, denn von nicht wollen konnte keine Rede sein. Sicher wollte ich das, doch mein negatives Denken, die Karussellfahrt in meinem Kopf, war einfach zu unsicher um sie dort mit einsteigen zu lassen. Als sie das zweite Mal zu Besuch kamen nahm ich sie mit auf Station um ihnen alles zu zeigen. Mein neuer Wohnort auf Zeit quasi, ich stellte ihnen meine Mit-Verrückten, wie ich sie bis heute noch gern nenne, vor.

Die Kinder waren fasziniert vom Aquarium auf dem Flur und auch sonst fanden sie es ganz „cool" auf Station. Die Abschiede fielen ihnen immer sehr schwer, auch mir war es kein Leichtes sie gehen zu lassen. Doch in der Klinik fühlte ich mich einfach sicher und wohler als in der bösen Welt draußen. In der Klinik waren alle so wie ich. Nie musste ich mich rechtfertigen wenn es mir an einem Tag oder auch nur für ein paar Stunden oder Minuten schlecht ging. Niemand verlangte von mir, dass ich tagtäglich fröhlich und immer auf „on" wäre. In der Klinik konnte ich ich sein, gemeinsam mit Menschen, die mich ohne Worte verstanden. Deren Zylinder liefen genau so wenig wie meine, hier liefen alle Zylinder auf halber Stärke. Ja, ich fühlte mich dort tatsächlich sehr wohl.

Zu Sonja und Anna kam dann noch Ivonne in unser „Dreamteam", wir waren eine tolle Truppe. Ivonne war ein Unikum, man kann sie gar nicht beschreiben. Sie war Anfang vierzig, lebte noch bei ihren Eltern in ihrem Kinderzimmer von früher. Sie wollte so gern ein eigenes Leben führen, eine eigene Wohnung haben, doch schaffte sie den Absprung in die große Welt nicht. Zu sehr dachte sie an ihre Eltern, die ohne sie alleine wären, an die Arbeit im Haus, die ihre Eltern nicht alleine bewerkstelligen konnten. Sie hatte nur an ihre Eltern gedacht, nicht an sich. Wollte sie doch eigentlich viel lieber auf eigenen Beinen stehen, sie schaffte es nicht.

Fern ab von Fernsehraum und Schwesternzimmer saßen wir jeden Tag zusammen in unserer „Kummer-Ecke", wie wir die Sitzecke ganz am Ende des Flures getauft hatten. Tag für Tag sprachen wir gemeinsam über Gott und die Welt, über uns, unsere Familien, über das Leben. Wir stellten recht schnell fest, dass wir anders dachten als die „Normalen draußen", dass wir Menschen sind, die vieles hinterfragen und nicht einfach Dinge hinnehmen können, weil sie so sind oder „man" das so macht.

Nach zwei Wochen Klapse wurde ich vor eine große Herausforderung gestellt. Ich sollte langsam wieder in mein „altes" Leben geführt werden und somit stand ein „Probe-Wochenende" auf meinem Therapieplan. Ich war so aufgeregt, hatte riesige Angst nach Hause zu fahren, ich hatte wahrhaftig Angst vor meinem eigenen Zuhause. Die Gedanken ließen mich die Nacht davor nicht schlafen. Ich weinte in mein Kissen, hatte Angst davor überfordert zu werden. Überfordert von meiner eigenen Familie, vom normalen Leben außerhalb der Klinik. In der Klinik hatte ich Sicherheit die ich zuhause nicht hatte, ich war gut aufgehoben, denn wenn mit meinem Körper etwas wäre, wenn er streiken würde, wenn die Tabletten falsch wirkten, es wäre sofort ein Arzt vor Ort gewesen der mir hätte helfen können. Die Angststörung meldete sich zurück, da half auch keine Pille. Selbst wenn wir nachmittags zum Lebensmittelgeschäft um die Ecke gegangen sind brauchte ich schon immer mehr als zehn Minuten um mich darauf vorzubereiten. Jedes Mal saß ich startklar angezogen auf meinem Bett, traute mich jedoch nicht das Klinikgelände zu verlassen. Und ich sollte nach Hause fahren? Weit weg von dem Ort der mir so viel Sicherheit gab?

Samstag Morgen, es war gerade 6:00 Uhr, bin ich aufgestanden, ich konnte einfach nicht mehr schlafen, zu aufgeregt war ich. Während der allmorgendlichen Pillen-Ausgabe sprach mich eine Pflegerin an. Sie merkte anscheinend dass es mir nicht gut ging, fragte ob alles in Ordnung wäre. Ich zitterte wie Espenlaub und beschrieb ihr meine Ängste vor dem bevorstehenden Tag. Ihre Worte beruhigten mich nur wenig, zu sehr rieb die Angst in meinen Knochen. Ich sollte um 10:00 Uhr abgeholt werden von meiner Familie, um nach Hause, in mein Haus, welches ja mal mein Traumhaus war, zu fahren und einen schönen Tag zu verbringen. Um 18:00 Uhr musste ich wieder in der Klinik sein, so wollte es der Therapieplan.

Übernachten musste man in der Klinik, alles andere wäre für den Anfang zu viel gewesen. Ich war schon mit dem Gedanken an acht Stunden überfordert, die ich an dem Tag mit meiner Familie verbringen sollte. Es hört sich vielleicht schlimm an, aber es war wirklich so. Es waren nicht die Personen die mir Angst machten, es waren die Situationen die mich erwarteten - Reden müssen, mich auf andere konzentrieren müssen und aus der sicheren Umgebung der Klinik gerissen zu sein, ins Auto zu steigen. Alltägliche, für andere nebensächliche, selbstverständliche Dinge zu tun – für mich war es eine Horror-Vorstellung. Ich hatte Angst, war nervlich sehr angespannt.

Pünktlich um 10:00 Uhr wurde ich von meinen Männern abgeholt. Sie freuten sich so sehr mich endlich mit nach Hause nehmen zu können. Ihre Augen leuchteten, die Wangen waren gerötet vor Freude. Ich versuchte den Kindern gegenüber fröhlich und freundlich zu schauen, meinem Mann fiel die innere Panik gar nicht auf. Ich machte es ihm verständlich, indem ich leise flüsterte dass ich totale Angst und Panik davor hätte was auf mich zukommt. Ich denke er hatte es verstanden und beruhigte mich, indem er mich in den Arm nahm und in mein Ohr flüsterte „Alles ist gut". Ich stieg ins Auto, mein Puls raste ins Unermessliche, mein Körper bebte. Meine Hände fest in die Seite des Autositzes gekrallt machten wir uns auf den Weg. Runter vom Parkplatz, das Herz sprang mir fast aus der Brust, weiter durch die Großstadt. Es waren so wahnsinnig viele Eindrücke die auf mich einschossen. Die vielen Ampeln, die Menschen auf den Straßen, die vielen Autos, dazu noch das freudige Lachen und Erzählen meiner Kinder, die Musik aus dem Autoradio, ich dachte ich muss sterben. Es war alles so laut, so viel – zu viel! Da war sie wieder - die Panikattacke. Atmen, atmen, immer atmen... Die Panik stand in meinem Gesicht, Tränen standen in meinen Augen und warteten nur darauf fließen zu können. Leise zitternd sagte ich: „Ich weiß nicht ob ich das schaffe!". Wir waren mittlerweile aus der Stadt heraus, fuhren auf der Landstraße Richtung Heimatort. Mein Mann fragte mich ob er umdrehen sollte, er hätte mich sofort wieder in die Klinik gebracht, doch ich wollte es für mich und vor allem für die Kinder schaffen. Ich fühlte mich eh schon wie die schlechteste Mutter der Welt, weil ich seit Wochen in der Klapse saß und mich nicht um sie kümmern konnte, da wollte ich ihnen diese gemeinsamen Stunden nicht vermiesen.

Ich hatte es geschafft! Wir waren zuhause angekommen. Das Auto wurde in der Garage geparkt, ich wollte keinem Nachbarn begegnen, geschweige denn mit jemandem reden. Als wir in unsere Wohnräume kamen, ich in der Küche stand, fühlte ich mich als sei ich das erste Mal in meinem eigenen Haus. Alles war fremd und so groß, ich kannte ja nur noch ein Krankenzimmer mit zwei Betten und einem kleinem Bad. Unsere Betty kam auf mich zu, beschnupperte mich. Sie erkannte mich natürlich sofort und führte einen extra Freudentanz für mich auf. Wie sie sich freute mich zu sehen war schon niedlich. Ich musste mich erst einmal setzen beziehungsweise auf das Sofa legen, die Fahrt war sehr anstrengend für mich. Jede Panikattacke raubt dir die letzten Kräfte, anders können sich Spitzensportler nach einem Marathon nicht fühlen. Meine Männer setzten sich zu mir, wir kuschelten für eine Weile und erzählten darüber, was in den letzten Wochen in der Schule und Freizeit passiert war. Die Kinder zeigten mir alle möglichen Hefte und Bücher, es war ein gutes Gefühl dass sie mich so herzlich zuhause „aufgenommen" hatten. Wir aßen gemeinsam eine Kleinigkeit, mein Mann kümmerte sich um Abwasch etc. Er war inzwischen ein fast perfekter Hausmann, musste in den letzten Wochen den Haushalt allein bewerkstelligen. Zum Glück hat er einen Chef der vollstes Verständnis für die Situation hatte, so war die Kinderbetreuung für die Zeit meiner Abwesenheit gesichert gewesen. Wir schauten zusammen fern, ich konnte mich leider nur schlecht auf die Sendung konzentrieren. Alles war fremd für mich, ich fühlte mich unwohl, obwohl ich zuhause war. Mir war wieder hundeelend, ich hatte anscheinend zu viel gegessen. In der Klinik waren die Portionen doch kleiner und übersichtlicher. Gegen 16:00 Uhr war ich mit meinen Kräften am Ende, meine Nerven lagen blank, ich sehnte mich nach Ruhe und „meinem" Bett. Ich wollte schnellstmöglich zurück. Vor den Kindern zeigte ich die langsam aufsteigende Panik nicht, bat meinen Mann darum, mich bitte wieder in die Klinik zu bringen. Ich packte ein paar frisch gewaschene Klamotten in eine Tasche und die Fahrt ging zurück in die Großstadt. Die Kinder weinten beim Abschied auf dem Parkplatz, auch ich vergoss ein paar Tränen. Sie taten mir so leid, ich wusste nicht, wie man ihnen erklären sollte, dass die Mutter einen an der Waffel und das Leben nicht mehr im Griff hat. Ich verstand mich ja selbst nicht!

Traurig, aber doch sehr erleichtert ging ich zum Fahrstuhl, fuhr in die oberste Etage, kam auf der Station an. Ich meldete mich zurück und musste gleich berichten wie mein Tag war. Dieses Mal war ich ganz offen und ehrlich, erzählte dass es in meinem eigenen Zuhause wirklich anstrengend für mich war. Wieder wurde ich beruhigt mit den Worten dass das völlig normal sei und durfte die Berichterstattung beenden. Völlig k.o. legte ich mich auf mein Bett, schloss die Augen. Ich war für eine Weile eingeschlafen, bis ich von Anna geweckt wurde, die ebenfalls von ihrem „Zuhause-Tag" zurück kam. Auch für sie war es nicht leicht, auch sie hatte schwer zu kämpfen mit den vielen Erlebnissen des Tages. Für sie war es fast noch schlimmer, sie musste sich in ein Auto setzen, der Weg führte direkt an der Unfallstelle vorbei, an der ihr Auto Feuer gefangen hatte. Ob ich das geschafft hätte? Ich weiß es nicht.

Sonja war schon einen Schritt weiter als Anna und ich. Sie durfte über Nacht zuhause bleiben, von ihr würden wir erst am nächsten Tag erfahren wie ihr Wochenende war - dachten wir. Sie stand abends um 21:00 Uhr in unserer Zimmertür, erzählte uns dass sie es zuhause nicht geschafft hatte, ihren Mann gebeten hatte sie wieder in die Klinik zu bringen. Auch ihr war das Leben „draußen" zu viel. Wir drei waren schon „verrückt", saßen noch bis 22:00 Uhr in unserer Kummer-Ecke, bevor die Nachtruhe begann.

Am Sonntag war der gleiche Ablauf wie am Vortag. Wir durften um 10:00 Uhr die Klinik verlassen, mussten um 18:00 Uhr zurück sein. Ich wollte an dem Tag ungern dass mein Mann mich abholt, wir nach Hause fahren um nach ein paar Stunden die lange Strecke zurück in die Klinik zu fahren. Es waren pro Strecke fast 40 km, er war mehr auf der Straße unterwegs als dass wir Zeit für uns hatten. Auf Wunsch der Kinder sind wir zu Mc Donalds gefahren, ich aß nur eine Portion Pommes, mein Hunger war nicht groß, danach waren wir mit Dina verabredet. Ich hatte regelmäßig Kontakt zu ihr, wenn auch nur per Nachricht über das Handy. Sie wartete stündlich auf ihr drittes Kind, der Geburtstermin kam immer näher. An diesem Tag war es ruhig in ihrem Bauch, der kleine Mann machte keine Anstalten sich auf den Weg in unsere Welt zu machen. Sie fühlte sich gut, so entschieden wir uns in der Stadt zum Bowling zu treffen. Es war schön und gleichzeitig auch wieder sehr sehr anstrengend für mich. Alle anderen hatten riesigen Spaß, in mir brodelte die Unruhe. Doch ich war tapfer, ich hatte es geschafft mich mit Menschen zu umgeben, ich hatte es geschafft, mit mir wichtigen und auch fremden Menschen um mich herum zwei komplette Stunden zu verbringen - zwar nervös und unruhig - doch ohne Panikattacke. Was für ein Erfolg!

In der Klinik zurück erstattete ich den Pflegern meinen Bericht. Dieses Mal sogar ein wenig stolz, teilte ich alles über meinen Panik freien Nachmittag mit. Auch meine Mädels freuten sich für mich, bei ihnen liefen die Nachmittage ebenfalls entspannter als am Vortag.

Wir gingen zum Abendessen in den Speisesaal, der an diesem Tag sehr leer war, aßen wie jeden Abend unsere bestellten Brotscheiben, Aufschnitt, Käse und alles was dazu gehörte. Kurz nach dem Abendessen quälten mich wieder diese unerklärlichen Attacken. Ich musste schnellstmöglich ins Zimmer, damit ich mich gekrümmt ins Bett legen konnte um diese unsagbaren Schmerzen aushalten zu können. Da waren sie wieder, die Atemnot, der Schwindel, das Herzrasen und das Ziehen und Stechen in der Magengegend. Ich wusste gleich dass es keine Panikattacke war – die Unterschiede waren zwar minimal, doch eine Panikattacke fühlte sich extremer an. Bei einer Panikattacke wurde mir noch heißer, es war ein noch schlimmeres Gefühl jeden Moment sterben zu müssen, wobei der Schwindel bei einer Panikattacke wesentlich weniger war als bei diesen Attacken. Ich kannte meinen Körper gut genug um zu wissen, dass diese Attacken definitiv nicht in die Schiene Psychosomatik und Panikstörung gehörten! Es war irgend etwas anderes, doch ich konnte nicht herausfinden was es war. Zumal es mir auch immer schwerfiel zu beschreiben was in meinem Körper passierte. Ich fand nie die richtigen Worte dafür. Ich war für den Rest des Abends an mein Bett gefesselt, mir ging es so elend, dass ich mal wieder keine Kraft hatte um aufzustehen. Anna blieb die ganze Zeit bei mir, sie wollte mich nicht allein lassen. Wir lagen in unseren Betten und rätselten was mit mir los sein könnte. Bis zu ihrem entscheidenden Satz, der mir in einer gewissen Art und Weise das Leben rettete...

Anna sagte, dass ihr schon seit Tagen auffiel, dass ich diese Attacken immer bekam nachdem ich etwas gegessen hatte. Ob mir das selbst schon aufgefallen war!? Ich musste verneinen, konnte ihr das ehrlich gesagt nicht beantworten. Ich aß ja den ganzen Tag, auch wenn es immer nur Kleinigkeiten waren. Mein Leben bestand aus Schokolade, Süßem in jeglicher Form und auch Soßen mit Sahne, es durfte gern deftig sein. Wie sagt man so schön: süß macht glücklich?! Ja, ich habe mir mit Süßem mein Leben immer schön gegessen. Abends vor dem Fernseher konnte ich eine ganze Tafel Schokolade verputzen, das gab mir ein Gefühl von Zufriedenheit und Wärme in meinem Bauch. Aber auch tagsüber war immer ein Stück Schokolade in meiner Handtasche. Kuchen - ich liebte Kuchen, am liebsten mit Erdbeeren oder Bananen, oder auch mit Kirschen und Schokolade. Sie erzählte mir von ihrer Mutter, die jahrelang ähnliche Symptome hatte, immer nach den Mahlzeiten. Ich würde sie sehr stark an die schlechten Zeiten ihrer Mutter erinnern, die ebenfalls einen Arztmarathon hinter sich hatte. Der Unterschied zu meinem Marathon war der, dass sie am Ziel angekommen war und festgestellt wurde, dass sie eine Milchzucker-Unverträglichkeit hat. Ich lag in meinem Bett und schaute sie ungläubig an. Was für ein Quatsch? Milchzucker-Unverträglichkeit? Ich hörte ihr zwar zu, doch glauben wollte ich das Ganze nicht so richtig. Dieser ganze Hype ging mir eh schon auf den Senkel. Es war die Zeit, in der alle möglichen Menschen anfingen mit Stoffwechsel-Diät, glutenfrei, laktosefrei, Detox und diesem ganzen Kram. Es war lästig, nervte einfach nur. Ich liebte meine Schokolade, mein deftiges Gulasch und auch meine fertigen Knödel aus dem Paket. Essen war mein Leben, egal ob gesund oder nicht. Das Thema war für mich dann auch ganz schnell erledigt, mit so einem Mist wollte ich mich nicht weiter beschäftigen. Ich war in einer Psychiatrie, nahm seit zwei Wochen Antidepressiva und fühlte mich soweit gut - bis auf die unerklärlichen Anfälle.

Obwohl es mich schon gereizt hatte gleich wieder mein Handy zu nehmen um im Internet über alles zu recherchieren was Krankheiten und Unverträglichkeiten anging, tat ich es nicht. Auf meinem Therapieplan stand ein ganz wichtiger Punkt: nicht das Handy nehmen und Dr. Google zu irgendwelchen Krankheiten befragen! Denn im Endeffekt kam man immer auf irgendwelche Krebs-Geschichten, egal nach was man suchte. Der Hypochonder in mir leckte sich schon die Finger und wollte unbedingt mehr über die „Krankheit" von Annas Mutter wissen, doch ich war ganz artig und habe meinen Therapieplan befolgt. Das Handy blieb aus.

Die Nacht war sehr kurz, ich hatte schlecht geschlafen. Nach dem Frühstück stand wie jeden Morgen Ergo-Therapie auf dem Plan. Eineinhalb Stunden saßen wir im Werkraum, verbrachten die Zeit mit Malen, Basteln, Holzbrennerei, Körbe flechten oder Töpfern. Anfangs empfand ich die Ergo-Therapie als albern und schwachsinnig, doch ich muss ehrlich sagen, dass es mir und auch den anderen sehr gut tat, einfach dazusitzen und sich mit seiner eigenen Kreativität auseinanderzusetzen. Was soll ich sagen? Ich wusste bis dahin nicht wie viel Spaß es machen kann mit einem Holzbrenner Bilder zu fertigen oder mit Pinseln Leinwände zu bemalen. Es ging nicht darum dass man ein perfektes Kunstwerk zaubert, es ging einfach nur darum, sich mit sich selbst auseinander zu setzen. Und es war tatsächlich so, dass ich für mich selbst meine eigenen kleinen Kunstwerke erstellt habe, die ich noch heute an den Wänden hängen habe.

Neben der Ergo-Therapie stand auch Sport auf dem Programm. Es gab einen großen Fitnessraum in der Klinik mit etlichen Laufbändern, Trimmrädern, Gewichten und allem was man kennt aus einem Fitness-Studio. Der Kursleiter war durchtrainiert, versuchte immer wieder mich zu motivieren, doch stellte ich sehr schnell fest, dass ich einfach nicht dafür geboren war mich an irgendwelchen Geräten zu verausgaben um dann am nächsten Tag mit Muskelschmerzen - an Stellen von denen ich bis dato nicht wusste dass ich sie habe - zu kämpfen.

Was mir sehr zugesetzt hat und auch immer wieder Tränen in die Augen getrieben hat, waren die Gruppenstunden mit einer Psychologin. Wir waren zu fünft und Frau Hamm, die Psychologin, machte einen fantastischen Job. Es ging um das Persönliche, welches sie mit allgemeinen Fragen aus uns herauskitzelte ohne uns direkt anzusprechen. Es ging um Krisen. Wie man in eine Krise gerät, was man tun kann wenn man in einer Krise steckt und vor allem, was eine Krise überhaupt ist. Jede Gruppenstunde war hartes Kino, man kam oft an seine Grenzen. Man wurde mit seiner eigenen Geschichte konfrontiert, obwohl alle Fragen und Aussagen allgemein gehalten wurden. Sie hatte es drauf mit einfachen Aussagen jeden einzelnen in seiner persönlichen Geschichte zu erreichen. Sie war hart aber herzlich.

Die Klinik bestand aus einem Haupthaus, in dem wir untergebracht waren und vielen kleinen Nebenhäusern. Jede Station war auch wie im Krankenhaus auf jeweilige Diagnosen aufgeteilt. Sind es im Krankenhaus Gastrologie, Enterologie, Kardiologie und Innere Medizin, so waren es in der Klinik Stationen für Alkoholkranke, Altersdemenz, Depression, Drogensucht oder eben die geschlossenen Stationen, auf denen ich glücklicherweise nicht gelandet bin. Ich war auf der Akut-Station, auf der erst einmal „gesammelt" wurde, um dann zu sehen, wie es für die jeweilige Person weitergehen würde beziehungsweise auf welche Station man verlegt wird.

Auf „meiner" Station waren manche Patienten auch nur für drei bis vier Tage, bis sie sich gefangen hatten und die Klinik wieder verlassen konnten oder auf die für sie entsprechende Station verlegt wurden. Da das Nebengebäude „Depression" komplett belegt war, durften wir Depris auf der „Sammelstation" bleiben. Wir hatten trotz allem alle Vorträge und Gruppenstunden gemeinsam mit den anderen Depressiven im Nebengebäude. Ich war heilfroh auf der gemischten Station zu sein. Dort war immer etwas los. Wir alle auf unserer Station, nicht nur Sonja, Anna, Ivonne und ich, sondern wirklich alle, haben uns blendend verstanden.

Beim gemeinsamen Essen tauschten wir untereinander, wenn jemand lieber das Essen des anderes essen wollte. Es kam oft vor, dass sich das Menü, welches man am Tag davor angekreuzt hatte, super lecker anhörte, man aber, wenn man den Warmhalte-Deckel öffnete, keinen Appetit mehr darauf hatte. So wurde untereinander getauscht oder geteilt, was auch immer. Jeder war für jeden da. Niemand ging in die Teeküche um sich einen Tee oder Kaffee zu holen ohne vorher in die Runde gefragt zu haben, ob noch jemand etwas trinken wollte. In der Teeküche gab es einen kleinen Gemeinschaftskühlschrank, in dem jeder seine eingekauften Lebensmittel lagern konnte. Wir waren oft beim Lebensmittelmarkt um die Ecke um uns frische Brötchen, Aufschnitt, Käse oder sonstiges zu holen. Nach mehr als zwei Wochen Klinik konnte man das alltägliche Essen nicht mehr sehen, so konnten wir für Abwechslung auf unseren Tellern sorgen. Niemand der Mitpatienten wäre auf die Idee gekommen, dem anderen etwas aus dem Kühlschrank zu stehlen oder einfach zu nehmen ohne vorher zu fragen.

Das Härteste waren für mich die Einzelstunden bei der Psychologin. Einmal in der Woche hatte man einen Termin bei ihr um über seine Probleme zu sprechen. Das Zimmer von Frau Hamm war gemütlich eingerichtet. Man dachte man ist in einer anderen Welt. Eben noch stand man auf dem kahlen Flur der Station, nur einen Schritt weiter war man in einem leicht beleuchteten Raum in dem Lichterketten an der Wand hingen, mit Farben an den Wänden, die sofort für wohlige Wärme sorgten und auch die Einrichtung war vollends gemütlich. Was bei den Gesprächen an die Oberfläche kam war schon sehr hart. Wir sprachen über meine Vergangenheit, meine Kindheit wie sie verlief und auch die Gegenwart wurde befragt. Es stellte sich schnell heraus, dass die tiefsten Wunden sich in meiner Kindheit festigten, dass das Erlebte nie von mir verarbeitet wurde. Egal wovon wir sprachen, alles ging zur Kindheit zurück. Die

Kindheit und Vergangenheit hatte ich immer verdrängt um in der Gegenwart leben zu können. Doch so langsam machte sich das Unterbewusste immer mehr bemerkbar, es wollte an die Oberfläche kommen. Das war einer der Gründe, warum ich in der Klinik gelandet bin. Ich hatte jahrelang verdrängt was mich so dermaßen verletzt hatte, damit ich mich nicht mit mir selbst konfrontieren musste.

Die dritte Woche in der Klinik war vorüber, das nächste Probe - Wochenende stand mir bevor. An diesem Wochenende war es auch für mich so weit. Ich stand vor der großen Aufgabe zuhause zu übernachten und länger als einen Tag im wahren Leben zu leben.

Wie krass sich das doch anhört - selbst für mich - wenn ich davon schreibe, dass ich tatsächlich Angst vor meinem Leben hatte, dass ich wieder lernen musste, in meinem eigenen Zuhause zu schlafen oder überhaupt in meinem eigenen Zuhause zu sein. Ja es war eine harte Zeit, die ich trotz allem niemals missen möchte. Es hat mich auf meinem Weg ein ganzes Stück vorangebracht.

Samstag Morgen um 10:00 Uhr stand mein leibeigenes Taxi, gefahren von meinem Mann und meinem Sohn als Beifahrer, vor der Klinik. Es hatte geschneit und war glatt auf den Straßen, daher dachte ich, dass sie sich sicher etwas verspäten würden. Doch ich irrte mich, mein Taxi war pünktlich da. Sie waren extra früher losgefahren um rechtzeitig bei mir zu sein. Ich öffnete die Tür hinter der Beifahrerseite und setzte mich auf den Rücksitz zu meinem kleinen Sohn, der mich mit großen Augen anstrahlte. Er nahm mich in den Arm, begrüßte mich herzlich. Die Piloten vorn im Cockpit begrüßten mich ebenfalls, wir starteten unseren Wagen langsam Richtung Heimat. Meine Freundin Tina und ihr Mann Michel hatten bei meinem Mann angefragt, ob ich etwas dagegen hätte wenn sie uns besuchen kommen würden. Tina war selbst schon einmal in einer Klinik, sie wusste genau wie es mir ging. Am Nachmittag standen sie mit selbstgebackenen Nussecken in der Hand vor unserer Tür. Die Gespräche waren erst etwas holprig, man merkte schon, dass niemand so richtig wusste wie er anfangen sollte über das brisante Thema Psychiatrie zu reden, doch das Eis war relativ schnell gebrochen und ich erzählte von meinem neuen „Alltag". Ich hatte es endlich geschafft mich nicht mehr dafür zu schämen, mir war es nicht mehr peinlich, dass ich „Power - Frau" in der Klapse gelandet war. Ich stand dazu, es fühlte sich zwar nicht gut an und doch war ich bereit darüber zu sprechen.

Am späten Nachmittag ging es wieder los - diese verdammten Attacken wollten mich nicht in Ruhe lassen. Jeder Tag wurde mir verdorben, dadurch dass aus heiterem Himmel mein Körper rebellierte, die üblichen Symptome an oberster Stelle standen. Ich hasste mich und meinen Körper. In diesen Momenten war es eine komplette Wesensveränderung. War ich eben noch ein „normaler" Mensch, wechselte meine Stimmung in Angst und Schmerz. Jeden Tag... Ich musste mich hinlegen, weil ich es im Sitzen nicht weiter aushielt und konnte somit die Pizza, die wir bestellt hatten, nicht essen, da mir mal wieder hundeelend und mehr als übel war. Der Tag war gelaufen. Wieder lag ich flach - kraftlos, konnte keinen Schritt mehr gehen.

Der Sonntag war nicht viel besser als der abendliche Samstag. Ich wollte mich so gern mit meinen Kindern beschäftigen, doch das Einzige wozu ich in der Lage war, war mit ihnen Bücher zu lesen und auf dem Sofa zu liegen. Das Wochenende hatten wir uns anders vorgestellt. Die Tablette die ich nun seit zwei Wochen nahm zeigte ihre Wirkung. Vom Kopf her war ich mittlerweile so weit, dass ich keine große Angst und Panik mehr hatte, doch körperlich war ich ein Wrack. Was war nur mit mir los? Sollte das alles immer und immer so weitergehen?

Um 17:30 Uhr war ich zurück in der Klinik. Mein Lieblingspfleger hatte Dienst, dieses Mal durfte ich ihm von meinem Wochenende erzählen. Wir saßen sehr lange im Stations-Zimmer, er hörte mir ganz genau zu. Bei ihm fühlte ich mich verstanden, bei ihm konnte ich ganz anders reden als bei den anderen Pflegern die nur ihren Job machten und uns „Psychos" auch oft als solche behandelten. Er sah das Menschliche in jeder einzelnen Person, nicht nur den kranken Depressiven, Borderliner oder was sonst. Nachdem ich ihm alles haarklein erzählt hatte, war er für einen Moment still und stellte mir folgende Frage: „Sagen Sie mal, das hört sich für mich alles sehr kurios an. Haben sie schon einmal über Unverträglichkeiten nachgedacht oder sich testen lassen? Ich kann mir vorstellen dass sie irgendwelche Lebensmittel nicht vertragen. Für mich, genau wie für Sie, sind das keine typischen Panikattacken". Ich dachte ich höre nicht richtig! Was hatte er gerade gesagt? Sofort musste ich an Annas Mama denken, an Annas Worte, die sie mir vor mehr als einer Woche gesagt hatte. Ich brauchte dringend mein Handy, ich musste googeln, geschissen auf den Therapieplan. Ich verneinte seine Frage, natürlich hatte ich mich noch nicht mit so etwas wie Unverträglichkeiten befasst, geschweige denn mich testen lassen. Ich war bei tausenden Ärzten, aber von so etwas war nie die Rede.

Sofort ging ich auf mein Zimmer. Anna war noch nicht wieder da, so hatte ich Zeit und Ruhe um zu recherchieren. Ich las und las und las bis mir die Augen weh taten. Es war nicht zu fassen. Das was dort stand spiegelte mich wieder. Meine Beschwerden und Symptome - schwarz auf weiß stand es dort geschrieben. Es konnte nicht wahr sein.

Als Anna zurück war erzählte ich ihr vom Gespräch mit unserem Pfleger und bombardierte sie mit Fragen über ihre Mutter. Ganz ausführlich erzählte sie mir noch einmal wie das Prozedere bei ihr ablief, bis man diese Unverträglichkeiten erkannt hatte. Schließlich rief sie sogar noch bei ihrer Mutter an, die mir per Lautsprecher Tipps gab, auf was ich ab sofort verzichten sollte, um zu testen ob es mir besser gehen würde. Es war so furchtbar, sie sagte ich solle keine Schokolade mehr essen und auch auf Joghurt, Kekse und Chips verzichten. Wie sollte ich das denn schaffen? Schokolade war doch mein Leben, mein Halt, meine Nervennahrung. Ich öffnete die Schublade meines Nachtschrankes und musste feststellen, dass genau die Dinge, auf die ich verzichten sollte, meine Schublade bis zum Rand füllten. Den Rest des Abends habe ich mich mit dem Thema „Laktose und Milchzucker" befasst, es war ein ganz schön umfangreiches Thema, ich hatte wenig Zeit für die allabendliche Kummer-Ecke.

Der nächste Tag gestaltete sich schwierig was meine Nahrungsaufnahme betraf. Beim Frühstück half Anna mir anhand der Zutatenlisten zu erkennen, was ich essen durfte und was nicht. Mein Mittagessen fiel aus, denn ich wollte nichts essen, was eventuell schädlich bei meinem Experiment sein konnte. Ich wollte an diesem Tag nur Dinge essen, bei denen ich zu hundert Prozent wusste, dass sie keinen der bösen Inhaltsstoffe enthalten, die vielleicht der Auslöser für meine Beschwerden waren. Abends ging ich hungrig ins Bett, doch das war es mir wert. Ich hatte an diesem Tag nicht eine einzige Attacke wie ich sie sonst jeden Tag mehrmals hatte. Irgendetwas musste doch dran sein an den Vermutungen von Anna, ihrer Mutter und sogar einem Pfleger der Psychiatrie. Irgendwann schlief ich hungrig und erschöpft ein.

Am nächsten Morgen ging ich auf den Flur um auf unseren wöchentlichen Essensplan zu schauen. Es gab dort drei Spalten - normale, laktosefreie und glutenfreie Kost. Auf meine Bitte hin, zum Mittag ab sofort nur noch laktosefreies Essen zu bekommen, wurde ich schief angeschaut und auch schelmisch belächelt. Solches Essen würden nur Patienten bekommen, die auch nachgewiesen eine Unverträglichkeit haben, dass nicht jeder sich einfach was aussuchen könnte wie es ihm gefällt. Es gäbe schließlich genügend Auswahl bei der normalen Kost, da sollte doch wohl etwas für mich dabei sein was mir schmeckt. Ich sollte doch endlich einsehen dass alles psychisch bedingt ist. Es reichte mir. Zum ersten Mal wurde ich unhöflich. Ich hatte es satt mich immer belächeln zu lassen, alles würde an der Psychosomatik liegen. Nicht ohne Grund wurde ich in die Klinik eingewiesen, das ist sicherlich richtig. Sicherlich war ich psychisch am Ende und es war gut dass ich eingewiesen wurde. Doch sollte es nur ein kleiner Schritt zur Besserung sein, dass es mir körperlich wieder besser ging, wollte ich nichts unversucht lassen dieses in der Klinik auszutesten. Ich schilderte der Pflegerin noch einmal meine Symptome, erzählte ihr von den Magenspiegelungen, Darmspiegelungen und meiner täglichen Ration Magentablette, die ich schon seit Monaten zu mir nahm. Sie wurde einsichtig und meldete laktosefreies Essen für mich an. Und was soll ich sagen? Mir ging es von Tag zu Tag besser, ich hatte keine Attacken mehr. Es war unglaublich. Gleichzeitig ging es mir auch psychisch immer besser, es lag entweder daran, dass die homöopathische Dosierung der Antide-pressiva endgültig ihre volle Wirkung entfaltete, oder aber es war die Beruhigung aufgrund dessen, dass diese höllischen Schmerzen wie weggezaubert waren. Ich fühlte mich prächtig, konnte wieder mehr lachen und war wie ausgewechselt.

Psychisch war ich noch immer nicht wieder auf dem Damm, die Klinik war schließlich keine Wunder-Heilanstalt, doch konnte ich ruhiger leben als noch vor ein paar Wochen. Sonja musste in ein „richtiges" Krankenhaus verlegt werden da ihre Blutwerte schlecht waren und weitere Untersuchungen anstanden, die man in dieser Klinik nicht durchführen konnte. Wir mussten uns kurzfristig voneinander verabschieden, die Nachricht ihrer Verlegung kam ganz plötzlich. Es war ein Schock, wir hatten uns so aneinander gewöhnt und auch daran, dass die Klinik unser „Zuhause" war. Ich dachte daran, dass auch für mich in nächster Zeit ein Neustart beginnen würde, auch ich konnte nicht ewig in der Klinik bleiben. Das machte mir Angst, ich konnte mir nicht vorstellen wieder in den Alltag zurück zu gehen. Zurück in das Karussell, in die Schnelllebigkeit und zu den „Normalen". Draußen musste ich wieder im Strom mitschwimmen, draußen würde mich die Realität erwarten, vor der ich unsagbare Angst hatte.

Die Visite verlief gut, die Ärzte waren der Meinung ich wäre wieder so weit hergestellt dass ich entlassen werden könnte. Nach vier Wochen in der Psychiatrie hieß es also auch für mich Abschied nehmen und zurück in den Alltag zu gehen. Auch Anna war so weit stabil, dass sie den gleichen Entlassungstag bekam wie ich. Am Vorabend der „Befreiung" packten wir unsere Taschen und genossen den letzten Abend mit unseren Mitpatienten in der Teeküche vor dem Fernseher. Die Kummer-Ecke war seit Sonjas Entlassung nicht mehr das was sie mal war. Sie fehlte einfach.

In der Teeküche unterhielt ich mich mit Peter und Friedemann. Wie die Abende zuvor saßen wir gemeinsam auf den Sofas, tranken Tee und aßen Kekse. Ich hatte mir in der Zwischenzeit laktosefreie Kekse gekauft, damit ich nicht nur zusehen musste wie andere Süßes futterten, sondern auch etwas zum Naschen hatte.

Peter war Anfang 60, polnischer Herkunft. Er erzählte mir seine Lebensgeschichte. Aufgewachsen in Polen kam er als Kind mit seinen Eltern nach Deutschland. Peter hatte ein gutes Leben. Ihn zerriss es als seine Eltern kurze Zeit nacheinander verstarben und er das Haus nicht mehr halten konnte. Die Ausgaben waren zu hoch für das was er verdiente. Somit musste er das Haus verkaufen um die vielen Schulden begleichen zu können. Nichts blieb mehr übrig für ihn. Seit dem Tod seiner Eltern lebt er einsam in einem kleinen 30m² Zimmer, hat weder Verwandte noch Bekannte. Er hatte niemanden außer einen Betreuer der ihn bei Amtswegen unterstütze. „Die Einsamkeit frisst mich auf", sagte er immer wieder. Wir verstanden uns sehr gut, ich war die einzige auf der Station mit der er sich so unterhalten hatte. Mit allen anderen war es nur „Smalltalk", keinem anderen hat er sich so geöffnet wie mir. Er bedankte sich ständig dass ich für ihn da war, was für mich selbstverständlich war. Dafür musste er sich nicht bedanken.

Friedemann war ein Kerlchen der uns jeden Tag zum Lachen brachte. Er hatte Schizophrenie, täglich wechselnd war er eine andere Person, es war immer wieder spannend als wer er im nächsten Moment bei uns saß. Mal war er der 58jährige, der ganz „normal" mit uns am Tisch saß, kurze Zeit später war er der Mann, der uns mehrmals nach unseren Namen fragte, da er sie wieder einmal vergessen hatte. Am niedlichsten aber war es, wenn er der Mann mit Affäre war. Er saß mit uns auf dem Sofa, erzählte von seiner heimlichen Partnerin, die er schon seit vielen Jahren hatte und mit der er regelmäßig telefonierte. Oft saß er auf dem Sofa und führte Gespräche mit der imaginären Partnerin ohne ein Telefon in der Hand zu halten. Er hielt seine Tasse Tee in der Hand und hätte man es nicht gewusst, hätte man gedacht er telefoniert wirklich. Er war im „Gespräch" versunken, es klang so real. Wir mussten ihm versprechen niemandem von der Beziehung zu ihr zu erzählen. Es sollte niemals rauskommen dass er ihr Geliebter war, sie war schließlich verheiratet. Es war immer wieder aufregend wenn er seine Persönlichkeiten gewechselt hatte. Ich mochte ihn wirklich sehr.

Jeder einzelne meiner Mitpatienten hatte sein Päckchen zu tragen. Antonio ist mir in guter Erinnerung geblieben. Auch er hatte Probleme innerhalb seiner Familie, Genaues hat er uns nie erzählt. Wir hatten nur erfahren dass er, ebenso wie Peter, einen Betreuer hatte und nicht bei seinen Eltern wohnte. Er sprach davon, dass er „halt anders als seine Geschwister" war, seine Eltern ihn nicht so akzeptierten wie seine Familienmitglieder. Wir bohrten nicht weiter nach, wir waren der Meinung, dass er selbst entscheiden sollte, ob und wem er etwas erzählt. Was wir wussten war, dass er ein fantastischer Musiker war. Auf dem Flur einer anderen Station innerhalb der Klinik stand ein Klavier. Er hatte die Erlaubnis an bestimmten Abenden dorthin zu gehen um auf diesem zu spielen. Ich denke es war eine Art Therapie für ihn, denn immer wenn er dort saß und spielte, war er in seiner eigenen Welt und genoss den Augenblick. Wir wurden als seine Zuhörer eingeladen, bei jedem Musikstück das er spielte, bekamen wir eine Gänsehaut nach der anderen. Er spielte so fantastisch, es war unglaublich dass er nicht eine einzige Note kannte, er hatte sich das Spielen nur nach Gehör beigebracht. Ich hoffe so sehr, dass er mit diesem Talent eines Tages entdeckt wird oder aber er es eines Tages schafft sich selbst um seine Zukunft zu kümmern. Ich bin mir sicher, er wäre ein sehr erfolgreicher Musiker.

Wir hatten auch einige „Spezialisten" auf der Station, die aber nur für ein paar Tage bei uns waren. Einer von ihnen wollte Unruhe auf die Station bringen. Man merkte sofort dass er auf Krawall aus war und jeden mit seinen Worten und seiner Umgangsart provozieren wollte. Sagen wir mal so, er hatte nach außen ein großes Geltungsbedürfnis, innen war ein ganz weicher Kern. Das hörten wir, wenn er mit seiner kleinen Tochter und Frau telefonierte. Er war so sanft mit seinen Worten, dass man kaum glauben konnte, dass er die gleiche Person war wie die, die wir auf Station erlebten..

Als ich Peter und Friedemann mitteilte, dass meine Entlassung vor der Tür stand fingen beide an zu weinen. Sie wollten nicht dass ich gehe. Immer wieder sagten sie mir was ich für ein toller Mensch sei, dass nur ich es geschafft hätte ihnen ein Lächeln ins Gesicht zu zaubern, dass sie nicht verstehen könnten, dass so ein Mensch wie ich überhaupt als Patient in einer Klinik landet. Ich wäre so wundervoll anders als die anderen, ich hätte etwas Besonderes an mir, was sie mir aber nicht erklären konnten. Schade, ich hätte es gern gewusst, was denn an mir schon besonders gewesen sein soll, ich hätte es eh nicht als Kompliment aufnehmen können was sie mir sagten. Bei Komplimenten jeglicher Art machte ich dicht,

Komplimente konnte ich nicht annehmen. Mein Selbstbewusstsein war gleich null, oder eher gesagt unterirdisch.

Es war ein tränenreicher Abschied. Am Morgen des Entlassungstages waren wir alle in uns gekehrt und den Tränen nahe. Ich hatte große Schwierigkeiten überhaupt jemandem meiner „Mit-Insassen" in die Augen, geschweige denn ins Gesicht zu schauen. Zu sehr tat es weh mich von meinen neuen Freunden zu verabschieden, von denen, die mich ohne Worte verstanden, von denen, die es immer gut mit mir meinten und mir ein Lächeln ins Gesicht zauberten wenn es mir schlecht ging.

Doch es musste irgendwie weitergehen. Ich hatte meine Kinder zuhause, die seit einigen Wochen ohne ihre Mama zurechtkommen mussten. Sie freuten sich auf mich, doch freute ich mich auch auf sie? Ja ich freute mich auf sie, jedoch hatte ich große Bedenken ob ich dem Alltag gewachsen bin. Ich fühlte mich nicht stark genug dafür! Aber es stand fest, an dem Tag ging es für mich zurück in den Alltag.

Ich wäre gern noch geblieben, es war eine wirklich tolle Zeit mit tollen Menschen jeglicher Altersstufen, ob männlich oder weiblich, egal welche Krankheit sie dorthin gebracht hatte. Sei es ein Mensch mit Borderline, Depression, Manisch-Depressiv, Schizophrenie oder einer anderen psychischen Krankheit – diese Menschen haben mir gezeigt, dass sie die richtigen sind, die „Guten". Diese Menschen haben das gewisse Etwas, sie sind diejenigen, die diese kaputte Welt besser machen könnten - wenn man ihnen viel mehr zuhören und über ihr Gesagtes nachdenken würde. Es waren für mich lange Wochen mit Höhen und Tiefen, die mir für den Rest meines Lebens vieles mit auf den Weg gegeben haben. Vier Wochen voller neuer Eindrücke und Erkenntnisse die mir niemand nehmen kann, da ich sie in meinem Herzen abgespeichert habe.

Ich würde immer wieder in eine Klinik gehen sobald ich merken würde es geht nichts mehr, wenn ich merken würde, dass ich es allein nicht schaffe. Niemand muss sich dafür schämen, niemand muss sich schlecht fühlen wenn er sich Hilfe holt.

In der Klapse sitzen ist ein Schritt nach vorn, ein Schritt in die richtige Richtung – durch den Nebel zurück in die Sonne!

In der Realität ist es leider so, dass die Mehrheit denkt, in der Psychiatrie sitzen die Kaputten und draußen laufen die Normalen. Man sollte sich einfach mal fragen was normal ist. Ist normal das, was im TV und in den Medien gezeigt wird? Ist normal, dass diejenigen, die merken, dass irgend etwas falsch läuft im „System", in der Psychiatrie landen? Und sind es tatsächlich die „Normalen", die im Strom mitschwimmen und immer schön ja und Amen sagen? Wer hat das so beschlossen? Wer gibt sich das Recht zu sagen, die Menschen in der Psychiatrie sind bekloppt weil sie nicht mitschwimmen?

Für das, was mir in der Zeit von der Klinik bis heute passiert ist in den letzten drei Jahren, bin ich sehr dankbar. Ich gehe davon aus, dass ich die Hilfe in einer Klinik nicht mehr brauche. Denn ich durfte noch so einiges erfahren, was mir mein Leben viel leichter machen sollte.

247

Mein Freund Peter ging von der Station als wir uns voneinander verabschiedet hatten. Er konnte nicht weiter mit ansehen wie wir uns alle in den Armen lagen, weinend, schluchzend, mit Unbehagen, was die Zukunft uns bringen würde. Selbst der Abschied von den Pflegern fiel schwer, selbst sie verabschiedeten sich mit feuchten Augen. Es scheint als sei ich eine „andere" Patientin gewesen, denn was ich sonst mitbekommen hatte war, dass sie im Großen und Ganzen froh waren ihre „Häftlinge" los zu sein.

Im Fahrstuhl standen Anna und ich uns mit gepackten Taschen gegenüber und atmeten tief durch. Der Schritt in den Alltag stand kurz bevor, wir konnten nichts sagen. Als wir aus der Klinik kamen waren unsere Familien-Taxis noch nicht da. Wir hatten noch einen Moment um uns ein letztes Mal zu drücken, bevor Annas Mutter um die Ecke gefahren kam. Ich winkte ihr hinterher, ich würde sie sehr vermissen, das war mir klar. Da meine Männer noch nicht da waren, entschloss ich mich ihnen entgegen zu gehen. Ich nahm meinen Rucksack und meine schwere Tasche um mich auf den Weg zu machen das Klinikgelände zu verlassen. Die Zeit hinter mir zu lassen, die damit begann, dass ich für ein paar Tage zur Ruhe kommen sollte und aus der ganze vier Wochen geworden sind. Ich schleppte mich langsam voran, als mir ein paar Meter weiter „mein" Peter entgegen kam, ließ meine Tasche fallen und ohne viel zu sagen nahmen wir uns in die Arme. Die Tränen liefen über unsere Wangen. Zwar hatten wir uns schon voneinander verabschiedet, doch diese letzte Begegnung war noch einmal etwas Besonderes. Wir richteten letzte Worte an uns, versprachen uns gegenseitig so zu bleiben wie wir sind und dass wir uns nicht von anderen unterkriegen lassen würden. Dass wir die Dämonen in unseren Köpfen ersticken würden - mit positiven Gedanken an eine tolle Zeit in der Klinik. Ich nahm meine Tasche, setzte meinen Rucksack auf die Schultern und ging mit gesenktem Kopf in Richtung „Leben".

Zuhause angekommen war ich erschöpft. Erschöpft von den vielen Tränen und guten Worten, die man mir mit auf den Weg gab. Sei es von den Pflegern oder den liebgewonnenen Menschen die ich in den letzten vier Wochen kennenlernen durfte. Ich packte meine Tasche aus und brachte meinen Schatz, die Pillendose, ins Badezimmer. Für das Wochenende wurde ich noch von der Klinik versorgt, ich musste also schnellstmöglich zur Hausärztin um mir meine Tabletten verschreiben zu lassen, auf welche ich in den letzten Wochen eingestellt worden war. Es war Donnerstag, also war Freitag der einzige Tag, an dem ich die Möglichkeit für einen Arztbesuch hatte. Der folgende Montag war der Aufnahme-Termin in der Tagesklinik. Die Wiedereingliederung in den Alltag sollte damit starten, dass ich ganz langsam in das „normale" Leben zurückgeführt werde.

Der Termin bei meiner Hausärztin war eine Sache für sich. Ich bekam ohne Probleme eine Verordnung für die Antidepressiva und eine Überweisung zum Psychiater, den ich aufsuchen sollte um weitere Medikation etc zu besprechen, doch als ich ansprach, dass ich eine Überweisung zum Gastroenterologen bräuchte, in Bezug auf meine eventuelle Unverträglichkeit, wurde ich ausgelacht. Ich würde mir das einbilden, so etwas würde es nicht geben. Da hatten wir sie wieder, die Psychosomatik. Wie mir dieses Wort mittlerweile die Nackenhaare hochstehen ließ - ich war wütend und ließ nicht locker bis ich die Überweisung in den Händen hielt. Diese Ärztin würde mich nicht wiedersehen, das stand für mich fest. Ich würde mir einen anderen Arzt suchen, jemanden der mich für voll nimmt und mich nicht mit der Psychosomatik drangsaliert. Warum konnten die Ärzte nicht verstehen, dass ich zwar ein psychisches Problem hatte an dem ich bereits arbeitete, dieses andere Problem womöglich ein physisches Problem war?! Ich konnte es nicht begreifen.

Die Zeit in der Tagesklinik hat mir viel gebracht, wenn auch auf eine andere Art und Weise. Auch dort habe ich viele Menschen kennengelernt, doch zu keiner Person hatte ich einen solch innigen Bezug wie zu meinen „Irren" in der Klinik. Morgens um 7:00 Uhr wurde ich vom Taxi abgeholt, ich war noch nicht wieder in der Lage selbst Auto zu fahren, meine Krankenkasse übernahm die Kosten dafür. Es war die gleiche Strecke von fast 40 km die ich gefahren wurde. Nachmittags wurde ich um 15:00 Uhr dort abgeholt und zurück bis vor die Haustür gebracht. Genau auf dieser Strecke hatte ich in meiner ganz dunklen Zeit eine so schlimme Panikattacke, als ich mit dem Auto auf dem Weg zum Einkaufen war. Jedes Mal wenn wir mit dem Taxi an der Stelle vorbei fuhren schnürte sich mein Hals zu, ich spürte jedes Mal die Angst in mir hochsteigen. Die Erinnerung daran, dass ich allein im Auto saß, die Gedanken an die Todesängste die mich damals überkamen, war schlimm.

Heute noch wird mir etwas mulmig wenn ich dort lang fahre, jedoch habe ich gelernt wie ich damit umzugehen habe. Es ist nur noch halb so schwer in für mich brenzligen Situationen richtig zu reagieren.

In der Klinik frühstückten wir alle gemeinsam, es gab einen Plan wer an welchem Tag zuständig war das Buffet aufzubauen. Es sollte halt eine Wiedereingliederung in den Alltag werden, zuhause muss man sich sein Frühstück schließlich auch selbst zubereiten. Nach dem Frühstück saßen wir zusammen im Gemeinschaftsraum, jeder musste davon erzählen wie es ihm am vorherigen Tag ergangen war, wie er sich fühlte und wie er geschlafen hatte. Für mich war es wie in der Grundschule, wo jedes Kind von seinen Erlebnissen des Wochenendes erzählen durfte. Der Unterschied war der, dass die Grundschüler Lust dazu hatten und sich nicht so dumm vorkamen wie wir Erwachsenen. Nach dem Frühstück gab es entweder

Ergo-Therapie oder Gesprächskreise, was ganz spannend und auch entspannend war. Bei der Ergo-Therapie gab es noch ein paar weitere Dinge als in der Psychiatrie die man ausprobieren konnte, sei es Sterne oder Ketten basteln, oder aber Steine zu Kunstwerken kleben, es hat tatsächlich wieder Spaß gemacht seine Kreativität testen zu können. Wer nicht zur Ergo-Therapie eingeteilt war, hatte entweder Termine beim Psychologen oder aber Gruppengespräche mit einem Tages-Thema. Ja, es war an manchen Tagen auch interessant was die Ärzte uns erklärten und für den weiteren Weg mitgeben wollten, trotzdem fühlte ich mich dort nicht so gut aufgehoben. Man war mehr eine Nummer, alles war sehr unpersönlich. Es war keine wirkliche Nähe zu den anderen Mitpatienten so wie die letzten vier Wochen zuvor, auch die Vertrautheit war nicht so wie in der Psychiatrie.

Ich scheine den Pflegern eh ein Dorn im Auge gewesen zu sein. Schon am ersten Tag der Einweisung wurde ich gefragt, ob es denn korrekt wäre dass ich nur dieses eine Medikament nehmen würde, dann auch noch in einer solch niedrigen Dosierung. Das müsse ein Druckfehler sein. „Nein das ist kein Druckfehler, das ist korrekt und ich werde einen Teufel tun, dass ihr mich hier auf irgendwas anderes einstellt oder meine Dosis erhöht", dachte ich im Stillen.

Ich eckte gleich zu Beginn der Zeit in der Tagesklinik auf freundliche Weise mit einem der Pfleger an. Er hatte eine Art an sich, mit der ich absolut nicht klar kam. Er sprach mit uns wie mit einem Kleinkind, behandelte uns auch so. Es hätte nur noch gefehlt dass er mit einem Schnuller vor uns gestanden hätte um uns damit trösten zu wollen. Wirklich, er behandelte uns wie Babys, die nicht in der Lage wären überhaupt etwas allein zu tun. Als er eines Tages wieder so vor uns stand und meinte sein „pädagogisches Fachwissen" in Babysprache an uns weitergeben zu wollen, habe ich ihn nett und freundlich darauf hingewiesen, dass wir alle in diesen Raum Erwachsene sind und er uns auch wie solche behandeln dürfte, wir wären alle in der Lage normal mit ihm zu kommunizieren. Er könnte gewiss in einer normalen Tonlage mit uns sprechen. Wir wären zwar alle aus dem gleichen Grund hier, wir wären alle krank aber nicht bescheuert. Von dem Tag an hatte dieser Mensch eine unglaublich männliche Stimme wenn er sprach und war wie ausgewechselt wenn er zu uns kam. Das soll jetzt nicht so klingen als hätte ich dort „auf die Kacke" gehauen, nein im Gegenteil. Ich war lieb, artig und brav, doch man muss sich nicht alles gefallen lassen, auch nicht wenn man psychisch krank ist.

Zweimal in der Woche stand Achtsamkeits-Training auf unserem Plan. Ich hatte das Wort Achtsamkeit in der Psychiatrie zwar schon einige Male gehört, doch wusste ich nichts damit anzufangen. Wir saßen mit acht Personen in einem Raum, die Leiterin des Trainings war eine Frau Ende vierzig. Sie war so, wie soll ich sagen, bei sich. Sie war wie ein entspanntes schnurrendes Kätzchen. Sie lebte in „ihrer" Welt, war so ausgeglichen, dass man schon fast Angst bekam vor der Ruhe die sie ausstrahlte. Es stand Tee in verschiedenen Sorten bereit, den ich mir niemals gekauft hätte, wenn ich in einem Supermarkt vor einem Teeregal stand. Es waren solch skurrile Sorten wie „Indischer Morgen", „Kraft durch Freude", „Lebensenergie" und so weiter. Manche Pflanzen die sich in den Beuteln befanden konnte ich fast gar nicht aussprechen, geschweige denn hatte ich jemals davon gehört. Meinen Geschmack hatten sie auch nicht getroffen, doch es war eine Erfahrung solch einen Tee einmal zu trinken. Der Raum war verdunkelt, es brannten viele Kerzen. Im Hintergrund lief Entspannungs-Musik. Es war wie in einer anderen Welt wenn man den Raum betrat. Zu Beginn der Stunde las das Kätzchen uns eine kleine Geschichte vor, im Anschluss daran machten wir einige Übungen. Eine davon war zum Beispiel, dass wir unsere Schuhe und Socken ausziehen sollten um dann barfuß in Zeitlupen-Geschwindigkeit um den Tisch zu gehen. Dabei sollten wir genau auf unsere Zehen achten und das Gefühl aufnehmen welches die Berührung mit dem Boden in uns auslöste. Die ersten zwei Male Achtsamkeits-Training kam ich mir wirklich bescheuert vor. Ich konnte mir nicht erklären wozu das alles gut sein sollte. Doch ich muss sagen, dass es mich tatsächlich mehr mit mir selbst in Verbindung gebracht hat. Ich achtete von da an, auch zuhause, mehr auf das was ich berührte oder fühlte. Achtsamkeit wurde ein Teil meiner eigenen Therapie.

Was mich auch sehr berührt hat war das Ergebnis eines Vormittags, was sich als Test für uns selbst herausstellte. Wir saßen im Gemeinschaftsraum, auf dem Tisch lagen gefühlt achtzig alte Zeitschriften. Aus diesen sollten wir alle möglichen Überschriften, Worte oder Bilder ausschneiden, die uns selbst ohne großes Überlegen ansprachen. Jeder einzelne sollte sich seine eigene Collage erstellen. Wir alle saßen auf unseren Stühlen, blätterten in den unterschiedlichsten Magazinen und klebten all unsere kleinen Fitzel auf eine große Pappe. Die Ergebnisse waren phänomenal. Jeder der Patienten hatte das für ihn perfekte Kunstwerk gezaubert. In meinem Fall war nicht zu übersehen oder auch zu überlesen, dass ich sehr damit zu hadern hatte, dass ich nicht auf meiner Insel sein konnte und ich mit dem Druck der Außenwelt nicht zurechtkam. Ich schnitt solche Dinge aus wie „Perfekt? Mir ist 'ne echte Macke lieber", „Einfach mal nur sein", oder auch „Erschreckend wie uns der Alltag krank macht". Dazu hatte ich Kaffeetassen, Palmen, lachende Personen und vieles mehr ausgeschnitten. Die eigene Collage machte jeden von uns nachdenklich, wir hätten nie gedacht, dass dieses Bild soviel Aussagekraft haben könnte.

Ich liebe sie heute noch, meine eigene Collage! Sie zeigt mir immer wieder, dass ich in kleinen Stücken dem näher komme, das zu VERarbeiten und auch zu BEarbeiten, was mich vor drei Jahren noch tief runter gezogen oder mich einfach nur tieftraurig gemacht und aus der Bahn geworfen hatte.

Die fünf Wochen in der Tagesklinik waren in der Hinsicht gut, dass ich langsam wieder in den Alltag kommen konnte und nicht von null auf hundert in den „Alltags-Wahnsinn" geworfen wurde. Mir hat es sehr geholfen langsam zurück zu mir und in den Alltag zu finden. Ich konnte wieder beruhigter atmen, habe es aber noch lange nicht geschafft einkaufen zu gehen oder Auto zu fahren. War ich zuhause, hatte ich die Sicherheit die ich brauchte, der Weg zum Briefkasten war schon ein etwas größeres Wagnis. Dafür hätte ich durch unseren Garten bis ans Gartentor gehen müssen, hätte schließlich jemanden treffen können der mir irgendwelche Fragen darüber stellen wollte, was in den letzten Wochen bei mir los war. Mein Mann übernahm weiterhin alle „außerhäuslichen" Erledigungen, ich kümmerte mich in kleinen Schritten um den Haushalt.

Meinen ersten Termin beim Psychiater hatte ich kurz nach der Zeit in der Tagesklinik. Ich hatte wieder Glück, ich musste nur vier Wochen auf einen Termin warten. Dort angekommen war ich sehr nervös, denn ich wusste ja nicht was auf mich zukommen würde. Zu einem Psychiater zu gehen macht man halt nicht „einfach so" und zählt nicht zu alltäglichen Arztbesuchen. Das Wartezimmer war brechend voll, es saßen so viele Menschen dort, die auf ein Gespräch mit der Ärztin warteten. Wie kaputt war die Welt? Was war nur mit der Menschheit los, dass so viele Personen Hilfe benötigten um im Alltag zurecht zu kommen? Ich war sprachlos.
Die Psychiaterin war so cool, ich hatte die Vermutung sie selbst nimmt auch irgendwelche Tabletten. Sie machte ihre Späße, sah das Psychischkrank-sein als völlig normal an. Sie war einfach so menschlich, machte mit ihren Worten und Äußerungen alles etwas entspannter, was mich sehr beruhigte. Nachdem ich ihr von meinem letzten Jahr Lebenszeit erzählt hatte stand für sie fest, dass ich dringend eine Psychotherapie beginnen müsse und empfahl mir eine Psychologin die sie privat kannte. Sie war der Meinung, dass genau diese Psychologin perfekt für mich wäre, sie schätzte mich als eine Person ein die gut mit ihr klarkommen würde. Die ausgewählte Psychologin nähme kein Blatt vor den Mund und ich wäre ein Mensch der genau solches bräuchte. Ich bekam die Telefonnummer, wurde gebeten zeitnah dort anzurufen, auf den Anrufbeantworter zu sprechen und neben meiner Bitte um einen Termin gleich noch zu sagen, von wem ich die Telefonnummer hatte. Gesagt getan, gleich im Auto rief ich diese Psychologin an und hoffte inständig dass sie sich bei mir zurückmeldet.

Zwei Tage vergingen, als mittags mein Telefon klingelte. Es war die Nummer der Psychologin auf dem Display zu sehen. Nervös meldete ich mich mit meinem Nachnamen, die freundliche Stimme am anderen Ende des Telefons bot mir an, in der nächsten Woche in ihre Praxis zu kommen, damit wir uns beschnuppern konnten.

Nicht bei jedem passt es auf Anhieb, mancher muss etliche Schnupper-Termine bei diversen Psychologen in Kauf nehmen bis der richtige für ihn gefunden ist. Wenn man sich überlegt wie viel Zeit bis dahin ins Land gehen kann, muss man sich nicht wundern dass es immer mehr Menschen gibt, die aus ihrem Loch nicht mehr herauskommen. Sie müssen warten, warten und wieder warten, werden vertröstet bis hin zu einem halben Jahr. Ich hätte dieses halbe Jahr nicht überlebt, ich hätte mir, egal wie, das Leben genommen. Ohne professionelle Hilfe ist es meiner Meinung nach nicht möglich aus dem mentalen Gefängnis ausbrechen zu können.

Wie schnell doch alles ging. Ich stellte fest, dass ich mehrmals großes Glück hatte. Erstens hatte ich gleich im Anschluss an die stationäre Zeit die Aufnahme in der Tagesklinik. Zweitens hatte ich gleich nach der Tagesklinik den Termin bei der Psychiaterin und drittens bekam ich gleich im Anschluss den Schnuppertermin in der Praxis der Psychologin. Ich Glückspilz!

Lange habe ich nicht mehr von meinem Vater geschrieben, es war halt eine aufregende, aufreibende Zeit die ich hinter mir hatte. Während meiner Zeit in der Psychiatrie haben mein Vater und mein Mann mehrmals telefoniert, er erzählte ihm, dass es mir nicht gut ginge und ich stationäre Hilfe brauchte. Ich war nicht in der Lage bei meinem Vater anzurufen, zu sehr hätte mich die Sehnsucht nach ihm aufgefressen und weiter in die Knie gezwungen. Ich konnte nichts zusätzlich gebrauchen. Das was in meinem Kopf steckte war genug. Die beiden telefonierten regelmäßig, mein Vater wollte unbedingt wissen wie es mir geht.

Als ich mich etwas fitter fühlte rief ich ihn selbst an um ein Lebenszeichen von mir zu geben und ihm zu sagen, dass es mir zwar nicht gut geht, ich aber auf dem Weg der Besserung wäre. Seine Stimme und seine Worte zu hören war ein schönes Gefühl. Auch wenn er weit von mir weg wohnte, er war für mich da und gab mir mit seinen Worten Kraft. Er erzählte mir von meiner Oma, dass auch sie seit vielen langen Jahren immer wieder mit Depressionen kämpft. Dann sagte er zu mir, dass ich ein so starker Mensch wäre, es würde immer weiter gehen, man dürfe nur nie den Glauben an sich selbst verlieren. Seine Worte gingen direkt in mein Herz und nachdem ich aufgelegt hatte weinte ich dicke Krokodilstränen. Wie sehr ich ihn doch vermisste. Warum musste er nur so weit weg sein?

Genau das Gegenteil war meine weibliche Hälfte, meine Mutter. Ich war vier Wochen in der Klinik, in der Zeit hatte ich weder Besuch noch einen Anruf von ihr auf meinem Handy. Zu ihrem Geburtstag schickte ich ihr aus der Klinik eine Nachricht um zu gratulieren, das Einzige was darauf zurückkam war ein `Danke` und ob wir am Wochenende, wenn ich mein „Probe-Wochenende" hätte, zum Kaffee kommen würden. Sie hatte nichts, rein gar nichts begriffen! Ich saß mit schwerer Depression in der Psychiatrie, war am Boden zerstört, mein Leben war ein Nichts, ich war kurz davor mich umzubringen und ihr fiel nichts anderes ein als mich zu fragen ob ich zum Kaffeetrinken komme. Ich war sprachlos. Diese Nachricht riss einen weiteren Schnitt in die schon klaffende Wunde. Ich fragte mich immer wieder, warum sie es nicht geschafft hatte mich nur ein einziges Mal zu besuchen oder mich wenigstens zu fragen wie es mir ging.

Ich bin doch ihr Kind, warum kam sie nicht? Warum? Warum? Warum? Alles, jeder Gedanke in meinem Kopf, drehte sich um eine Antwort auf ein Warum. Warum ist dies so? Warum ist jenes so? Warum fand ich keine Antwort auf meine vielen Fragen?

Um noch einmal kurz auf meine Unverträglichkeiten zurück zu kommen - es stellte sich tatsächlich durch einen Atemtest heraus, dass ich eine Unverträglichkeit auf Laktose habe. Seit dem Klinikaufenthalt und Dank meiner lieben Anna hatte ich auf alles verzichtet was Milchzucker enthält und somit keine Attacken mehr. Es ging mir körperlich gut, ich war wieder fit. Nur fiel es mir nach wie vor schwer auf Schokolade und alles andere was an den Attacken Schuld war zu verzichten. Mir fehlten die Glücksgefühle, die ich bei jedem Stück Schokolade hatte, das Zerschmelzen der Schokolade auf meiner Zunge, das Knacken der Kekse. Meine Männer saßen abends auf dem Sofa mit Schokolade und Co, ich dagegen aß laktosefreie Kekse und Schokolade, die erstens viel zu überteuert waren und zweitens lange nicht so lecker waren wie meine gewohnten Naschereien. Auf die Attacken konnte und wollte ich gut und gerne verzichten, von daher aß ich weiterhin nichts was „böse" für mich war. Es erforderte große Disziplin und war alles andere als leicht.

Der Schnupper-Termin bei der Psychologin war ein voller Erfolg. Wir waren sofort auf einer Wellenlänge, besser hätte es nicht passen können. Die Praxis lag mitten in der Fußgängerzone der Großstadt. Nie hätte ich gedacht, dass sich dort eine psychologische Praxis befindet. Umgeben von zahlreichen Einkaufsläden in einem engen Hauseingang befand sich die Klingel. Auf dem Klingelknopf stand in kleinen Buchstaben ganz unscheinbar „Psychologische Praxis" geschrieben. Ich klingelte, der Summer öffnete mir kurze Zeit später die Tür. Auf alten knarrenden Stufen ging ich hinauf in den ersten Stock, wo eine kleine zierliche Frau mich schon erwartete. Ich schätzte sie auf Mitte bis Ende vierzig, also nicht viel älter als ich es war. Sie sah glücklich, ausgeruht und gepflegt aus, grinste über beide Ohren, sie war mir von Anfang an sympathisch. Ich fühlte mich eher wie in einer gewöhnlichen Altbau-Wohnung als in einer Praxis für Psychologie. Die Wände waren typisch Altbau, gigantisch hoch, die Küche mit einer Küchenzeile war umfunktioniert in das Wartezimmer, man durfte sich an Tee oder Kaffee bedienen. Nach kurzer Wartezeit wurde ich ins Sprechzimmer gerufen, der Weg führte über einen schmalen Flur. Außer der obligatorischen Couch, von der immer erzählt wird, war es genau so wie ich es mir vorstellte. Es gab für jeden einen Stuhl,ein kleiner Tisch stand in der Mitte des Raumes. Einzig der Computer und ein Regal mit vielen Büchern standen im Raum. Wir stellten uns einander vor, anschließend wurde meine Versichertenkarte durch das Gerät gezogen. Unsere Schnupper-Stunde konnte beginnen. Mir wurden Fragen gestellt,auf die ich zuerst mit einem Tränenschwall antwortete, doch als ich mich beruhigt hatte sachlich beantworten konnte. Frau Weber reichte mir ein Taschentuch und sagte mit fester Überzeugung, dass wir das schon wieder in den Griff bekommen, sie würde sich freuen, mich und meine Geschichte näher kennenzulernen. Wir hätten fünf freie Termine, die ohne Zusage der Krankenkasse übernommen würden.

Der Schnuppertermin gehöre dazu, also hätten wir noch vier Sitzungen vor uns. Da ich ihrer Erfahrung nach definitiv mehr als fünf Sitzungen bräuchte, würde sie nach unserem vierten Termin einen Antrag auf Kostenübernahme für weitere Termine bei meiner Krankenkasse stellen. Ich fühlte mich bei ihr an der richtigen Adresse, ich war mir sicher, ich könnte keine bessere Psychologin finden. Zum Ende unseres Termins bekam ich einen achtseitigen Fragebogen von ihr, den ich schnellstmöglich ausfüllen und bis zum nächsten Termin, der für die nächste Woche vereinbart wurde, an sie zurückschicken sollte. Es sollte also gleich in der nächsten Woche weitergehen. Wieder hatte ich großes Glück dass es so schnell voran ging.

Der Fragebogen hatte es in sich. Ich musste ALLES ausfüllen, mich quasi entblößen für eine wildfremde Frau. Beginnend mit meinem Geburtstag und persönlichen Angaben, über Familienangehörige und der Beziehung zu den einzelnen Personen (Vater, Mutter, Geschwister und weitere), über Kindheit, Pubertät, Freundschaft und Beziehung bis hin zu meinem derzeitigen Lebens- und Gesundheitszustand. Es war eine vollkommene Offenbarung meiner selbst und beanspruchte sehr viel Zeit. Allein bei dem Punkt Geschwister brauchte ich sehr lange bis ich alle aufgeführt hatte. Ich habe immerhin einen Bruder und zwei Schwestern mütterlicherseits und vier Brüder väterlicherseits. Schade dass ich kaum oder gar keinen Kontakt zu ihnen hatte, obwohl es ja meine Geschwister sind. Ich war traurig über die zerrütteten Familienverhältnisse, suchte weiterhin die Schuld dafür bei mir.

Meine morgendliche Tablette nahm ich brav weiter ein, mittlerweile war es Routine. Ich dachte auch nicht mehr darüber nach was ich mir da überhaupt einwarf. Ich schaffte es sogar wieder bei uns im Ort einzukaufen, ich schaffte es den Kleinen in den Kindergarten zu bringen und abzuholen, sogar kurze Strecken mit dem Auto waren wieder möglich. Ich musste es langsam wieder schaffen ins Auto zu steigen, meine Therapie sollte in der nächsten Woche starten, ich konnte nicht ständig meinen Mann bitten sich dafür frei zu nehmen um meinen Taxifahrer zu spielen.

Die Menschen aus unserem Ort begegneten mir beim Einkaufen mit einer freundlichen Art und Weise wie nie zuvor, ich hätte manchmal im Strahl kotzen können. Auch wie manche sich freuten mich zu sehen, wie sie mich in den Arm nahmen und drückten, sie waren fast euphorisch wenn sie mich sahen. Vor meinem Zusammenbruch sind manche der Personen an mir vorbei gegangen, bekamen gerade mal ein „Hallo" aus ihren Mündern. Andere wiederum verhielten sich etwas zurückhaltend, sie wussten halt nicht, wie man sich einem psychisch kranken Menschen gegenüber verhalten sollte. Ganz „normal" wäre am einfachsten gewesen. Mein Nachbar war der einzige, der bei der ersten Begegnung nach der langen Zeit in seinem Garten stand und als er mich zum Briefkasten gehen sah, an den Gartenzaun kam um mir mit ganz ruhiger und „normaler" Stimme zu sagen:„Hallo Rosa, es ist schön dich wiederzusehen. Komm gut wieder zuhause an". Er verhielt sich genau so wie vor der Zeit meines Zusammenbruchs. Es tat verdammt gut, dass er keinen Unterschied zu vorher und nachher machte.

Mein Mann musste wieder zur Arbeit, die Zeit der Kostenübernahme durch die Krankenkasse war vorüber und auch sein Chef sehnte ihn sich endlich wieder herbei. Es waren lange Wochen in denen er sich um alles gekümmert hatte, wenn man bedenkt dass es nur ein paar Tage zum

Ausruhen werden sollten. Für mich hieß das zurück in den Alltag, ohne Unterstützung von irgend jemandem der mir hilft.

Mein Tag begann damit früh aufzustehen, einen Kaffee zu trinken, anschließend meine Pille einzuwerfen, die Kinder zu wecken, Brotboxen zu füllen und mich um all das zu kümmern, so wie es vor dem Zusammenbruch war. Ich hoffte, dass ich alles hinbekomme ohne irgendwelche Zwischenfälle. Die Angststörung machte sich langsam wieder breit, ich fühlte zu viel Verantwortung und das Alleinsein machte es mir nicht einfacher. Ich dachte an meine Lieben aus der Klinik, ich vermisste unsere Gespräche, das Zusammensein mit Gleichgesinnten. Es war wieder zu viel Zeit zum Nachdenken und Hinterfragen. Und doch habe ich alles hinbekommen, worauf ich aber nicht stolz sein konnte, zu sehr steckte die Angst noch in mir. Ich versuchte so gut wie möglich alles zu meistern, merkte aber sehr schnell, dass ich mit vielen Dingen noch überfordert war. Gut dass die Therapie startete!

Einmal in der Woche hieß es für mich 40km mit dem Auto zu fahren, mich auf die imaginäre Couch zu legen um über mein Leben zu reden. Anfangs fragte ich mich was mir das alles bringen soll und doch merkte ich nach jeder Sitzung eine Veränderung und auch Verbesserung meines Zustandes. Ganz zu Beginn der Therapie gingen wir auf meinen Fragebogen ein und sprachen über die Familienverhältnisse und mein Befinden dazu. Natürlich flossen viele Tränen, denn ich spürte mal wieder, wie sehr es mich traf keine „normale" Familie zu haben. Am Ende der Stunde wurde ich gefragt was mein Therapie-Ziel wäre, auf was ich hinarbeiten wollte. Puh, das war eine sehr schwierige Frage für mich, für die ich tatsächlich einige Minuten Bedenkzeit brauchte. Das einzige, was ich unter Tränen antworten konnte war:„Ich will einfach nur leben". Meine Psychologin schmunzelte und gab mir Hausaufgaben auf. Eine davon war, dass ich jeden Morgen mit dem

Hund eine Runde gehen sollte. Ich hatte ihr wirklich alles über mich erzählt, ich hatte keine Scham mehr für meine Krankheit. So erzählte ich ihr halt auch, dass unser Hund nur in den Garten kackt, weil ich nicht in der Lage war in die Feldflur zu gehen. Egal ob es nur eine kleine Runde um den Block war, ich sollte mir den Hund schnappen und losgehen. Ausschlaggebend war nicht die Länge des Weges, ich sollte es schaffen raus zu gehen, nicht nur bis zum Gartenzaun. Die zweite Hausaufgabe war ebenso anspruchsvoll. Ich sollte bis zur nächsten Woche alles aufschreiben was ich mir unter dem Begriff „Leben" vorstellte. Zusätzlich sollte ich mir Gedanken dazu machen, wie und wo ich mich gerade im Leben sehe. Es war eine sehr schwere Aufgabe für mich, denn ich wusste keine Antwort darauf was es hieß zu leben. Wo und wie sah ich mich gerade? Ich hatte keine Ahnung.

Als die Kinder in der Schule und im Kindergarten waren, mein Mann bei der Arbeit, saß ich am Esstisch und dachte nach. Ein leeres Blatt Papier lag vor mir, es wollte beschrieben werden. Nur was sollte ich schreiben? Lange saß ich auf meinem Stuhl, mein Kopf ratterte. Ich nahm einen Bleistift zur Hand und fing an einen Regenschirm zu malen.

Meine künstlerischen Fähigkeiten waren so dermaßen unterirdisch, dass das Radiergummi sehr oft zum Einsatz kam. Irgendwann war das Bild für mich einigermaßen zufriedenstellend, so dass ich das Radiergummi zur Seite legen konnte. Der Regenschirm bekam ein paar bunte Farben, in die rechte Ecke des Blattes malte ich eine dicke Wolke, aus der viele Regentropfen auf den Regenschirm prasselten. So sollte es sein! Mein Ziel war es, alle Dinge die auf mich prasselten abwenden zu können wenn sie mir zu viel wurden. Ich wollte endlich wieder leben, nur was hieß das für mich? In den Regenschirm hinein schrieb ich alles was mir einfiel.

Leben hieß für mich

- keine Angst haben
- Freiheit
- genießen
- keine Geldsorgen
- durchatmen
- Meer/Sonne/Strand
- Freude
- lachen

Der Platz innerhalb des Regenschirms reichte nicht aus, also schrieb ich noch einzelne Dinge darunter wie

- Kaffee trinken
- ein Buch lesen
- meine Cousine besuchen
- mehr Zeit für mich haben
- so oft es geht nach Sardinien
- Freunde treffen
- Unternehmungen
- Wünsche erfüllen
- glückliche Kinder
- arbeiten gehen
- Alleinsein ist schön, keine Angst mehr davor

Ich war erstaunt wie viele Dinge mir doch eingefallen waren und was es für mich hieß zu leben. Es waren solch einfache Dinge die für mich nicht umsetzbar waren, wie z.b. in Ruhe Kaffee trinken, denn mein Körper war im Dauerstress. Ich konnte noch nicht einmal in Ruhe einen Kaffee trinken, wie traurig und auch schlimm war das alles?! Ich merkte beim Aufschreiben der Dinge zum ersten Mal was mir im Leben fehlte. Ich hatte die kleinen Dinge völlig aus den Augen verloren.

Die Therapie war das Beste was mir passieren konnte. Meine Krankenkasse genehmigte weitere Stunden, was für uns bedeutete, wir konnten in kleinen Schritten an meiner Genesung arbeiten. Langsam fand ich wieder zu mir. Nach jeder Therapie-Stunde fuhr ich 40 km nach Hause, im Kopf ließ ich das Gespräch mit der Therapeutin Revue passieren. Es war schon komisch. Während der Sitzung war es „nur" ein Gespräch, doch das was nachhallte war unglaublich. Ich spürte, wie ich immer besser mit Situationen klar kam, bei denen ich früher ausgeflippt wäre, geschrien oder geweint hätte. Ich schaffte es nach kurzer Zeit eine längere Strecke mit dem Hund zu gehen. Ich war meist länger als eine halbe Stunde unterwegs. Mit Menschen die mir begegneten, konnte ich wieder sprechen, ohne mit gesenktem Kopf an ihnen vorbei zu huschen, aus Angst sie könnten mich ansprechen. Ich lernte in ganz kleinen Schritten mit der Angst in meinem Kopf zu leben, sie beiseite zu schieben. Ich lernte, dass ich keine Angst haben muss, dass meine Gedanken ein böses Spiel mit mir spielten. Was für mich mit das Wichtigste war, ich lernte NEIN zu sagen, mich daran zu erinnern, dass auch ich Bedürfnisse habe und nicht nur dafür da war, die Bedürfnisse der anderen zu stillen.

Einen ganzen Schritt weiter kam ich an dem Tag, als ich mich kurzerhand entschied zu meiner Mutter zu fahren um mit ihr zu sprechen. Ich hatte es schon länger im Kopf, doch der Plan zur Umsetzung fehlte mir – und auch der Mut, wie ich zugeben muss. Ich hatte große Angst, doch es waren so viele Dinge unausgesprochen die ich klären musste, die ich loswerden wollte um Frieden mit mir zu schließen. Ich musste meine Wut, die Trauer und die aufgestauten Emotionen loswerden.

Ich schrieb meiner Mutter und meiner Tante eine Nachricht, wollte wissen wann es passen würde, dass wir miteinander sprechen. Die Uhrzeit stand fest und ich fuhr los. Mein Kopf war so voll, drohte zu platzen. Ich hätte mir Notizen machen sollen für all das, was ich geplant hatte zu sagen. Meine Tante wollte ich unbedingt dabei haben, denn sie war immer meine Stütze und sollte genau mitbekommen was ich zu sagen hatte. Ich wollte nicht, dass das was ich sage, später anders ausgelegt werden konnte. Ich war nach wie vor misstrauisch. Als ich vor der Tür meiner Mutter stand zitterte ich am ganzen Körper. Mir wurde geöffnet, ich sagte kurz „Hallo" und ging schnurstracks ins Esszimmer. Was hatte ich für eine Wut im Bauch, alles kam in mir hoch. Nein, ich wollte keinen Kaffee, ich wollte gar nichts, außer endlich das sagen, was mir jahrelang auf der Brust lag. Ich ließ alles raus was mich seit meiner Kindheit belastet hat. Dass ich nie eine Mutter hatte, dass ich mich allein gefühlt habe, dass ich ohne Liebe aufgewachsen bin, dass ich sie immer vermisst habe, dass niemand für mich da war als ich in die Pubertät kam, dass ich niemanden hatte mit dem ich reden konnte, dass ich immer alles allein mit mir ausmachen musste. Dass es für mich die größte Lüge war, mir nie zu sagen, dass mein Stiefvater nicht mein Vater ist, dass mir zwischen Tür und Angel gesagt wurde, dass „irgend ein Italiener" mein Vater ist und und und. Ich redete und redete über alles was mich mein Leben lang belastet hatte. Am Ende saßen wir drei am Tisch und weinten. Meine Mutter kam auf mich zu, nahm mich das erste Mal in meinem 40jährigen Leben in den Arm und sagte mir dass sie mich lieb hat. Es war ein komisches Gefühl, ich wusste nicht damit umzugehen und blockte erst ab. Ich denke, erst an dem Tag ist meiner Tante, meiner Mutter und mir selbst klar geworden, wie schlecht es mir in Wirklichkeit die letzten Jahre ging. Ich war erstaunt, wie viel aus mir heraus gesprudelt kam, was alles unausgesprochen war, was ich all die Jahre immer und immer wieder geschluckt hatte. Wie sollten sie es aber auch gewusst haben?! Ich war ja nach außen hin immer die Starke und habe keine Schwäche gezeigt, habe immer vorausgesetzt, dass sie doch wissen müssten, dass es mir schlecht geht.

Irgend etwas tat sich auf dem Nachhause-Weg bei mir auf. In mir kamen die Gedanken hoch, dass ich einen Menschen, meine eigene Mutter, immer dafür „gehasst" habe was sie mir angetan hat. Vielleicht hatte sie aber in ihrer Kindheit auch einiges durchmachen müssen und vieles nicht verarbeitet, vielleicht hatte sie an mich weitergegeben was sie selbst erlebt hatte. Schließlich war mein „Arschloch-Opa" ihr Vater, mit dem sie vielleicht auch keine leichte Zeit in ihrer Kindheit hatte. Ich fühlte mich befreit, dass ich meinen Dampf abgelassen hatte und gleichzeitig brachte es mich zum Nachdenken, dass sie eventuell eine genau so bescheidene Kindheit hinter sich hatte wie ich. Vielleicht ist sie damals, als sie mich im Stich gelassen hatte, einfach nur geflüchtet vor dem was sie erlebt hatte. Eigentlich war meine Mutter mein ganzes Leben lang eine fremde Frau für mich, wir kannten uns beide gar nicht.

Wir haben zwar heute Kontakt zueinander, wenn auch nicht viel, doch gesprochen haben wir über ihre Kindheit oder ihr Leben in jungen Jahren nie. Sie weiß gut abzulenken von allen Themen, die ein wenig tiefer gehen als oberflächliches Gerede über Wetter und Arbeit. Es ist mir mittlerweile aber auch egal geworden, ich akzeptiere es so wie sie ist. Man kann sie eh nicht ändern, selbst wenn man es wollte. Ich habe verziehen, ihr dafür, dass sie damals nicht da war und mir dafür, dass ich jemanden verurteilt habe, dessen Geschichte ich gar nicht kenne. Jahrelang war mir mein Ego im Weg, welches ich mittlerweile gern zur Seite schiebe, um das Wesentliche in einem Menschen oder einer Situation zu sehen.

Meine Psychologin war mehr als stolz auf mich und lobte mich in höchsten Tönen. Sie selbst war erstaunt über meine großen und vor allem schnellen Fortschritte. Ich selbst merkte immer mehr und mehr dass ich unglaublich stark wurde. Zehn Monate Therapie zeigten ihre Wirkung!

Ein weiteres Thema während der Therapie war das Thema Fliegen. Ich hatte durch die Angst- und Panikstörung eine solch große Flugangst entwickelt, die es mir nicht möglich machte überhaupt daran zu denken in ein Flugzeug zu steigen. Schon allein der Weg zum Flughafen machte mir Angst. Die Gedanken daran, dass ich während der Autofahrt einen Herzinfarkt bekommen würde und kein Arzt in der Nähe wäre oder auch die Gedanken daran im Flugzeug zu sitzen und nicht flüchten zu können wenn eine Attacke kommt, machten mir Angst. Weiterhin machten mich meine Gedanken verrückt wenn ich daran dachte auf Sardinien zu sein, mich nicht verständigen zu können wenn ich in Not wäre. Ich dachte immer und immer an schlimme Dinge die mir passieren könnten, die guten Dinge sah ich nicht. Wir therapierten mich damit, alle möglichen Situationen durchzuspielen, den Weg zum Flughafen, die Zeit am Flughafen und im Flugzeug. Meine Therapeutin war echt spitze, wir schrieben zusätzlich noch alles auf Karteikarten, die ich mir während der Reise immer wieder durchlesen konnte. Ob ich das alles tatsächlich schaffen würde, würde ich erst dann erfahren wenn ich in der Situation bin, das war mir klar. Ich war guter Dinge und hütete alles Gelernte in meinem Kopf und die Zettel in meiner Handtasche, dass sie mir ja nicht abhanden kommen konnten.

Es war Oktober und unser jährlicher Urlaub stand an. Mir ging es vor Aufregung und Angst so schlecht, dass ich am liebsten alles abgesagt hätte. Die Angst vor der Angst war stärker als die Freude auf den bevorstehenden Urlaub. Ich wollte meine Familie unbedingt sehen, sicher, doch wusste ich nicht wie und ob ich das alles überstehen konnte. Der Weg zum Flughafen war eine Herausforderung, doch ich habe ihn ohne Panikattacke überstanden. Immer und immer wieder redete ich mit mir selbst und beruhigte mich damit, dass mir nichts passieren wird und im Fall der Fälle immer eine Notrufsäule auf der Autobahn zu finden wäre. Das Gleiche durchspielte ich am und im Flughafen und auch während des Fluges, ich sprach mir immer wieder gut zu, dass alles gut werden würde, es keine Probleme oder Zwischenfälle geben würde. Ich benötigte noch nicht einmal die Zettel die wir in mühevoller Arbeit geschrieben hatten, ich hatte es ohne die doch so wichtigen Zettel geschafft und war verdammt stolz auf mich.

Wir hatten wieder mal eine wundervolle Zeit auf Sardinien. Ich dachte kaum an meine Panik und Angst hatte ich auch so gut wie keine. Wir lernten über meinen Vater ein älteres Ehepaar kennen, bei dem sich herausstellte, dass der Mann mein Großonkel war. Hella und Marco wohnen auch in Deutschland, aufgrund ihres Rentenalters leben sie aber die Hälfte des Jahres auf der Insel – welch wunderschöner Gedanke... Wir verstanden uns auf Anhieb und hatten eine super schöne Zeit. Gemeinsam mit ihren Hunden trafen wir uns jeden Tag am Strand und genossen das fantastische Wetter.

*Hella, du bist ein toller Mensch! Wenn ich mal in Deinem Alter bin,
möchte ich gern genau so sein wie du - eine lebenslustige, liebevoll
chaotische und immer positiv gestimmte Frau! Schön dass es Dich in
meinem Leben gibt!*

In Campagna backten wir gemeinsam mit meiner Oma und Tante Brot und
Pizza und genossen jede Minute die wir miteinander hatten. Meine Oma
war in dem einen Jahr kein bisschen gealtert, noch immer war sie topfit
und arbeitete wie eine junge Frau in ihrem Garten, in dem das Gemüse
zum Anbeißen lecker aussah.

Aus welchem Grund auch immer, wir kamen auf das Thema Warzen zu
sprechen. Mein Mann und mein Sohn hatten beide jeweils eine am Finger
und eine am Fuß. Mein Vater rief meine Oma zu uns und sagte, wir sollten
ihr die Warzen zeigen. Warum, fragten wir uns. Meine Oma setzte sich zu
meinem Mann, fragte nach seinem Geburtsdatum. Sie betrachtete die
Warze und sprach ein paar Worte die wir nicht verstanden. Das gleiche
machte sie bei meinem Sohn, lächelte ihn an. Wir saßen am Tisch, wussten
nicht was das alles zu bedeuten hatte, bis mein Vater uns aufklärte. „Deine
Oma ist eine Frau, die Dinge weiß und kann, die niemand anderes weiß
und kann". Mit fragendem Blick wiederholte ich die Worte meines Vaters.
„Die was weiß und kann was niemand anders weiß und kann?" Mein Vater
schaute mich an, zuckte mit den Schultern, dann sagte er wir sollten
abwarten - die Warzen würden von allein wieder verschwinden, ohne
Medizin. Meine Oma hätte sie besprochen, das wäre ihre Art der Heilung,
er nannte sie liebevoll „Hexe". Mehr konnte er uns dazu nicht sagen, da er
selbst auch nicht wusste, was sie kann und tut. Es war in der Familie eine
große Tradition, dass nur die eigene jüngste weibliche Tochter in dieses
Geheimnis eingeweiht wurde. Also wusste nur meine Tante davon, die es

wiederum später an ihre Tochter weitergeben würde. Das klang spannend, ich hätte gern noch mehr darüber erfahren, doch leider konnte mein Vater nicht mehr dazu sagen und meine Oma hielt sich sehr bedeckt. Nachdem sie die Warzen besprochen hatte ging sie weiter ihrer Gartenarbeit nach, als wäre das Geschehene eben mal so nebenbei erledigt worden. Ich musste noch lange daran denken. Als ich sie das erste Mal sah fiel mir sofort das Magische an ihr auf, sofort spürte ich dass da etwas in der Luft lag. Hatte mich mein Empfinden also nicht getäuscht dass sie besonders war? Es war ein spannendes Thema für mich, ich hatte eine „Hexe" als Oma.

Leider gingen die Tage auf der Insel wieder viel zu schnell vorbei, wir mussten die Heimreise antreten. Wie im Jahr zuvor auch war es für mich die Hölle nach Hause fliegen zu müssen. Nach wie vor war mein Herz auf der Insel, der Abschied fiel mir mehr als schwer. Es blieb uns nur leider nichts anderes übrig, die Flüge waren gebucht und die Schulpflicht rief uns nach Deutschland zurück. Den Rückflug und ebenso die Rückfahrt vom Flughafen nach Hause überstand ich ebenfalls ohne Panikattacken, es war ein voller Erfolg in Sachen Therapie.

Wir waren schon vier Wochen zurück in Deutschland, als mir die Warze am Fuß meines Sohnes wieder einfiel. Ich dachte zwar an meine Oma, die „Hexe", doch an die Warzen an sich dachte ich ganz und gar nicht. Am Nachmittag schaute ich mir den Fuß meines Sohnes genau an und was soll ich sagen? Die Warze war verschwunden, es war nichts mehr davon zu sehen! Die Stelle war so, als wäre dort nie etwas gewesen. Ich konnte es nicht glauben, was hatten wir mit allen möglichen Warzen-Mitteln versucht dieses Ding weg zu bekommen!? Es war ein Wunder für mich. Bei meinem Mann dauerte es zwei Wochen länger, auch bei ihm war die Warze nach dieser Zeit verschwunden. Es war unglaublich!

Mich plagte weiterhin die Sehnsucht nach meiner Insel. Ich fiel ein Stückchen in Richtung Loch, doch konnte ich mich immer wieder ein wenig aufrappeln bevor die Depression mich komplett erwischte. Es war ein harter Kampf, nachdem ich aus der Sonne in das dunkle Deutschland zurückkehren musste. Schon allein das Klima auf der Insel machte mich glücklich, ich war einfach ein anderer Mensch wenn ich dort war.

Die Tage wurden kürzer, es war keine Sonne am Himmel zu sehen. Ein grauer Schleier legte sich auf meine Augen, ich war so unglücklich. Es war kalt und dunkel, ich wollte zurück auf meine Insel. Doch hatte ich mich weiterhin gut im Griff, war stark genug gegen die Depression anzukämpfen, bis das nächste „Problem" auf mich zukam. Mein eigenes Zuhause war es, das es mir nicht einfach machte, der Gewinner im Kampf „Depression gegen Rosa" zu sein. Mein Mann und ich stritten uns sehr oft. Er kam nicht damit zurecht, dass ich nicht mehr das „Mäuschen" war das alles in Kauf nahm. Ich hatte endlich gelernt zu meiner Meinung zu stehen und nicht mehr nach der Nase der anderen zu tanzen. Hatte ich keine Lust zu etwas oder war ich anderer Meinung, sprach ich entschieden das kurze aber wichtige Wort „Nein" aus. Gleichzeitig lernte ich ruhiger zu werden und das Wesentliche zu sehen. Auch gewisse Auszeiten nahm ich mir. Ich brauchte oft ein paar Minuten nur für mich allein, um kurz wieder aufzutanken oder auch einfach nur um fünf Minuten die Beine hochzulegen. Ich war seit meinem Zusammenbruch definitiv nicht mehr so belastbar.

Flippte ich früher aus, wenn die Kinder meiner Meinung nach zu laut tobten, setzte ich mich nun dazu und beobachtete sie dabei, wie sie voller Freude Quatsch machten. Wie schön es doch war, lachende und fröhliche Kinder zu sehen. Mein Mann steckte in den alten Mustern fest und regte sich tierisch darüber auf, dass sie zu laut wären und meckerte und meckerte bei allen möglichen Kleinigkeiten. Ich erschrak sehr vor seinem Verhalten, ich erkannte mit Verachtung für mich selbst, dass ich mich bis vor einem Jahr noch genau so schrecklich verhalten hatte. Niemals mehr wollte ich so sein, das hatte ich mir geschworen. Ich konnte nicht fassen in welchen Verhaltensmustern ich gelebt hatte, welche unwichtigen Dinge für mich vor meinem Zusammenbruch so verdammt wichtig waren. Immer und immer wieder gab es Diskussionen darüber was die Kindererziehung anging. Streit war an der Tagesordnung. Ich konnte es einfach nicht mehr akzeptieren dass er so mit den Kindern umging und hasste mich dafür, dass ich jahrelang genau so war. Wie schrecklich es war feststellen zu müssen, dass wir nie so sein wollten wie unsere Eltern und es doch so machten. Für mich war ein für allemal Schluss damit, ansehen zu müssen, dass die Kinder nicht Kinder sein durften, sondern funktionieren sollten.

Mir wurde oft gesagt, dass ich mich so sehr verändert hätte, ich wäre nicht mehr die Alte. Das traf mich sehr. Ich hatte mich verändert, sicher, so etwas geht nicht spurlos an einem Menschen vorbei. Dennoch war ich so verdammt stolz auf mich selbst, dass ich es geschafft hatte mich wieder aufzurappeln, wieder im Leben zu sein. Mein Mann konnte schlecht mit meiner Veränderung, mit meinem Erlernten aus der Therapie umgehen, was oft zu Streit führte. Oft bekam ich zu hören, dass das alles Quatsch sei was ich sage, er war so sehr gefangen in seinem „erlernten" Verhalten.

Ich hätte mich mehr darüber gefreut, hätte man mir gesagt, dass man stolz auf mich ist oder froh ist, dass ich noch da bin oder so was, anstatt mir vorzuwerfen dass ich mich verändert hätte. Das tat schon sehr weh.

Ich durfte so Vieles lernen in der Zeit der Therapie. Hatte ich früher immer nach Fehlern gesucht die ich machte oder andere gemacht haben, denke ich heute viel mehr darüber nach was Fehler überhaupt sind. Wir machen keine Fehler, vieles was wir als Fehler bezeichnen oder als Fehler bezeichnet haben, sind Dinge oder Situationen, von denen wir nicht wussten, dass wir sie hätten anders machen können. Wie sollten wir wissen dass man es auch anders machen kann, wenn es uns jahrelang so vorgelebt und eingeredet wurde, dass es nur so richtig ist wie andere es verlangen und tun?

Ich war gefangen in einer Denkweise, in Verhaltensmustern, die mir von Kindheit an so beigebracht wurden. Ich habe erkannt, dass die Dinge die man mir vorgelebt hat nicht zu MEINEM Leben passen, dass ich bis dahin ein fremdbestimmtes Leben geführt habe, welches mich fast in den Selbstmord getrieben hatte.

Die Therapie zeigte vieles auf, was ich aus meiner Kindheit mitgenommen und nicht verarbeitet hatte. Durch die Arbeit mit meiner Psychologin wurde mir klar, dass niemand in meinen Kopf gucken und ich voraussetzen kann, dass man mir meine Sorgen ansieht. Ich muss sprechen wenn mich etwas bedrückt, niemals darf ich etwas was mich bedrückt oder beschäftigt in mich hineinfressen.

Ich saß so viele Tage im Jahr in meinem Zuhause und weinte mir die Augen aus dem Kopf weil ich mich einsam fühlte, ich machte andere für meine Einsamkeit verantwortlich, weil sie sich nicht bei mir gemeldet haben. Hatte ich mich bei ihnen gemeldet? Nein. Haben sie davon gewusst dass es mir schlecht ging? Nein. Warum sollte dann jemand anderes Schuld an meinem Zustand sein?

Ich ärgerte mich darüber, dass alle meine Freundinnen ihr Leben leben konnten, während ich „gefesselt" zu Hause saß. Wir hatten keine Oma die immer abrufbereit war und sofort sprang, wenn man mal eben was erledigen wollte. Ich sah nur das Tolle, Schöne in den Familien meiner Freundinnen, den Zusammenhalt und die Freude, die die Familien untereinander hatten und weinte dem hinterher was ich NICHT hatte. Anstatt einfach nur verdammt stolz darauf zu sein, wie wir das alles alleine ohne Unterstützung geschafft haben, weinte ich dem was ich nicht hatte hinterher. Erst als ich akzeptiert und angenommen habe, dass die Umstände in meiner eigenen Familie andere sind. konnte ich loslassen und beginnen zu genießen was ich habe.

Ich hatte eine komplett negative Sichtweise in Bezug auf das Leben. Diese negativen Denkmuster habe ich nur mit Hilfe meiner Psychologin bearbeiten können, ebenso das Verarbeiten und Annehmen der Vergangenheit. Heute kann ich sagen, dass die meisten der vielen Worte, die ich auf meinen Regenschirm geschrieben habe, wieder bei mir sind und ich LEBEN kann. Ich habe gelernt, dass ich nicht negativ denken und Positives erwarten kann. Das Geheimnis ist in die Handlung zu kommen, neue Wege auszuprobieren, so hart es am Anfang auch ist. Nur so kann man es aus der Hölle schaffen, mit professioneller Hilfe und dem „sich wieder finden", eventuell auch neu (er)finden.

Nach eineinhalb Jahren war die Therapie beendet, mein Leben fast wieder im „Normalzustand", ohne wöchentliche Gesprächstermine. Ich war beinahe ein wenig traurig darüber, bin ich doch tatsächlich gern zu den Gesprächen gefahren, weil ich merkte wie ich immer stärker wurde.

Danke Frau Weber, für Ihre Hilfe mich aus dem Loch zu holen, damit ich ohne Angst und Panik und mit einem anderen Blickwinkel auf das Leben weitermachen konnte.

Die Therapie brachte mich zurück ins Leben. Ich konnte fröhlich sein, unter Leute gehen und auch das Feiern und Zusammensein mit Freunden konnte ich wieder genießen. Essen machte mir wieder Spaß, ich hatte kein Verlangen mehr nach Schokolade und Süßem. Mein Körper hatte sich daran gewöhnt ohne zu viel Zucker klarzukommen. Jeden Morgen nahm ich nach wie vor meine Wunderpille in homöopathischer Dosis. Mein Kopf sagte mir immer wieder, dass ich diese eigentlich nicht bräuchte, dass es an der Zeit war damit aufzuhören meinen Körper jeden Tag damit zu vergiften. Mein Plan stand fest, ich würde das Antidepressivum absetzen! Ich fühlte mich stark genug ohne chemische Hilfe durch das Leben zu gehen. Meiner Therapeutin und auch den Menschen in meinem Umfeld erzählte ich nichts von meinem Plan, sie würden es mir ausreden wollen, da war ich mir sicher. Nur wie sollte ich es am besten anstellen?

Mir wurde schon zu Beginn der Behandlung mit den Tabletten gesagt, dass man Antidepressiva nie abrupt absetzen sollte, denn der Körper würde die Lücke im Gehirn bemerken und sehr schnell mit heftigen Nebenwirkungen reagieren. Mit was für einem Teufelszeug vergiftete ich meinen Körper eigentlich seit mehr als einem Jahr? Ich zog es durch, das Gift sollte aus meinen Adern. An einem Tag nahm ich morgens meine Pille, am nächsten Tag wiederum nicht, meine Dosis belief sich über zwei Wochen auf 25mg an jedem zweitem Tag. Ja, ich merkte es tatsächlich. Nicht dass ich merkte, dass es mir psychisch wieder schlechter ging, nein, ich merkte es dadurch, dass mein Körper schmerzte. Ich hatte Muskelschmerzen, Kopfschmerzen wie Nadelstiche in meinem Gehirn, Benommenheits-Gefühle wie zu Beginn der Einnahme und fühlte mich beschissen!

Trotz der diversen Absetzsymptome zog ich es weiter durch. Nein, ich würde nicht wieder schwach werden und mir jeden Morgen diese Tablette einschmeißen. Ich wollte dieses Zeug einfach nicht mehr in meinem Körper. Irgend etwas in mir sträubte sich gegen jede Art von Einnahme irgendwelcher Pillen. War es der Kopf, war es der Bauch oder war es eine innere Stimme? Waren Engelchen und Teufelchen etwa wieder in meinem Leben? Auf meinen Schultern sah ich niemanden und doch war da etwas was mich lenkte. Irgend etwas teilte mir mit, dass ich auf dem richtigen Weg war, es weiter durchziehen sollte, auf keinen Fall mehr diese Tabletten nehmen sollte. Es vergingen drei harte Wochen in denen ich zu kämpfen hatte, doch nach diesen drei Wochen „Entzug" ging es mir sehr gut. Ich hatte keine Schmerzen mehr, war wie befreit von irgendwelchen Lasten, die mir meinen Körper und vor allem meine eigene Wahrnehmung vernebelt hatten. Ich nahm plötzlich Dinge ganz anders wahr, ich sah das Leben und spürte wieder Emotionen und Gefühle in mir.

Das Beste was mir passieren konnte war jedoch, dass ich im letzten Jahr erkennen durfte, dass nur ich selbst mich glücklich machen kann und niemand anderes! ICH bin für mich zuständig, niemand anderes! Und nur wenn ich mich selbst liebe kann ich auch andere lieben und meine Liebe an sie weitergeben – doch um das zu erkennen sollte noch ein weiteres Jahr vergehen...

Das häusliche „Problem" wollte kein Ende nehmen. Streit stand an der Tagesordnung. Immer und immer wieder standen wir vor Diskussionen und nochmals Diskussionen. Mir ging es von Tag zu Tag schlechter, ich fühlte mich der Hölle nah und befürchtete, dass der tägliche Streit mich schneller wieder in die Klapse bringt als ich mir vorstellen konnte. Mein Zuhause machte mich krank! Ich konnte nicht mehr damit umgehen, welche Einstellung mein Mann zum Leben hatte. Für mich war es wichtig, dass wir glückliche und vor allem friedliche Zeit miteinander verbringen, gemeinsame Unternehmungen machen, einfach glücklich sein können. Doch für ihn war es wichtig, dass er arbeiten geht, Geld verdient, am besten noch Überstunden macht, um dann am Abend völlig k.o. auf dem Sofa zu liegen, genervt zu sein von uns, seiner Familie. Ich fühlte mich mehr und mehr in den Keller getreten, jeden Tag eine Stufe tiefer - vom Verhalten meines Mannes, meiner restlichen Familie und Freunden dorthin getrieben. Sie waren alle weiterhin so in ihrem stressigen Alltag gefangen und lebten ihr Leben für „mein Geld, mein Haus, mein Auto" und und und. Die äußeren Einflüsse, die Verhaltensmuster, die ich zum Glück verlernt hatte, wurden mir Tag für Tag widergespiegelt, es machte mich krank. Ich weinte und weinte und flehte täglich darum, dass diese Streitereien in unserem Haus endlich aufhören sollten, ich hatte keine Kraft mehr zu diskutieren. Ich wollte leben und meine Zeit mit meinen Liebsten verbringen anstatt mich jeden Tag zu streiten. Mein Leben war mir einfach zu wertvoll, zu viel Zeit hatte ich damit verbracht mich klein zu machen, auf andere und ihre Meinung zu hören. Ich hatte gelernt zu mir zu stehen, wollte es mir auf keinen Fall mehr kaputtmachen lassen, koste es was es wolle. Ich war bereit mich von meinem Partner zu trennen, der mittlerweile mein Gegner war. Es war keine Freude mehr in unserem Haus. Hatten die Kinder in den letzten Jahren nicht genug gelitten? Hatten sie nicht genug mitbekommen durch die Krankheit ihrer Mutter? Hatte mein Mann nicht bei seiner eigenen Frau gesehen wie schnell es gehen kann - dass das Leben einen von jetzt auf gleich aus der Bahn werfen kann?

Ich bin heute sehr dankbar dafür, dass ich den Zusammenbruch im Januar 2017 hatte. Nur dadurch konnte ich lernen was es heißt zu leben. Wäre mir das alles nicht so passiert wie es passiert ist, würde ich mit Sicherheit heute noch, wie die meisten Menschen, blind durch das Leben laufen und das Wesentliche, das was wirklich zählt, nicht sehen.

Die Lage beruhigte sich erst, als ich meinem Mann tatsächlich „die Pistole auf die Brust" gesetzt hatte und ihm klipp und klar sagte, dass ich mich trennen würde wenn er nicht langsam die Bremse zieht. Ich sah MICH in ihm wenn er k.o. auf dem Sofa lag, mit den Kindern schimpfte oder oder oder. Durch sein Verhalten wurde ich immer wieder an mich selbst erinnert, an die schlimme Zeit, in der es mir so schlecht ging. All das, was ich in der Therapie gelernt hatte, das was ich mir vornahm anders zu machen, lebte er mir durch sein Verhalten vor. Das Widerspiegeln drückte mich immer weiter in die Knie. Niemals wollte ich, dass meine Kinder so aufwachsen wie es zu der Zeit in „unserem Traumhaus" war. Niemals wollte ich, dass sie mitbekommen dass ihre Eltern sich streiten. Seit die Kinder auf der Welt waren wollte ich nur, dass sie glücklich sind und behütet aufwachsen. Hatte ich mir doch vorgenommen alles anders zu machen als meine erwachsenen „Vorbilder", war ich genau so wie sie beziehungsweise verhielt ich mich genau so wie sie. Das musste aufhören, ich kämpfte dagegen an, dass es in meinem Zuhause so wird wie in meiner Kindheit. Das raubte mir so viel Kraft und Energie, dass ich aufgeben und mich trennen wollte - weil mein Partner mich einfach nicht verstand und in seiner Welt lebte. Ich wollte ihm helfen, fühlte mich manches Mal schon selbst wie eine Psychologin. Ich sagte ihm, dass er kurz davor stand auch einen Zusammenbruch zu bekommen. Er sah nicht mehr in welchem Stresslevel er sich befand. Ich sah mich in ihm und wollte ihm unbedingt ersparen, dass er das gleiche durchmachen muss wie ich. Ich wollte nicht, dass er durch die Hölle geht in der ich zuvor war. Durch das was ich gelernt hatte, hoffte ich ihn davor beschützen zu können. Ich wusste natürlich, dass auch er keine einfache Kindheit gehabt hatte und das war noch ein Punkt mehr zu versuchen ihn auf den richtigen Weg zu bringen - mit der Vergangenheit abzuschließen. Ich tat es aus Liebe - ihn entscheiden zu lassen ob er mit uns weiter leben möchte oder aber weiterhin in der Vergangenheit leben will ohne uns drei. Ich stellte ihn vor die Wahl weiterhin in alten Mustern zu leben, oder mit mir und den Kindern gemeinsam einen neuen Weg einzuschlagen der uns glücklich macht.

Es war ein sehr schwieriger Weg, mit Höhen und Tiefen, ja ich stand kurz davor mich zu trennen. Und ich sage es immer und immer wieder: Ich lasse mich durch niemanden mehr kleinmachen. Ich habe gelernt, dass nur ich allein mich glücklich machen kann und niemand anderes, niemals mehr werde ich mich aufgeben. Ich benötige keinerlei Streit und Diskussionen mehr. Negative Energien entziehen mir meine Kraft - ich lasse es nicht mehr zu, dass mir jemand meinen Frieden nimmt. Ich möchte und werde ein glückliches Leben führen und jeden Moment genießen. Manchmal muss man sich von dem trennen was man doch liebt, um selbst glücklich zu sein - so hart es auch klingt.

Drei Monate vergingen, ich fühlte mich gut. Der Haussegen hing nicht schief, es kehrte etwas Ruhe in unserem Traumhaus ein. Die Sonne schien, es war ein schöner Sommer – meine Jahreszeit. Ich hatte inzwischen einen neuen Arbeitsplatz in einem Lebensmittelmarkt, wo ich an der Kasse saß oder die bestellte Ware in die Regale räumte, ab und an war ich auch für den Postschalter zuständig. Zehn Stunden in der Woche reichten mir vollkommen aus, ich wollte und durfte mich nicht gleich wieder überfordern. Im Hinterkopf hatte ich das Erlernte aus der Therapie.

Ich arbeite nach wie vor in diesem Lebensmittelmarkt auf Minijob- Basis, ich arbeite 10 Stunden in der Woche und bin definitiv kein Spitzenverdiener. Viele Menschen in meinem Umfeld reden ständig davon, dass ich unbedingt mehr arbeiten muss, ich solle unbedingt an meine Rente denken. Ich würde später nur einen Minimalbetrag an Rente bekommen wenn ich so weitermache wie jetzt. Aber weißt du was? Ich höre gar nicht darauf, mir ist es egal wenn alle anderen jetzt schon an die Rente denken und sich abrackern für eventuell nichts. Ich lebe JETZT und nicht in 30 Jahren, ich weiß doch überhaupt nicht wie lange ich lebe und was das Leben noch mit mir vor hat. Ich kann noch so viele Stunden arbeiten wenn die Kinder älter und vielleicht auch aus dem Haus sind. Meine Zeit ist JETZT und JETZT ist es für mich genau richtig so wie ich es mache. Ich überfordere mich nicht, komme dadurch nicht wieder in einen Stress-Strudel der mich immer weiter in die Tiefe zieht. Wie nennt man das so schön? Work-Life-Balance - Arbeit und Leben in Balance.

Was mir nach wie vor schwer in meinem Herzen lag war die Sehnsucht nach meiner Insel. Es verging kein Tag, an dem ich nicht daran dachte einfach meine Koffer zu packen und zu gehen. Auf meine Insel, auf meinen Berg, auf dem mir so etwas unsagbar Schönes passiert war, was ich nicht richtig erklären kann. Es war Magie die mich 2014 traf - mitten ins Herz. Jeden Tag musste ich daran denken, was mir diese Insel gegeben hatte und fragte mich was sie mir zeigen wollte, doch begreifen oder verstehen konnte ich es nicht. Was war es, was mir an diesem besagten Tag auf dem Berg begegnet war? Ich sah keinen Menschen der mich umarmte, ich war allein dort und doch war da etwas, das mich in sich hüllte und mir ein Gefühl von Geborgenheit gab. Dieses Erlebnis verfolgte mich seit mittlerweile drei Jahren. Ich hatte diesen Moment nie vergessen, doch nie nahm ich mir die Zeit es noch näher an mich heran kommen zu lassen.

Seit 2014 geht es für uns jedes Jahr einmal auf die Insel. Für mich ist es die wichtigste Zeit des ganzen Jahres. In den zehn Tagen versuche ich so viel wie möglich in mir aufzusaugen, die Düfte und Gerüche, die Mentalität, einfach alles vom Zauber dieser wunderschönen Insel. Und natürlich wird jede Minute mit meiner Familie genossen, die ich leider viel zu selten sehen kann.
Viele können es nicht verstehen wenn ich sage, dass diese kurze Zeit einfach viel zu wenig für mich ist. Ich bin dort zuhause, nicht hier wo mein Haus steht, sondern da, wo ich mein Herz gelassen habe.
Heimat ist kein Ort – Heimat ist ein Gefühl !
Menschen, die nicht solch eine Geschichte haben wie ich, freuen sich das ganze Jahr darauf in den Urlaub zu fahren um ein paar Tage vom Alltag ausspannen zu können. Sie sind nach spätestens 14 Tagen aber auch froh endlich wieder zuhause zu sein, in ihrer vertrauten Umgebung. Oft höre ich „Zuhause ist es einfach am schönsten". Ja genau das ist es, zuhause ist

es tatsächlich am schönsten!

Für mich ist es nur genau anders herum:
Von 365 Tagen im Jahr kann ich nur 10 Tage ZUHAUSE sein, denn hier
wo ich lebe bin ich nicht zuhause. Meine Heimat ist auf meiner Insel, am
Meer, dort wo ich 2014 zum ersten Mal war, wo ich 2014 spüren konnte
dass ich dort hingehöre. Immer wenn ich im Flieger sitze, wir auf der Insel
landen, durchströmt mich ein unglaubliches Gefühl von Glück. Jedes Mal
steigen mir Freudentränen in die Augen, wenn ich den ersten Fuß auf den
Boden der Insel setze. Und jedes Mal, wenn ich in den Flieger steigen
muss um an meinen Wohnort zurück zu kehren, bricht es mir das Herz.

Ich habe eine klitzekleine Möglichkeit gefunden mit dem Schmerz und der
Sehnsucht besser umzugehen. Ich denke jeden Tag an meine Insel, wirklich
jeden einzelnen Tag meines Lebens. Es kommen in ruhigen Minuten und
sehr oft wenn ich allein bin Tränen über meine Wangen gelaufen. Doch
versuche ich, mich mit dem Herzen und meinen Gedanken mit meiner
Heimat zu verbinden, an die schönen Momente zu denken, die mir ein
Lächeln ins Gesicht zaubern.
Es ist nicht immer leicht an einem Ort zu sein, der mir kein Gefühl gibt
zuhause zu sein. Doch ich vertraue darauf, dass es mir sehr bald möglich
sein wird, mehrmals, anstatt nur ein einziges Mal im Jahr, in meiner
Heimat sein zu können. Sei es nur für ein paar Tage, in denen ich Kraft
schöpfen kann bis hin zu meinem nächsten Besuch.

Mehr und mehr dachte ich darüber nach was seit 2014 mit mir passiert war. Ich hinterfragte mein komplettes Leben und kam immer mehr dahinter, dass es einen triftigen Grund hatte, dass ich diesen Zusammenbruch hatte. Mein Körper schrie, doch hatte ich es nie gehört. weil ich zu beschäftigt war mit Oberflächlichkeiten, dem oberflächlichen Leben, in dem es nur darum geht mit dem Strom zu schwimmen. Es so weiter zu führen, wie es uns, als wir noch Kinder waren, beigebracht wurde. Ich war immer der Meinung, ich müsste alles genau so weitergeben wie ich es vorgelebt bekommen habe. Mein Haus, mein Auto, mein Geld, mein Verdienst, mein Garten und so weiter. Immer ging es nur um das Materielle. Abrackern für die laufenden Kosten des Monats für Haus, Versicherungen, Lebensmittel etc. Abends fix und fertig auf dem Sofa liegen weil der Tag so anstrengend war. Im Zeitalter des Handys immer erreichbar sein, selbst für den Chef, um ja gut da zu stehen. Die Kinder in eine Schiene stecken, dass sie ja gut in der Schule sein müssen, wo anhand von Zahlen auf dem „Giftzettel" ihr Wissen und ihre Persönlichkeit erklärt wird. War das das Leben? Nein, ich spürte, dass ich nicht MEIN Leben führte, sondern das Leben derer, die unsere Gesellschaft bedeuten. Ich wollte so nicht weitermachen, spürte, dass ich aus der Masse aussteigen wollte und musste, um nicht drauf zu gehen.

Es war ein harter Kampf gegen mein Umfeld den ich drohte zu verlieren. Die Gesellschaft machte mich krank. Ich eckte sehr oft mit meinem Mann an, wir stritten unentwegt über banale Dinge. Ich konnte es nicht mehr hören. Seine Einstellung zum Leben war die gleiche wie die der anderen. Arbeit, Arbeit, Arbeit und nochmal Arbeit. Bei Unterhaltungen mit Freunden und Bekannten konnte ich innerlich nur noch mit dem Kopf schütteln, sie waren alle so in ihrem Wahn festgefahren, so wie ich es bis vor kurzem ja selbst noch war.

Irgend etwas setzte mir gesundheitlich sehr zu. Von einem Tag auf den anderen war meine Gesundheit zerstört. Ich wachte morgens auf - wir hatten am Abend vorher mit Freunden in unserem Wintergarten gefeiert - und ich fühlte mich so elend wie nie zuvor. Herzrasen, Schwindel, Übelkeit, Angstattacken, Durchfall - das komplette Programm, ich konnte nicht aufstehen da mein Kreislauf verrückt spielte. Die Todesangst war wieder da. Ich hatte tatsächlich Angst ich müsse sterben. Dachte ich doch, dass ich die schlimmste Zeit endlich hinter mir hatte. Aber jeden Tag hatte ich diese Beschwerden obwohl ich mich „normal" ernährte, nichts anders machte als die Monate davor. Ich verstand die Welt nicht mehr. Egal was ich aß, ich hatte Symptome die sich gewaschen hatten. Alkohol wurde zum Feind. Trank ich auch nur ein Glas Sekt, bekam ich die Quittung dafür spätestens am Tag danach. Mir fiel es mehr und mehr schwer mich auf den Beinen zu halten, meine Kraft verließ mich. Ich wurde immer dünner, die Kilos purzelten. Mein Körper streikte, irgend etwas stimmte nicht. In einem Jahr verlor ich 14kg, meine Klamotten hingen an mir wie Säcke. Ich hatte zwar nichts gegen die verlorenen Kilos, ich war bei einer Körpergröße von 162cm mit 76kg übergewichtig, nach diesem einen Jahr wog ich 63kg, doch meine Lebensqualität war gleich null. Lieber hätte ich mehr gewogen, wenn ich gewusst hätte dass es mir dabei besser geht. Ernährt habe ich mich nur noch von Kartoffeln, Reis und Gemüse, alles andere verursachte diese höllischen Schmerzen und Angstzustände.

Meine neue Hausärztin war typisch „Weißkittel", sie schob alles auf den Stress – den ich ja gar nicht hatte! Ich kam gut zurecht, weder die Arbeit noch mein Alltag stressten mich. Ich lag in der Praxis meiner Ärztin auf der Liege, sie tastete meinen Bauch ab, der aufgebläht war wie ein Luftballon. Sobald sie ihn berührte wollte ich vor Schmerzen in die Luft gehen. Laut ihrer Aussage hatte ich Verstopfung und verschrieb mir

Tabletten, damit ich mal wieder richtig auf die Toilette konnte. Hatte sie mir mal wieder nicht zugehört? Ich hatte ihr doch gerade erzählt, dass ich ständig mit Durchfall zu tun habe. Für mich stand fest, dass ich mir die Arztbesuche in Zukunft sparen konnte, denn es kam wie damals schon nichts bei raus. Da in üblichen Praxen der Schulmediziner eh immer nur Tabletten gegen die Symptome verschrieben werden anstatt nach der Ursache zu suchen, machte ein weiterer Arztbesuch für mich keinen Sinn mehr. Zu sehr war ich gegen Chemie in meinem Körper, mein Denken hatte sich in jeglicher Hinsicht geändert.

Was haben die Menschen früher gemacht bevor die Pharmaindustrie wie Pilze aus dem Boden schoss? Sie waren gesünder und ernährten sich von anderen Dingen als diesen wie wir es heute tun. Durch meine Kartoffel-Reis-Gemüse-Ernährung ging es mir zwar besser, die Schmerzen waren weniger, doch es musste ja einen Grund geben, warum es auf einmal so war, dass ich nicht mehr „normal" essen konnte. Aus Verzweiflung, aber auch aus Überzeugung, vereinbarte ich einen Termin bei einem Heilpraktiker. Ich legte ganz viel Hoffnung in diesen Termin, es war mir egal dass ich pro Stunde 80,-€ zahlen musste.

Der Besuch hatte sich gelohnt. Endlich hatte ich jemanden gefunden der mich ernst nahm, mir zuhörte und am Ende der zwei Stunden auch eine Ursache gefunden hatte. Durch die etlichen Antibiotika, das Antidepressivum und auch die Magentabletten hatte ich meinen Magen-Darm-Trakt komplett zerstört, so dass mein Körper die Nährstoffe nicht mehr aufnehmen konnte und heftig reagierte, sobald ich etwas aß was der Darm nicht verarbeiten konnte. Dadurch wurde mein ganzer Körper „vergiftet" und zeigte diese Symptome. Das alles klang sehr plausibel für mich, wenn ich überlegte, was ich in den letzten fünf Jahren an

Medikamenten eingenommen hatte... Die pflanzlichen Medikamente die er mir verschrieb halfen sehr gut. Sie waren zwar teuer, aber das war es mir wert. Es dauerte seine Zeit bis die Wirkung eintrat, doch nach ein paar Wochen spürte ich eine Besserung. Mir ging es besser, die Schmerzen waren so gut wie verschwunden, doch essen konnte ich noch immer nicht wie zuvor.

Im letzten Jahr auf der Insel konnte ich während der Zeit dort ALLES essen. Ich achtete zwar darauf, dass es keinen Milchzucker enthält und auch sonst im großen und ganzen gesund ist, doch ich gönnte mir auch mal ein paar Lebensmittel die ich in Deutschland ganz und gar nicht vertragen hatte. Auch Alkohol war kein Problem. Selbst nach drei Gläsern Wein und einer ganzen Pizza hatte ich am nächsten Morgen keine Probleme mit irgendwelchen Nachwirkungen.

Wenn ich bedenke, dass ich das gleiche hier in Deutschland esse und danach mindestens zwei Tage damit zu tun habe, dass die Schmerzen und die Panikattacken-ähnlichen Symptome wieder verschwinden, muss es noch einen anderen Grund dafür geben, außer das mein Magen-Darm-Trakt in Mitleidenschaft gezogen wurde. Ist es doch die Psyche? Wieso war es von einem Tag auf den anderen so, dass mein Körper nur noch so wenige Lebensmittel verträgt? Wie bekomme ich es hin, dass ich wieder mit Lust und Genuss essen kann ohne dass es mir schlecht geht? Ich bin noch nicht ganz am Ende meiner Suche, doch komme ich dem schon sehr sehr nah...

Seit der Zeit ernährte ich mich viel bewusster, mein Körper zwang mich förmlich dazu. Ich aß viel Salat und Gemüse, dafür weniger Fleisch und Milchprodukte. Ich trank nur noch stilles Wasser, keine Cola und vor allem keinen Alkohol. Dadurch fühlte ich mich fitter, auch mein Kopf und mein Geist wurden freier, ich wurde gelassener und merkte immer mehr, wie mein Körper sich von Giften befreite und für Neues öffnete.

Früher, „damals" vor den Kindern, habe ich sehr viel gelesen, was mir durch meine Psychologin erst wieder in den Kopf gerufen wurde und ich total vergessen hatte. Ich hatte mir fest vorgenommen das Lesen wieder als mein Hobby in mein Leben zu rufen, nur hatte ich keine Ahnung welches Buch für mich in Frage kommen könnte. Krimis mochte ich nie, Liebesromane waren mir zu schnulzig, obwohl ich solche früher gern gelesen hatte und mit Fantasy und Horror konnte ich rein gar nichts anfangen. Wie es der Zufall wollte - *wobei ich ja heute weiß dass es keine Zufälle gibt -* hörte ich von einem Buch, welches anscheinend genau richtig für mich war. Das Buch handelte von einem Mann der „nichts anbrennen" ließ, exzessiv gefeiert hat und durch das Leben geschlittert und gerannt ist bis hin zu dem Tag, als ihm eine „höhere Macht" begegnete. Das Cover und der Klappentext weckten meine Neugierde, es war mir eine Pflicht und großer Wille genau dieses Buch zu lesen. Irgendetwas zog mich an.

Nicht ich habe das Buch gefunden - das Buch hat mich gefunden !

Innerhalb kürzester Zeit hatte ich dieses Buch verschlungen, ich konnte es einfach nicht aus der Hand legen. Zu sehr war ich gefesselt von den Worten die er schrieb. An vielen Stellen erkannte ich mich wieder, ebenso an der Stelle, wo er von der „höheren Macht" sprach. Es erinnerte mich an meine Berg-Begegnung, von der ich bis dahin nicht wusste WAS mich so sehr berührt hatte. War es wirklich eine „höhere Macht" und was war damit gemeint?

Dieses Buch veränderte mein Leben in der Hinsicht, dass ich mich noch tiefer in die Materie der „höheren Macht" einlesen wollte. Nie hatte ich mich mit solchen Themen wie dem Universum oder Engeln beschäftigt. Ich habe schon immer daran geglaubt, dass es etwas zwischen Himmel und Erde gibt, doch nie habe ich dieses Thema weiter an mich heran kommen lassen oder geschweige denn mich damit auseinander gesetzt. Ich war nie religiös, konnte mich nie mit meiner Konfession identifizieren, war auch nie ein Kirchgänger - außer als Kind weil wir dazu gezwungen wurden - für die Leute im Dorf - gesehen und gesehen werden. Doch schon immer war ich davon überzeugt, dass es „etwas anderes" gibt.

Warum auf einmal war mir das alles so wichtig? Warum wollte ich plötzlich so viel über ein Thema wissen, vor dem ich früher so viel Angst hatte? Tod und Sterben waren seit dem Tod meines Opas Themen, denen ich immer wieder aus dem Weg ging, da ich zu viel Angst davor hatte. Ich spürte etwas in mir brodeln was mich immer weiter in eine bestimmte Richtung führte. Es war nur noch etwas undurchsichtig, ich konnte den Weg noch nicht sehen, bog immer mal wieder an der falschen Stelle ab.

Hatte ich früher immer Angst vor dem Alleinsein, begann für mich eine Zeit, in der ich anfing die Stille zu genießen. Oft dachte ich über die Achtsamkeits-Übungen nach und versuchte mich daran zu halten auch weiterhin achtsam mit mir umzugehen, mich mehr um mich zu kümmern. Ich saß auf dem Sofa und schaute meine Wohnungseinrichtung an. Mir war bis dahin gar nicht aufgefallen, dass ich ja einige kleine Buddhas und Engel im Haus stehen hatte. Mir war nicht bewusst dass es doch so einige waren. Wenn mir eine Figur gefiel kaufte ich sie mir, einfach weil ich sie toll fand, einen bestimmten Bezug dazu hatte ich nicht. Ich genoss es tatsächlich mit mir allein zu sein, in mich hinein zu hören. Auch konnte ich mir ein Buch nehmen und mich ganz darauf konzentrieren. Oder ich nahm mein Handy um mir neue gesunde Rezepte zu suchen, die ich gern ausprobierte. Ich fühlte mich leicht und frei, genoss den morgendlichen Spaziergang mit dem Hund. Mir fiel auf, dass ich nicht mehr durch die Feldflur hastete, sondern jeden Stein und jede Blume wahrnahm. Manchmal setzte ich mich auch einfach nur auf eine Bank und schaute in die Ferne.

Ich fing tatsächlich an das Wesentliche zu sehen, schaute mir den Morgenhimmel ganz genau an, die vielen Wolken die vorbeizogen. Früher habe ich mit meiner Cousine immer Wolkenraten gespielt, wir hatten eine so blühende Phantasie. Jede Wolke hatte eine bestimmte Form, wir überlegten beide was sie darstellen konnte. Meist waren es Tiere die wir anhand der Formationen am Himmel erkannten. Dieses Spiel spielte ich mit mir allein und merkte, wie ich mir selbst ein Lächeln ins Gesicht zauberte, allein durch die Gedanken daran, dass ich früher mit meiner Cousine auf dem Rasen lag und wir in den Himmel schauten. Es war nicht alles schlecht früher, nur hatte ich jahrelang das Schöne vergessen. Die Sonne ging am Horizont auf - wie sie das Licht in den Tag brachte und den Tau auf den Feldern zum Glänzen brachte war ein tolles Naturschauspiel.

Käfer und Ameisen transportierten mit ihren kleinen Körpern irgendwelche Dinge, die doppelt so groß waren wie sie. Es faszinierte mich sehr wie viel Kraft in so einem kleinen Tier steckte. Beim Beobachten dieser Szene dachte ich daran, dass nicht nur in einem Tier sondern auch in jedem einzelnen Menschen eine ungeheure Kraft steckt. Nur wissen es die meisten von uns wahrscheinlich gar nicht. Viele von uns trauen sich einfach zu wenig zu und laufen „benebelt" durch das Leben. Immer mehr betrachtete ich das Leben auf eine andere Art und Weise.

Es hängt tatsächlich alles davon ab wie wir die Welt betrachten.

Ich fand vierblättrige Kleeblätter die ich nicht gesucht habe, ich sah sie einfach. Wie oft habe ich früher gehofft ein Kleeblatt zu finden und war enttäuscht wenn ich wieder mal kein Glück hatte - und jetzt plötzlich, ganz ohne Anstrengung, sah ich sie. Auch das war ein Zeichen für mich. Ich begann mich mit dem Gedanken anzufreunden, dass ich das Glück nicht suchen muss. Das Glück kommt ganz von allein auf mich zu wenn ich mich dafür öffne. Wenn ich anfange bewusster zu sehen. Es ist im ganzen Leben so wie mit den Kleeblättern. Wenn ich etwas suche werde ich es nicht finden. Erst wenn ich loslasse kommt das Glück von ganz allein.

Bei vielen die sich einen neuen Job suchen, geht es darum viel Geld zu verdienen. Dafür ist ihnen vieles egal. Sie sehen nicht, dass sie für diesen Job täglich etliche Kilometer fahren müssen, sie sehen nicht die Überstunden die sie machen um gut da zu stehen, sie sehen nicht die Zeit, die sie investieren für den Job. Sie sehen die Abrechnung am Ende eines Monats, das ist das was sie „glücklich" macht. Sie sehen nicht den Job, der vielleicht nur ein paar wenige Kilometer entfernt ist, sie sehen nicht dass sie weniger Fahrtzeit hätten, nach Feierabend eher zuhause wären. Sie sehen nicht, dass sie in diesem Job eventuell weniger oder gar keine Überstunden machen müssten. Sie sehen einfach nicht, dass sie das Glück vor der Tür haben, denn bei diesem Jobangebot direkt um die Ecke gibt es ein niedrigeres Gehalt. Sie sehen nur das große Geld, ohne auf andere Punkte zu schauen, die ihnen vieles einfacher machen könnten im Leben.

Ein anderes Beispiel ist das Wohnen. Viele wollen einen „Palast", bauen riesige Häuser auf riesigen Grundstücken. Sie wollen am liebsten den Nachbarn übertrumpfen, um zu zeigen was sie sich alles leisten können. Sie leben nach dem Motto „höher,schneller, weiter, besser". Dass der Nachbar aber vielleicht in seinen kleinen vier Wänden viel zufriedener leben kann, weil er nicht so viele Kosten hat um seinen kleinen „Palast" bei der Bank abzuzahlen und auch weniger Zeit aufbringen muss mit Pflege des Gartens und des Haushaltes, das sieht der andere nicht. Viele sind so in diesem Wahn des Mitlaufens und des „ich muss zeigen was ich habe" gefangen, dass sie vergessen wer sie wirklich sind. Ich vermute, dass viele Menschen in ihren prunkvollen Gärten sitzen, sich ihren Tausende von Euros tollen Pool ansehen, diesen aber nicht benutzen. Es ist bei vielen so, dass sie sich Dinge kaufen oder bauen die sie nicht benutzen, weil es a) sehr teuer war und b) immer sauber sein muss.

Weiter geht es bei der Wohnungseinrichtung. Ich kenne so viele Menschen, die sich einen wer weiß wie teuren Fußboden in die Wohnung legen und diesen nur ganz sanft betreten weil er Kratzer bekommen könnte. Weiterhin gibt es in meinem Umfeld Menschen, die in ihrem Keller eine Zweitküche haben. Nur in dieser „alten" Zweitküche, die dreitausend Euro gekostet hat wird gekocht, weil die neuntausend Euro teure Küche im Erdgeschoss nicht dreckig werden soll. Wofür haben sie diese Küche dann? Ich verstehe das einfach nicht. Man hat doch seine vier Wände um dort zu LEBEN, man hat sie doch nicht um sie als Anschauungsobjekt für andere zu nutzen.

Viele sind so in ihrem Streben nach Aufstieg, besser sein, Karriere und anderem verstrickt, dass sie gar keine Zeit haben sich mit Dingen wie Käfern oder Kleeblättern zu beschäftigen. Sie leben im „Großen" und übersehen dass ihnen das Glück eigentlich vor der Tür steht, sie die Tür aber leider nicht öffnen.

An wie vielen Kleeblättern ich wohl schon vorbei gelaufen bin obwohl sie da waren? Ich weiß es nicht, doch ich weiß, dass ich sie erst gefunden habe nachdem ich anfing mich selbst zu betrachten, mich selbst so zu lieben wie ich bin und zu schauen wie es in mir aussieht.

Es gab Tage, da saß ich einfach nur auf meinem Sofa, alles war still um mich herum. Außer dem Ticken der Uhr und vorbeifahrenden Autos war nichts zu hören. Ich dachte darüber nach wo wir Menschen herkommen, dass es einfach nicht sein kann, dass man ohne einen Grund auf dieser Welt ist. Na klar, das mit den Bienchen und Blümchen hatte ich gelernt und wusste auch genau wie das alles funktioniert. Doch ich wollte mehr wissen, mir reichte das Oberflächliche nicht mehr aus. Ich hatte erkannt, dass mich mein Körper außer Gefecht gesetzt hatte weil ich nicht auf ihn gehört hatte. Mein Körper zeigte mir durch das krank werden, dass ich auf der falschen Fährte war. Woher kamen auf einmal diese Unverträglichkeiten? Warum konnte ich von einem Tag auf den anderen nicht mehr so essen wie ich es wollte? Warum kamen solche Gedanken in meinen Kopf, bei denen ich darüber nachdachte wer ich bin und wo ich herkomme? Es musste doch irgend etwas geben was mich darauf hingewiesen hatte. Je mehr ich in mich hineinschaute umso mehr bemerkte ich, dass da etwas ganz Kleines in mir aufflackerte. Nur was war es ?

Bei der Arbeit und im Freundeskreis kamen viele Menschen auf mich zu und erzählten mir von ihren Problemen, sie baten mich oft um einen Rat. Ich konnte mich schon immer in andere Menschen hinein versetzen, wusste schon immer wie und was sie fühlen, bin jedoch immer davon ausgegangen, dass das normal sei und dass jeder so fühlt. Dem war anscheinend nicht so, denn sie waren sehr erstaunt, wenn ich ihnen genau sagen konnte was sie fühlen und denken, bevor sie selbst es mir sagten.

Ein einschneidendes Erlebnis war, als ich eines Tages zur Arbeit kam und meine Kollegin mich fragte, ob ich etwas von unserer anderen Kollegin gehört hätte, sie hätte sich ganz plötzlich krank gemeldet mit den Worten sie wäre für längere Zeit krank geschrieben. Ich erschrak, denn ich hatte mich die ganze letzte Woche schon gewundert, dass sie mich nicht angerufen hatte. Eigentlich telefonierten wir jeden zweiten Tag miteinander, einfach nur mal so für ein paar Minuten, um zu wissen dass alles in Ordnung war. Wir trafen uns auch ab und an privat auf einen Kaffee um zu klönen, auch sie hatte mir Dinge anvertraut die niemand von ihr wusste. Ich wusste sofort, dass da etwas nicht stimmen konnte und sagte meiner Kollegin, dass ich nicht arbeiten könnte bevor ich nicht wüsste was da los ist. Eigentlich sollte ich sie ablösen damit sie in ihren wohlverdienten Feierabend gehen konnte, doch sie bot sich an so lange am Postschalter zu bleiben bis ich telefoniert hatte. Ich ging durch den Laden in unsere Raucher – Ecke und wählte ihre Nummer. Es tutete und tutete, doch sie ging nicht ran. Nachdem ich es dreimal versucht hatte gab ich auf und machte mich auf den Weg zu meinem Arbeitsplatz. In dem Moment piepte mein Handy, zeigte an, dass ich eine Nachricht bekommen hatte. Ich schaute auf mein Display und sofort stiegen mir Tränen in die Augen. Sie schrieb: „ Habe schlechte Nachrichten bekommen. Ich habe Brustkrebs". Das konnte nicht wahr sein, das musste eine Lüge sein. Ich war fix und fertig. Sie war doch gerade mal zwei Jahre älter als ich. Noch vor vier Wochen war alles okay, wir frühstückten an meinem Geburtstag zusammen, da war von dem Krebs noch keine Rede. Ich musste mich erst einmal sammeln bevor ich an die Arbeit ging und konnte es nicht fassen was ich gerade gelesen hatte. Wie schnell es doch gehen konnte dass sich das ganze Leben umkrempelt. Von einem Moment auf den anderen ist nichts mehr wie es war. Ich weiß nicht wie ich meine Arbeitszeit überstanden habe, doch irgendwie gelang es mir.

Ihr geht es zum Glück wieder gut, sie ist „über den Berg" wie man sagt. Auch sie hat seitdem eine andere Einstellung zum Leben. Sie geht alles ruhiger an, lässt den Stress nicht mehr an sich heran kommen, schwamm sie doch vor einem Jahr noch genau so im Strom wie die meisten Menschen. Muss man erst krank werden um zu verstehen worum es geht? Muss der Körper erst solch schlimme Dinge durchmachen müssen, dass man begreift was wirklich zählt?

Es war mittlerweile April, die Monate vergingen wie im Flug. Morgens kam ich zurück vom Spaziergang mit dem Hund, es war schön zu sehen und auch zu fühlen, dass der Frühling langsam im Anmarsch war. Ich wollte gerade unser Gartentor öffnen, als mir eine kleine weiße Feder vor die Füße fiel. Es war weit und breit kein Vogel zu sehen. Ich wunderte mich kurz darüber, gab dem Ganzen keine weitere Bedeutung und vergaß die Situation auch schnell wieder.

Mein Umfeld schwamm nach wie vor weiterhin mit dem Strom, ich versuchte alles Negative von mir fern zu halten, denn ich merkte schnell, wie Negatives mir Kraft aus dem Körper zog. Immer wenn ich einen Streit oder eine Diskussion geführt hatte war ich danach am Ende meiner Kräfte, als hätte mein Gegenüber mir all seine negative Energie übertragen und alles Positive aus mir herausgesaugt. Mein Gegenüber war befreit, ich hatte die Negativität in mir aufgenommen und als Last zu tragen. Es war ein Grund mehr, nur noch Positives an mich heran zu lassen, nicht mehr zu diskutieren über banale und für mich sinnlose Dinge. Es gab so viel Schönes auf dieser Welt zu entdecken, ich wollte keine Zeit mehr verschwenden. Immerhin war ich schon über vierzig und hatte in meinem Leben so vieles verpasst. Ich war einfach nur froh wenn ich die Zeit hatte um zu lesen oder nichts zu tun. Seitdem ich einige Gänge runtergeschraubt hatte klappte alles so viel besser. Ich war ausgeglichener und machte mich nicht mehr wegen jedem Staubkorn oder anderer Kleinigkeiten verrückt. Meine Arbeit machte mir Spaß, ich war mittlerweile von der Kasse an den Postschalter „versetzt" worden. Es war meine Aufgabe, Pakete und Briefe anzunehmen, die in die ganze Welt verschickt werden sollten. Ich bereitete den Versand vor und frankierte dementsprechend. Mir machte der Job großen Spaß, der Kontakt zu Menschen war mir bei der Berufswahl schon immer wichtig gewesen.

Eine Dame, ich schätze sie zwischen sechzig und fünfundsechzig Jahre, mit blonden kurzen gelockten Haaren, kam regelmäßig zu mir an den Schalter um Briefe zu versenden. Sie war sehr nett und freundlich, wir freuten uns jedes Mal wenn wir uns sahen und hielten einen kleinen Plausch. Sie erzählte mir, dass in den Briefen kleine selbstgefertigte Engel seien, die sie an Bekannte schickt und zeigte mir ein solches Exemplar an ihrer Kette. Bevor sie mir ihre Briefe reichte, führte sie ihr Ritual aus - ihre Hände noch einmal auf jeden einzelnen Brief zu legen um ihn mit „Energie zu versorgen", wie sie sagte. Ich dachte mir nichts weiter dabei. Warum auch immer sie diese „Energieversorgung" für die Briefe brauchte, ich belächelte das Ganze, jeder hat schließlich seine Macken...

Ein Morgen im April war ein ganz besonderer. Ich hatte gerade den Postschalter geöffnet, als sie als erste Kundin des Tages mit ihren Briefen vor mir stand. Mit einem Lächeln verfolgte ich ihr Ritual, der Versorgung durch Energie. Nach dem Bezahlen des Portos fragte sie mich ob sie mir kurz ihre Hand reichen dürfte. Warum nicht, dachte ich. Ich ging davon aus, dass sie sich mit einem Handschlag von mir verabschieden wollte und reichte ihr meine Hand, als es passierte. In dem Moment, in dem sich unsere Hände berührten, fühlte ich ein Kribbeln und eine wohlige Wärme in mir aufsteigen. Vor Schreck wollte ich meine Hand zurückziehen, doch etwas hielt uns aneinander fest. Es war unglaublich. Ich schaute auf unsere Hände, anschließend zu ihr auf in ihr Gesicht. Ihre Augen waren geschlossen, ihre Augenlider zuckten. Ich war völlig perplex, wusste nicht was gerade passiert. Langsam löste sie ihre Hand aus meiner, schaute mich an und sagte: „Ja, da ist sehr viel Potenzial, man muss es nur fördern". Ich schluckte, sofort kam mir mein Berg-Moment in den Kopf. Mit fragendem Blick schaute ich sie an. Leider standen schon die nächsten Kunden am Schalter und warteten darauf ihre Briefe und Pakete abgeben zu können, so dass wir keine Zeit hatten weiter darüber zu sprechen. Sie fasste an ihre Kette, nahm den Engel ab, der mit einem Haken daran befestigt war und gab ihn mir als Geschenk für mich. „Gefüllt mit Energie", flüsterte sie noch leise. Sie verabschiedete sich mit einem Lächeln von mir und ging. Ich stand mit dem Engel in der Hand und dieser Aussage hinter meinem Schalter, ohne zu wissen was sie damit gemeint hatte. Nach Feierabend, ich war auf dem Weg nach Hause, betrachtete ich meinen mit Energie gefüllten Engel und dachte über das Geschehene nach. Ich hoffte sie bald wieder-zusehen, um fragen zu können was sie damit meinte. Ihre Worte gingen mir nicht mehr aus dem Kopf.

Was nur meinte sie mit Energien? Was hatte Energie mit mir und meinem Leben zu tun? Ich machte mich auf die Suche nach einem entsprechenden Buch und wurde fündig. Gespannt las ich auch dieses in kürzester Zeit durch und begriff so einiges, was mich immer weiter zu mir selbst führte. Ich begriff, dass wirklich alles einen Grund hatte, dass jede Begegnung, jede Krankheit, jeder Erfolg und auch Misserfolg einen guten Grund hatte. Es war so faszinierend. Immer und immer weiter öffnete sich mein Horizont. Sollte ich durch die Bücher und die Begegnung mit der Frau auf einen Weg gebracht werden? Wenn ja auf welchen? Es waren viele Fragen die für mich unbeantwortet blieben, bis zu dem Tag, als sie wieder mit ihren Briefen vor mir stand. Wir hatten nicht viel Zeit, denn der nächste Kunde machte sich auf den Weg zu mir an den Schalter. Sie erzählte mir, dass sie mit Engeln „arbeitet", dass sie eine spezielle Gabe habe und weiß, dass auch ich sie habe. Ich müsste es nur zulassen, dann würde ich sehr schnell verstehen was sie meint. Anschließend schrieb sie mir ihre Telefonnummer auf, ich könne sie jederzeit kontaktieren wenn ich Fragen hätte. Und schon war sie auf dem Weg zum Ausgang. Wie spannend undurchsichtig das war. Ich merkte ja selbst schon seit einigen Monaten, dass irgend etwas mit mir passierte, doch diese Begegnung setzte dem ganzen noch die Krone auf.

Ich lebte mittlerweile in zwei Welten. Auf der einen Seite war ich ein Mensch der seinem ganz normalen Tagesablauf nachging, auf der anderen Seite war ich fasziniert von der „anderen" Welt. Sobald es die Zeit zuließ, verschlang ich Bücher und nutzte das Internet zur Beantwortung meiner vielen offenen Fragen. Ich las Bücher über Engel, über das Universum, über Menschen die dem Tod geweiht waren, über Heilung, Buddhismus und und und. Bücher mit denen ich mich niemals auseinander gesetzt hätte, hätte ich nicht diese schrecklichen Jahre hinter mir. Ich kam immer mehr zu der Erkenntnis, dass es in mir etwas gab, dass mich auf mich aufmerksam machen wollte - meine SEELE. In jedem Buch welches ich bisher gelesen hatte, war es die Seele um die es sich handelte. Das kleine aufflackernde „Ding" in mir, welches die ganzen Jahre geschrien hatte, was ich immer und immer wieder einfach schreien ließ, ohne auch nur ein ganz kleines bisschen auf es zu hören. Ich kannte solche Sprüche wie „Wenn die Seele schreit leidet der Körper" und ähnliches. Doch war es für mich totaler Humbug - bis ich mich mehr und mehr damit auseinander setzte. Ich fand eine Verbindung zu meiner Kindheit, den Unverträglichkeiten, der Depression, meinem Körper, dem Schrei meiner Seele und wusste, dass alles einen Zusammenhang hatte. Hatte ich diese Unverträglichkeiten entwickelt weil meine Seele schrie? Wollte sie jetzt mit aller Macht beachtet werden? Es war ja tatsächlich so, dass erst nachdem ich 14 kg abgenommen hatte und mich anders ernährte, mir „unerklärliche" Dinge passierten.

Meinen Freunden erzählte ich nichts von meinem Zweitleben. Ich wusste sie würden mich für verrückt halten und sagen, ich würde wieder kurz vor der Psychiatrie-Einweisung stehen. Mit meinem Mann konnte ich auch nicht darüber sprechen, für ihn war das alles totaler Quatsch. So behielt ich alles für mich und fand es eigentlich ganz schön ein „persönliches Geheimnis" zu haben.

An einem Dienstag Morgen, ich hatte einen freien Tag, saß ich in meinem Sessel und dachte vor mich hin. Ich holte mir den Zettel mit der Telefonnummer der „Engel"-Frau, speicherte diese in meinem Handy und schrieb ihr eine Nachricht. Ich wollte einfach mehr wissen was das Thema „man muss es nur fördern" anging. Sehr schnell bekam ich eine Antwort, sie fragte mich ob ich Zeit hätte. Da ich an diesem Vormittag nichts weiter zu erledigen hatte, gab ich ihr die Rückmeldung, dass ich bis 12:00 Uhr offen für alles wäre. So schrieb sie, sie wolle einen Test mit mir machen. Ich sollte mich entspannt hinsetzen, die Augen schließen und darauf achten ob ich etwas spüren kann. Sie würde sich mit mir durch Energien verbinden?! Was dann passierte war wieder einmal unfassbar, da ich bis dato noch nicht so ganz glauben konnte, dass in dem von ihr Gesagten viel Wahres stecken sollte. Ich spürte sie bei mir, ich spürte diese Energie. Als sie mir Dinge über mich erzählte, von denen sie definitiv nichts wissen konnte, war mir klar dass sie keinen Humbug erzählte. Von dem Moment an vertraute ich ihr und war davon überzeugt dass es keinen „Hokus Pokus" gibt. Unser „Gespräch" dauerte eine ganze Weile und wurde abgeschlossen mit den Worten „Ich sehe bei dir spezielle Energien, du hast Gaben die du unbedingt weiter ausleben solltest". Ich war baff, hatte vorher noch nie von diesen Dingen gehört die sie mir schrieb. Ich wusste gar nicht, dass es solche Energien oder Menschen mit solchen Energien oder Gaben gibt.

Ich musste weiter recherchieren, was meinte sie nur mit Energien und was war es, das ich da so intensiv spürte? Was haben Energien mit Menschen zu tun? Seele, Engel, Energie, Gabe, Tod, Depression, höhere Macht, all diese Worte versuchte ich in irgendeine Reihe zu legen, damit das Puzzle zusammengefügt werden konnte. In einem sehr interessanten Buch stieß ich auch noch auf die Wörter Schwingung und Quantenphysik, was das Ganze nicht einfacher machte und doch so unglaublich stimmig für mich war.

Es passierten plötzlich so viele kleine Dinge die ich früher nie beachtet hätte, die an mir vorbei gingen, weil ich nur mit anderen „wichtigen" Dingen beschäftigt war. Ich erinnerte mich zum Beispiel an die Feder die vor mir auf dem Boden landete, oder aber, dass ich seitdem ich mich mehr der „anderen" Welt öffnete, immer wieder Cent Stücke auf dem Parkplatz fand, an einem Tag waren es sogar 1,50€ die vor meinen Füßen lagen. Ich saß im Garten und die Vögel näherten sich mir bis auf einen halben Meter, hockten vor mir und schauten mich an als ob sie mir etwas mitteilen wollten. Ich entdeckte eine Einkerbung im Stamm einer Pflanze unseres Gartens, die aussah wie ein Auge, welches direkt auf mich schaute wenn ich in unserer Sitzecke saß. All solche kleinen Dinge waren mir früher nicht aufgefallen weil ich nie in die Natur schaute. Oder waren sie da und ich hatte sie nicht gesehen weil ich nur mit gesenktem Kopf und in Hektik und Eile durch das Leben lief?

An einem schönen Nachmittag war ich mit meiner Freundin verabredet, wir wollten ein wenig die Sonne genießen und ohne Kinder einfach mal ein bisschen quatschen, von Frau zu Frau halt. Da das Wetter so schön war, fuhren wir mit dem Auto ein paar Kilometer in Richtung Wald. Wir schlenderten unter Bäumen auf den Waldwegen und kamen an einem großen Fischteich an, zu dem wir auch oft gemeinsam mit den Kindern gehen. An diesem Nachmittag war es ganz still im Wald, man hörte nur das leise Rascheln der Blätter und unsere Stimmen wenn wir miteinander sprachen. Als wir für eine Weile einfach nur auf der Bank saßen ohne uns zu unterhalten, tauchte aus dem Nichts ein Eisvogel auf, der sich über das Wasser gleiten ließ. Ich hatte noch nie vorher einen Eisvogel gesehen, es war unglaublich. Durch das Spiegeln des Wassers mit der Sonne leuchtete er in solch wundervollen Farben, es war ein fantastisches Erlebnis. So oft wie wir schon an diesem Ort waren und noch nie hatte ich diesen Eisvogel gesehen. Ich denke er hat sich nur gezeigt weil alles so still war, mit Kindern ist es deutlich lauter. Oder wollte er mir etwas mitteilen?

Als ich zuhause war nahm ich mein Handy und holte mir Informationen über den Eisvogel. Ich war wirklich fasziniert von seinem Anblick, wollte mehr über dieses Tier erfahren. Ich stieß auf eine Seite, auf der Tiere als Krafttiere bezeichnet werden und Begegnungen mit ihnen eine Bedeutung haben. Wie sollte es anders sein? Es passte ganz genau auf meine Lebenssituation. Die Begegnung mit einem Eisvogel bedeutet, dass man negative Energien von sich abperlen lassen soll, genau das, was ich seit kurzer Zeit tat. Zudem kündigt der Eisvogel eine Wende im Leben an. Genau das passierte in der Zeit. Mein Wandel, meine Transformation, hatte genau zu dieser Zeit begonnen. Es war die Zeit, in der ich anfing darüber nachzudenken was die „höhere Macht" betrifft.

Meine Kinder sind absolute Marvel-Fans. Sie schauen für ihr Leben gern Filme dieser Reihe. Es geht um Personen die sich in diverse Charaktere (Iron- Man, Thor, Dr. Strange etc.) verwandeln können, um im Universum gegen das Böse zu kämpfen. Ich fand solche Filme immer grässlich, habe, schon bevor sie einen Film davon einschalteten, den Raum verlassen. Ich wollte mir solch einen - für mich persönlichen - Schwachsinn nicht antun. Seitdem ich mich mit dem Universum beschäftigt und belesen hatte, war ich nicht mehr abgeneigt einen solchen Film mit anzuschauen. Und was soll ich sagen? Es ging in diesen Filmen tatsächlich darum, dass man aufgrund der Quantenphysik und der Schwingungen einiges im Universum und auf der Erde bewirken kann.

Waren es die Filme, deren Handlung man sich nur „ausdachte" oder wollte der Regisseur die Menschen darauf aufmerksam machen über das Universum nachzudenken? Ich war verblüfft und absolut begeistert was in diesen Filmen geschah. Es war so tiefsinnig - und ich dachte immer, diese Filme wären absolut aus der Phantasie gegriffen.

Die kleinen Erlebnisse wie die Feder oder auch das Finden von Geldmünzen hatten alle eine Bedeutung. Dadurch, dass ich so vieles gelesen hatte und ein Tor zu mir und der „anderen" Welt geöffnet hatte, wurden mir die Zusammenhänge immer klarer. Ein Erlebnis brachte mich letztendlich zum kompletten Umdenken. Seit diesem „Zufall" wusste ich, dass alles was ich mir wünsche auch wahr werden kann und alles im Leben von einer höheren Macht bestimmt wird.

Wir saßen Anfang des Jahres 2019 gemütlich mit Freunden zusammen, sprachen über Naturgewalten und allem was zu der Zeit auf der Erde passierte. *Zu dem Zeitpunkt glaubte ich an alles, nur nicht daran dass es eine höhere Macht gibt. Ich war zu dem Zeitpunkt über dieses Thema noch völlig unbelesen und in keinster Weise hatte ich vorher eins der Erlebnisse von denen ich bereits geschrieben habe.* Es war die Zeit der vielen Überschwemmungen in Deutschland, wir waren bisher glücklicherweise verschont geblieben in unserem kleinen Örtchen. Wir sprachen über die Bilder die man im TV sah, die riesigen Wassermassen etc. Ich sagte ohne darüber nachzu-denken in die Runde, dass ich gern mal ein Unwetter bei uns erleben würde, dass das sicher spannend wäre. Ich wünschte mir „ein Unwetter mitzuerleben - aber nur so eins, bei dem wir und unser Haus von Schäden verschont bleiben". Das waren exakt meine Worte an diesem Abend. Ich erzählte von den Bildern in meinem Kopf - ich sah mich am Fenster stehen, die Wassermassen den Berg herunter rasen, alles war überflutet, wir in unserem Haus blieben verschont und trugen keine Schäden davon.

Im August diesen Jahres saßen Sohnemann und ich im Auto, wir waren auf dem Rückweg vom Kieferorthopäden. Wir hatten noch zwei Kilometer vor uns bis wir zuhause waren. Ich bog um die Kurve, um den Rest der geraden Strecke zu unserem Ort zu fahren, den man normalerweise von dort aus schon sehen konnte. An diesem Tag war alles anders. Über unserem Dorf war es stockfinstere Nacht, obwohl es gerade einmal 15:00 Uhr war. Je näher wir unserem Zuhause kamen um so stärker wurde der Regen. Es war angsteinflößend. Riesige Hagelkörner fielen vom Himmel, ich musste kurzzeitig das Auto stoppen, da die Scheibenwischer nicht gegen den starken Regen und Hagel ankamen. Um zu unserem Haus zu kommen mussten wir einen großen Umweg fahren, da Büsche und Bäume auf den Straßen lagen. Wassermassen schossen aus den Gulli - Deckeln, der ganze Ort war überschwemmt von einer braunen Brühe, die von den Feldern in den Ort geschwemmt wurde. Feuerwehren waren im Einsatz, die Helfer hatten alle Hände voll zu tun. Als wir das Auto in der Garage geparkt hatten lief ich zum Fenster. Was soll ich sagen? Es waren exakt die Bilder die ich vor Augen hatte als wir ungefähr ein halbes Jahr vorher mit Freunden darüber gesprochen hatten. Ich war sprachlos. Es war nur unser Ort betroffen. Nicht einmal der Nebenort, der gerade mal 2km entfernt war, hatte überhaupt einen einzigen Tropfen Regen abbekommen. Direkt über unserer kleinen Ortschaft tobte eine halbe Stunde lang ein Unwetter das sehr viele Schäden hinterließ.

Von dem Tag an war mir klar, dass man wirklich vorsichtig sein sollte mit dem, was man sich oder auch anderen wünscht. Es könnte passieren dass es wahr wird, mit positiven wie negativen Auswirkungen. Es war eine erschreckende Erkenntnis, die mich noch weiter bestätigte, dass Gedanken eine große Macht haben und das Universum eine große Rolle im Leben spielt.

Ein weiteres Erlebnis welches mich weiterhin darin bestätigte, dass ich anders fühle und denke, hatte ich im September des gleichen Jahres.

Es war ein angenehmer Tag. Das Wetter war schön, ich saß im Garten, blätterte in einer Zeitschrift. Meine Gedanken schweiften gelassen von einem zum anderen. Mir kam der Opa meiner Cousine in den Kopf, einfach so. Weder mit meiner Cousine noch mit jemand anderem hatte ich über diesen Menschen gesprochen. Warum auch? Ich hatte keinen Kontakt zu ihm, das letzte Mal gesehen hatte ich ihn vor ungefähr elf Jahren. Ich fragte mich wie es ihm wohl gehen würde. Er tauchte plötzlich in meinem Kopf auf, nur für einen kurzen Augenblick, bis meine Gedanken weiter schweiften und das Thema Opa auch schnell vergessen war.
Einige Stunden später schrieb meine Cousine mir, dass ihr Opa verstorben ist. Ich dachte ich lese nicht richtig, hatte Gänsehaut am ganzen Körper. Das musste ich erst einmal verdauen. Wie konnte es sein, dass ich genau an diesem Tag an diesen Menschen gedacht habe? Hatte er sich in dem Moment von der Welt verabschiedet und habe ich solch feine Antennen dass ich es spüren konnte? Ich war mir absolut sicher. Wieso sollte mir sonst an einem ganz normalen Tag dieser Mensch in meinen Gedanken erscheinen? Es musste eine Verbindung zwischen mir und dem Universum, der „höheren Macht" geben.

Im Oktober waren wir, wie jedes Jahr, wieder auf meiner Insel. Bei Ankunft am Flughafen hatte ich einen solchen Durst. Mein Kreislauf fiel so sehr in den Keller, dass mir schon ganz neblig im Kopf wurde. Es war weit und breit kein funktionierender Getränkeautomat zu finden, alle waren außer Betrieb. Selbst an der Station der Autovermietung gab es nirgendwo etwas zu trinken. Wir holten den Schlüssel für unseren Leihwagen ab, wollten schnellstmöglich zur nächsten Tankstelle fahren, die noch ungefähr fünfzehn Minuten entfernt war. Gerade als wir dabei waren unsere Koffer ins Auto zu wuchten, rief mir eine weibliche Stimme zu: „Sprechen Sie Deutsch?" „Ja", antwortete ich. „Bringen Sie den Leihwagen gerade zurück oder sind Sie gerade gelandet und holen den Leihwagen ab?" Ich sagte ihr, dass wir gerade erst gelandet sind und zehn Tage Urlaub vor uns haben. Es war nicht zu glauben was sie mir dann sagte: „Meine Freundin und ich müssen unseren Leihwagen gleich zurückgeben. Wir haben noch zwei Wasserflaschen, die wir nicht mit in den Flieger nehmen dürfen. Möchten Sie die Flaschen haben? Wir können keine zwei Liter in einer Stunde trinken und ich möchte es ungern wegschütten". Mir war klar, dass da eine höhere Macht am Werk war die uns zusammengeführt hatte. Ich schaute in den Himmel und lächelte, ich wusste einfach, dass da jemand bei mir war, der mich davor beschützte vor lauter Dehydrierung umzufallen. Wir bekamen sogar noch eine Packung Spaghetti und Soße von den beiden Damen geschenkt, es war eine wundervolle Begegnung. Mein Kreislauf erholte sich schnell, wir konnten den Urlaub ganz in Ruhe starten, ohne in Hektik und Eile zur nächsten Tankstelle zu fahren. Es gibt sie, die Engel!

Ich brauchte keine weiteren Erlebnisse die mir bestätigten, dass ich Emotionen und Dinge spüren und fühlen kann die andere nicht wahrnehmen und vor allem, dass es Dinge im Leben gibt, die auf menschlicher Ebene nicht zu verstehen sind. All das, was in den letzten Jahren passiert war, SOLLTE passieren, ich sollte durch Angst und Schmerz auf MEINEN Weg geleitet werden, der seit der Zeit eine große Kurve eingeschlagen hat und immer weiter geradeaus geht.

Während meines Aufenthaltes in der Psychiatrie durfte ich so viele verschiedene Persönlichkeiten kennenlernen, die mir zeigten wie unterschiedlich die Menschen sind. Was mir aber durch die Zeit am meisten in Erinnerung geblieben ist, ist, dass diese Menschen alle die gleiche Erfahrung gemacht hatten. Nämlich die, dass außerhalb der Mauern der Klinik alles zu schnelllebig ist, wir „Insassen" nicht mit dem Druck klargekommen sind. Wir alle konnten dem Druck der Gesellschaft nicht mehr standhalten und wurden „verrückt". Die beste Therapie während der Zeit in der Klinik waren meine „Mitgefangenen". Es tat so gut sich mit ihnen auszutauschen. Man brauchte nicht viele Worte um verstanden zu werden. Man saß zusammen in einem Boot. Ich möchte die Zeit in der Psychiatrie nicht mehr missen, denn sie war die erste Station meines Weges. Die Psychiatrie hat mich auf meinen Weg gebracht.

Durch meine eineinhalbjährige Verhaltens-Therapie arbeitete ich gemeinsam mit der Psychologin darauf hin wieder voll und ganz im Leben zu stehen. Ob ich wollte oder nicht, ich MUSSTE mich mit mir selbst konfrontieren, was anfangs sehr sehr schwer war. Ich stand noch völlig in der Opferrolle und schob alles was mir passiert war auf meine Mitmenschen. Alle anderen waren Schuld daran, dass es mir schlecht ging, nur ich selbst nicht. Alle Probleme waren durch andere ausgelöst, nur nicht durch mich selbst. Die Menschen die mich „erzogen" haben waren Schuld daran, dass ich eine weniger schöne Kindheit hatte. Das stimmt in einer gewissen Art und Weise schon, doch hatte ich nie daran gedacht, dass sie selbst vielleicht eine ebenso weniger schöne Kindheit hatten, es selbst nicht besser machen KONNTEN weil sie es nicht besser WUSSTEN. Ich erkannte, dass ich vieles bei der Erziehung meiner eigenen Kinder exakt so weiter machte wie es meine „Eltern" bei meiner Erziehung taten, obwohl ich mir immer vorgenommen hatte alles besser zu machen.

„Erziehung" ist ein Wort welches ich seit langem aus meinem Wortschatz gestrichen habe. Es hat etwas von „an jemandem ziehen" um ihn größer zu kriegen als er ist. Wir dürfen nicht vergessen, dass jedes Wesen bei seiner Geburt mit einer leeren Festplatte auf die Welt kommt welche von uns, als ihre Wegbegleiter, bespielt wird. Ein Kind wird geboren und hat nicht automatisch Angst vor etwas, wie zum Beispiel einer Spinne. Der Erwachsene lebt es vor, das Kind speichert es in einem Ordner seiner Festplatte ab und hat von dem Tag an Angst vor diesen Tieren. So funktioniert das, nicht anders!

Meine Festplatte war voll mit Ordnern, die allesamt mit negativen Erfahrungen gefüllt waren. Wegen dieser Erfahrungen sah ich mich als schlechten Menschen, jemanden, der nicht gut genug war und es verdient hatte immer und immer wieder Negatives zu erleben. Bei positiven Erlebnissen gab es ein Platzproblem auf der Festplatte, zu voll war diese mit Negativität. Dass ich die Möglichkeit hatte Negatives zu löschen um Platz für Positives zu schaffen - ich wäre ohne Therapie niemals darauf gekommen, ich hätte es nicht allein gekonnt.

Wird einem Menschen keine Liebe gegeben, wird er sich niemals selbst lieben können und somit auch keine Liebe weitergeben können, dachte ich. Wird einem Menschen immer und immer wieder gesagt, dass er etwas nicht gut macht, wird er nie selbstbewusst durch das Leben gehen können. Er wird immer von sich denken er wäre ein schlechter Mensch, auch das dachte ich.

Es tut mir noch heute mehr als leid, dass ich meinem Sohn in der vierten Klasse, da war er gerade neun Jahre jung, angekreidet habe, dass er in Mathematik mit einer schlechten Note nach Hause kam. Ich selbst war so getrimmt worden, dass eine Note die Persönlichkeit ausmacht und somit habe ich es an ihn weitergegeben. Tausende Male habe ich mich dafür bei ihm entschuldigt, doch vergessen hat er es bis heute nicht.

Es beginnt schon beim Schulsystem. „Funktioniert" ein Kind nicht der Norm entsprechend gilt es als verhaltensauffällig. Sobald das Kind nicht brav am Tisch sitzen kann, etwas nicht so schnell versteht wie die Klassenkameraden oder aber auch viel schneller etwas versteht und sich langweilt, sobald es nicht im Strom der Gesellschaft mitschwimmt, ist es „falsch", nicht „richtig". Von erwachsenen Personen wird empfohlen das Kind einem Psychologen vorzustellen, der anhand von Tests diagnostiziert, dass das Kind tatsächlich anders ist als die „normalen" Kinder. Ist nicht jeder so wie er ist einzigartig und perfekt? Schon von einem kleinen Menschen ohne jegliche Lebenserfahrung wird verlangt dass er sich anpasst. Der kleine Mensch soll in der Spur laufen, perfekt sein. Sollte das System nicht langsam umdenken und jedem Kind mit all seinen Schwächen und Stärken zeigen, dass es genau so wie es ist RICHTIG ist? Kinder sind unsere Zukunft, man sollte ihnen viel öfter zuhören. Sie zeigen uns eine Welt, die wir vor lauter Mitschwimmen, Perfektion und Anpassung an die Gesellschaft längst vergessen haben.
Denk also immer an die Festplatte wenn dein Kind dir etwas sagen oder zeigen will, wenn es Dinge hinterfragt. Sehr oft und sogar meistens haben diese kleinen Menschen so viel Weisheit in sich – weil sie noch nicht falsch bespielt worden sind.

Ja, ich habe nicht alles richtig gemacht, auch ich war eine Perfektionistin, die nach außen hin alles der Norm entsprechend haben wollte, egal in welchem Bezug. Sei es bei der Kindererziehung, im Job oder wo auch immer. Auch ich habe meinem Umfeld falsche Glaubenssätze vermittelt - weil ich es nicht anders WUSSTE. Täglich arbeite ich daran die falsch bespielten Festplatten neu zu bespielen, „Fehler" wieder gutzumachen, dadurch, dass ich all meine Liebe gebe. Mehr braucht es dafür nicht. Es ist nie zu spät damit anzufangen.

Die Therapie war in dem Sinne hilfreich, dass ich anderen und auch mir vergeben und meine Kindheitserlebnisse verarbeiten konnte. Ich hatte begriffen, dass andere Menschen es vielleicht nicht besser wussten und vielleicht auch einfach nur versucht haben ihr Bestes zu geben. Ich wusste nicht ob sie etwas Schlimmes erlebt hatten was sie von Kindesbeinen an geprägt hatte, ob sie sich bei meiner Erziehung schon die größte Mühe und ihr Bestes gegeben hatten. Ich habe einfach nur geurteilt, befand mich mein Leben lang in der Opferrolle. Mein Ego war voller Angst, Wut und Hass.

Sicher gibt es auch bei mir Tage, an denen mein Ego anklopft, doch trete ich diesem nervigen Etwas schnellstmöglich in den Hintern und lasse mich nicht weiter davon leiten.

Sicher gibt es auch Tage, an denen es mir weniger gut geht, an denen ich sehr nachdenklich bin. Doch ich weiß, dass auch wieder andere Tage kommen. Tage, an denen ich fröhlich bin und ich mich gut fühle .

Sicher gibt es auch Tage an denen es stressig ist, an denen auch ich nicht weiß wo mir der Kopf steht. Doch durch die Erfahrungen die ich machen durfte, weiß ich besser damit umzugehen und lasse mich nicht in den Sog ziehen.

Dass ich mich selbst nie als gut genug gesehen hatte und im Perfektionismus gefangen lebte, auch dieses war auf meine Erziehung zurückzuführen. Wobei wir wieder bei der Festplatte sind die falsch bespielt wurde.

Ein weiterer wichtiger Punkt, den ich während meiner Therapie gelernt habe, war der Punkt der Selbstreflexion. Die Schuld bei anderen zu suchen ist einfach, man kann von sich selbst ablenken. Die meisten Menschen haben Angst davor sich mit sich selbst zu konfrontieren. Denn dann kommen die Dinge hoch die so sehr schmerzen, die sie nicht verarbeitet haben. Wenn man dann aber anfängt sich mit sich selbst zu beschäftigen und sich selbst einmal genauer betrachtet, wird man in ganz kleinen Schritten feststellen, dass man gut ist so wie man ist und aus der Masse aussteigen kann. Es gibt kein falsch oder richtig im Leben, einzig allein in der Schule oder bei Prüfungen geht es darum, Aufgaben richtig oder falsch zu beantworten.

Durch die kleinen Schritte konnte ich in den eineinhalb Jahren einen großen Teil meines „schlechten" Lebens sehr gut verarbeiten, annehmen und auch verstehen. Es geht darum seine Gedanken und Grundmuster umzulenken, die einen in die Hölle bringen - wenn man sie immer weiter arbeiten lässt ohne dagegen anzusteuern.

Ob mir die Antidepressiva wirklich halfen? Ich weiß es nicht. Sie waren vielleicht eine minimale Hilfe, doch sind sie definitiv keine Wunderwaffe gegen das Karussell im Kopf. Ich habe es bei meinen Mitpatienten in der Klinik erlebt - das Karussell wurde „stillgelegt", doch sie hatten weiterhin mit ihrer Geschichte zu leben. Wenn man dann noch berücksichtigt, dass jedes Medikament zwar eine Wirkung, jedoch auch eine bis etliche Nebenwirkungen hat, sollte man genau über ein Für und Wider nachdenken. Ich bin weder Arzt noch Therapeut, ich kann nur meine eigene Erfahrung darüber weitergeben.

Jeder muss für sich selbst entscheiden wie er am besten zurechtkommt und damit umgeht. Ich finde es erschreckend, dass so viele Menschen jeden Tag ihre Tabletten schlucken als seien es Bonbons. Es werden Medikamente verschrieben für alles und gegen alles. Nur warum kann nicht erst einmal die Ursache für das jeweilige Problem gefunden werden? Sicher gibt es Krankheiten die dringend und zwingend mit Medikamenten behandelt werden müssen, keine Frage.

Ich kenne einige Personen in meinem Alter, die Tabletten gegen Bluthochdruck einnehmen, vom Arzt verschrieben, obwohl sie auch ohne Tabletten normale Blutdruckwerte hätten, würden sie „einfach" nur ein paar Kilos abnehmen. Sie würden sich die Chemie in ihrem Körper sparen können, nur ist es für die meisten Menschen einfacher eine Tablette einzunehmen als selbst etwas für sich zu tun. Außerdem ist es bequem für den Arzt, weil er so seinen Patienten schnell abfertigen kann. Der Patient hat ohne eigene Anstrengung plötzlich wieder einen hervorragenden Blutdruck. Wie verkappt ist das alles?

So ist es in allen Bereichen. Nur wenn ich selbst etwas tue kann ich etwas verändern. Durch meine eigenen Erlebnisse in Sachen Medikamente und Lebensmittel kann ich nur sagen, dass ich mich, seit ich mit Unverträglichkeiten und Angst und Panik konfrontiert wurde, anders ernähre und felsenfest davon überzeugt bin, dass es einen Zusammenhang zwischen Depressionen, Angst und Panikstörung und dem Darm gibt – was in der Zwischenzeit ja sogar belegt ist. Da ich das alles selbst erlebt habe und an manchen Tagen immer noch erlebe, gibt es für mich keinen Grund daran zu zweifeln. Darm und Psyche sind zwei Teile des Körpers, die sehr eng miteinander verbunden sind. Sobald bei einem von beiden irgendetwas „kaputt" ist, reagiert der andere Teil mit Schmerzen und Symptomen. Habe ich einen stressigen Tag merke ich es daran, dass ich Magenschmerzen habe und meine Verdauung nicht so funktioniert wie an stressfreien Tagen. Gleichzeitig ist es so, dass wenn ich Magen-Darmprobleme habe durch falsches Essen oder unverträgliche Lebensmittel, meine Psyche mit Gereiztheit und Niedergeschlagenheit reagiert. Es ist ein Kreislauf, ich drehe mich an solchen Tagen im Kreis und weiß nicht wer von beiden, Kopf oder Darm, für meine Beschwerden verantwortlich ist. Ich möchte, um dem Thema Gesundheit einen Abschluss zu geben noch schreiben, dass es sehr darauf ankommt wie man sich ernährt und mit seinem Körper umgeht.

Wird der Körper von Schädlichem befreit wird auch der Geist freier. Erst als ich anfing mich gesünder zu ernähren kam meine Transformation, meine Wandlung, ins Rollen.

Womit wir bei dem letzten Punkt angekommen sind, meinem neuen Leben, für welches ich unendlich dankbar bin. Dadurch, dass sich die erst unerklärlichen Situationen in mein Leben schlichen, ich sie glücklicherweise wahrgenommen habe, ist alles anders, alles neu. Ich habe eine Wandlung hinter mir, die mir so nie passiert wäre, hätte ich nicht all das durchlebt bis zu diesem Punkt. Ich habe mich schon in meiner Kindheit und auch Jugend immer wieder mit dem Thema Leben und Tod beschäftigt und mich gefragt, wie das denn alles „funktioniert". Wir alle wissen Bescheid über „Bienchen und Blümchen", nur ich stellte mir immer die Frage, wie es denn ist wenn ich eines Tages sterben werde. Ist es tatsächlich so, dass die Lichter aus sind und ich in einer Kiste liegend unter die Erde komme? Zack, Ende, alles vorbei? Nein, das konnte nicht das Ende sein. Für mich war schon immer klar, dass das nicht alles gewesen sein kann und weiterhin war ich schon damals überzeugt, dass es etwas zwischen Himmel und Erde gibt was man nicht erklären kann. Schon immer wollte ich mehr dazu wissen, doch ich fand niemanden, dem ich mich mit diesem Thema anvertrauen mochte. So machte ich alles mit mir selbst aus oder aber steckte die Gedanken in die äußerste Ecke meines Gehirns. Ich hatte ja schließlich genug andere Dinge in meinem Leben zu erledigen, die mir keine Zeit gaben weiter darüber nachzudenken.

Durch mein „Berg-Erlebnis" kam das Thema so nah an mich heran, ich spürte dadurch, DASS es etwas zwischen Himmel und Erde gibt. Somit machte ich mich auf die Suche nach meiner persönlichen Erklärung und Erfahrung für dieses „Phänomen". Nur durch mein eigenes Fühlen und Spüren, vor allem das Spüren in mich hinein, bekam ich den Beweis, dass alles anders ist als ich bisher glaubte. Nur dadurch, dass ich zur Ruhe kommen konnte, die Vergangenheit verarbeitet habe, habe ich zu mir gefunden. Wenn auch du bereit bist herauszufinden wer du wirklich bist, wirst du Wunder erleben, erst dann werden sie geschehen.

Ich durfte - endlich - herausfinden, dass ich nicht der Mensch bin, der ich bis dahin dachte zu sein, meine äußere Hülle. Das was aufflackerte war meine SEELE die ich übersehen hatte. Ich hatte sie ignoriert und nur dadurch, dass sie sich durch Leid und Krankheit bemerkbar gemacht hatte, nur dadurch erst habe ich sie kennengelernt. Ich musste erst krank werden um mich selbst kennenzulernen. Bisher kannte ich nur den Mensch Rosa, nicht aber das was IN Rosa ist, ich erkannte nicht das Wichtigste meines Daseins, meine SEELE.

Während meiner Krise, der Depression, ging es um Erniedrigung, Schuldzuweisung, Hoffnungslosigkeit, Ängstlichkeit, Hass. Durch die Therapie konnte ich wieder vertrauen, optimistisch denken, vergeben und verstehen.

Heute bin ich bei Gelassenheit und Glückseligkeit angekommen, ich habe das Bewusstsein erreicht. Ja ich bin mir meiner SELBST BEWUSST.

Genauso ist es mit der Lebensauffassung. Als ich in der Krise war, die Depression mich krank machte, war mein Leben elend, böse, tragisch, beängstigend, feindlich. Während der Therapie wurde mein Leben machbar, befriedigend, hoffnungsvoller. Je mehr ich an allem arbeitete umso harmonischer und bedeutungsvoller wurde alles für mich. Heute kann ich sagen: Das Leben ist schön!

Die meisten Menschen sagen:
„ICH will dies, ICH will das, ICH will jenes."
„ICH bin der Meinung dass..."
„ICH bin wütend auf dich."
„ICH ICH ICH"
Das ICH aber wird vom Ego geleitet, welches einem im Weg steht sich SELBST BEWUSST SEIN zu können.

Lebe ich im Ego, beschäftige ich mich mit Dingen wie Ungeduld, Antipathie, Langeweile, Opferhaltung, Oberflächlichkeit und dem Vergleichen mit anderen.
Lebe ich im wahren Selbst, im Bewusstsein, fühle ich Liebe, Raum, Frieden, Freiheit, Gegenwart, Verbundenheit und Akzeptanz. Ich urteile nicht mehr und spüre weder Ärger noch Wut.

318

Ich kann endlich, nach so vielen Jahren, mir meiner SELBST BEWUSST SEIN. Ja, ich weiß endlich wer ich bin. Das Geheimnis ist es ins Handeln zu kommen und sich damit zu beschäftigen, man muss es nur zulassen.

Jede Seele ist einzigartig, jede einzelne Seele sendet Schwingungen aus. Diese Schwingungen gehen bis in das Universum. Wir alle, jeder einzelne von uns, ist mit dem Universum verbunden, auch mit unseren Gedanken. Jeder einzelne Gedanke wird durch Schwingungen an das Universum gesandt. Senden wir negative Gedanken bekommen wir Negatives zurück. Wenn du immer darüber nachdenkst wie schlecht es dir doch geht, wird dir das Universum Schlechtes zurücksenden. Genauso ist es umgekehrt. Sendest du dem Universum einen positiven Gedanken, bekommst du Positives zurück.

Nehmen wir das Beispiel Geld. Viele Menschen sagen „Geld stinkt" oder „Diesen Monat ist es wieder knapp, ich habe kein Geld mehr um mir dieses oder jenes zu kaufen". Diese Menschen senden Negatives und bekommen in ihrem Leben keine Möglichkeit um an Geld zu kommen. Andere wiederum beklagen sich nie darüber dass Geld etwas Schlechtes ist. Sie sind zufrieden mit dem was sie haben, senden Positives an das Universum und bekommen Positives zurück, vielleicht auch in Form eines Gewinnes.

Das Gleiche gilt bei dem Wort „NICHT". Das Universum kennt das Wort „NICHT" nicht. Als Beispiel fällt mir dazu ein, dass ich zu meinen Kindern immer gesagt habe:„Ich möchte NICHT dass du auf dem Sofa herum springst." Ich habe dem Universum gesendet „Ich möchte dass du auf dem Sofa herum springst". Dadurch, dass das Wort NICHT im Universum nicht existiert, wird die Schwingung falsch zurück gesandt und das Kind wird immer wieder auf dem Sofa herum springen. Sage ich hingegen:„Ich möchte, dass das Sofa zum Sitzen benutzt wird", wird diese Schwingung exakt so zurückgegeben und das Kind wird es nach kurzer Zeit verstehen.

Während meines ganzen Lebens habe ich gefleht und geschrien:„Ich will das alles NICHT mehr, ich will NICHT, dass mein Leben so ist wie es ist". Und was passierte? Genau, es blieb unverändert, es gab keine Veränderung. Ich habe dem Universum gesendet:„Ich will das alles mehr, ich will, dass mein Leben so ist wie es ist".

Sag in Zukunft zum Beispiel „Ich möchte gesund sein" anstatt „Ich will nicht krank werden", es kann passieren, dass Wunder geschehen aufgrund der Schwingungen die du aussendest.

Das große Problem der meisten Menschen ist, dass sie im Diesseits leben. Das Diesseits ist für sie greifbar. Das Jenseits, das Universum, ist für sie ungreifbar, deshalb blenden sie es einfach aus.

Nicht greifbar = nicht da = nicht real = Humbug

Die meisten Menschen denken bis zur Tapete und nicht weiter als bis an die Wand. Doch auch hinter jeder Wand erscheint ein neuer Raum, warum sollte es das Jenseits dann nicht geben?! Weil der „gesunde" Menschenverstand einfach nicht fähig ist weiter als bis zur Wand zu denken! Erst wenn ich den Menschenverstand ausgestellt habe offenbaren sich mir Dinge, die ich nie für möglich gehalten habe.

Unsere Gedanken gehen vom Gehirn aus, sie beeinflussen also auch unsere Hirnfunktion. Man bringt Depressionen mit der Hirnfunktion in Verbindung, man sagt, dass die Hirnfunktion „eingeschränkt" ist - klingelt es? Die Depression hat mit negativen Gedanken zu tun, die wiederum an das Universum gesendet werden und genau so zurück kommen.

Krankheiten werden verursacht durch ein Ungleichgewicht im Körper. Ein Ungleichgewicht im Körper löst Krankheiten aus welche negative Gedanken erzeugen. Kein kranker Mensch hat positive Gedanken. Er klagt über Schmerzen, darüber, dass er sich schlecht fühlt oder muss sich in manchen Fällen sogar mit Gedanken an den Tod auseinander setzen. Das alles sind negative Gedanken die an das Universum gesendet werden. Was gibt das Universum zurück? Richtig! Weitere Schmerzen und im schlimmsten Fall trägt es dazu bei dass der Körper stirbt. Es gibt viele Menschen auf diesem Planeten die es geschafft haben ihre Gesundheit zurück zu erlangen - allein durch die Kraft ihrer Gedanken und den Glauben an sich selbst.

Die Quantenphysik besagt, dass ständige Wiederholungen positiver Gedanken dazu beitragen können, dass sich das Leben grundlegend ändert. Es ist ganz einfach – was ich aussende bekomme ich zurück.

321

Jeden Morgen wenn der Wecker klingelt und ich die Augen öffne, atme ich tief durch und bin dankbar für alles was ich habe. Viele Dinge sehe ich nicht mehr als selbstverständlich an. Ich bin dankbar dafür, dass ich leben darf, dankbar für alle Erfahrungen die ich machen durfte, dankbar für zwei wunder-volle Kinder, dankbar dass ich Essen und Trinken habe, dankbar dass meine Familie und ich gesund sind und und und. Bei den einfachen Dingen fängt es an, bei den Dingen die wirklich zählen.

Probier es aus: Nimm dir die kurze Zeit dem Universum jeden Tag zu danken für all das Schöne was du hast. Klage weniger über Dinge die du nicht hast, welche noch nicht in deinem Leben sind. Du wirst sehen, dass sich nach einiger Zeit alles ändern wird. Veränderst du dich, verändern sich auch die Dinge um dich herum. Was ich aussende bekomme ich zurück!

Jeden Morgen sitze ich auf der Bettkante und sage mir „Heute wird ein guter Tag". Und es ist tatsächlich so: Selbst wenn im Laufe des Tages Situationen kommen die vielleicht nicht einfach sind oder mich versuchen zu stressen, ich erlebe den Tag mit ganz anderen Empfindungen als es noch vor einem Jahr war.

Fest steht, dass es nicht von heute auf morgen passiert, dass dein Leben sich von null auf hundert zum Positiven wandelt. Auch das Universum benötigt seine Zeit um die Veränderung, die du in dir vornimmst, zu wandeln. Glaube daran, dass alles was du dir wünschst wahr werden kann - und sei geduldig.

Jeder von uns hat seinen eigenen Seelenplan bekommen. Haben wir den Plan bekommen durch schwierige Situationen zu gehen und zum Beispiel so wie ich, mit wenig bis gar keiner Liebe aufzuwachsen, bekommen wir auf unserem Weg immer wieder neue Hürden gestellt die es zu überwinden gilt. Durch diese Herausforderungen wachsen und lernen wir. Wenn wir erkennen, dass das Leben uns nicht bestrafen sondern lenken will, versinken wir nicht mehr darin wie schlecht doch alles ist, sondern lernen das Positive aus allen Herausforderungen zu ziehen.

Wir sind hier um unsere Berufung zu finden. Doch herauszufinden was meine Berufung ist, ist ein Prozess, nichts, was mal eben schnell erledigt ist. Daher werden wir immer wieder mit Situationen konfrontiert, die uns vielleicht nicht glücklich machen. Wir müssen der Spur dessen folgen, wohin unser Weg uns führt. Wenn wir stets mit positiven Gedanken an alle Herausforderungen im Leben herangehen, wird jeder für sich seine Berufung finden.

Jetzt kommen die Engel ins Spiel. Jeder von uns hat Engel an seiner Seite, die uns führen und uns beistehen, auch in den für uns manchmal denkbar unüberwindlich schweren Situationen. Sie beschützen uns, wo auch immer wir sind, wir müssen sie nur wahrnehmen.

Nehmen wir ein Beispiel: Wir haben einen wichtigen Termin, sind spät dran und stehen im Stau. Der „gesunde" Menschenverstand ärgert sich darüber. „Na super, jetzt stehe ich im Stau, ich verpasse meinen Termin. So ein Mist". Sehen wir es aus einer anderen Perspektive, aus der Perspektive wo der „gesunde" Menschenverstand ausgeschaltet ist: War mein Schutzengel bei mir? Wollte er dass ich zu spät losfahre? Dadurch, dass ich vielleicht nur eine oder zwei Minuten später losgefahren bin, hatte ich das Glück nicht in den Unfall verwickelt zu werden der den Stau ausgelöst hat. Wäre ich ein oder zwei Minuten eher losgefahren, wäre vielleicht ich die Person, dessen Auto nun Schrott ist und müsste womöglich noch mit Verletzungen ins Krankenhaus.

Es kommt darauf an wie wir denken, welche Sichtweise wir annehmen. Nehmen wir unsere Engel wahr, machen sie sich schneller als wir glauben können bemerkbar. Doch auch hier gilt: bevor wir den Menschenverstand nicht ausgeschaltet haben, werden wir keinen Kontakt zu den Engeln aufnehmen können. Genau wie das Universum beziehungsweise das Jenseits kennt der Menschenverstand keine Engel. Wir müssen erst ins Bewusstsein kommen um dieses erkennen zu können.

Bin ich in meinem SELBSTBEWUSSTSEIN wähle ich ein ganz neues Lebensprogramm. Ich kann mich nicht mehr ärgern, habe viel mehr Zeit und richte meine Aufmerksamkeit auf das Wesentliche. Jeder von uns kann seine Berufung finden wenn er sich SELBST BEWUSST ist. Sobald ich die Hürde überwunden habe und bei mir SELBST angekommen bin, kann ich in Frieden und Ruhe leben. Nichts kann mich ab diesem Zeitpunkt mehr in die Knie zwingen, ich habe erkannt, dass nur ich allein der Schöpfer meiner Welt bin und jederzeit die Macht habe alles zu verändern - mit meinen Gedanken und meinem Tun. Es war ein langer steiniger Weg, es dauerte 41 Jahre um all das zu erkennen.

Ich entschloss mich nach langem Überlegen dieses Buch zu schreiben und bin nun tatsächlich am Ende meiner bisherigen Lebensgeschichte angekommen. Wenn ich auch nur eine einzige Person durch mein Geschriebenes dazu bewegen kann mehr in sich zu gehen und in sein Inneres zu schauen, dann habe ich damit genau das erreicht was ich mir gewünscht habe: Einen Menschen auf seinen Weg zu bringen - den Weg zu sich und seinem SELBST BEWUSST SEIN.

Mein persönlicher Herzenswunsch war schon immer mein eigenes Buch zu schreiben. Schon als kleines Kind, als ich noch ein kleines Pony war, war es mein großer Wunsch eines Tages ein Buch zu verfassen. Nur dadurch, dass mir so viele schöne und auch weniger schöne Dinge in meinem Leben passiert sind, mein Leben dadurch bereichert wurde, konnte ich diese Zeilen schreiben. Hätte ich all das nicht erlebt, bestünde dieses Buch aus leeren Seiten.

Danke an das Universum welches mir die Möglichkeit gegeben hat mir meinen Traum zu erfüllen und ich somit meine Berufung für die Zeit hier auf der Erde finden konnte.

Eine Zeit die noch lange nicht vorbei ist!

Im nächsten Leben finde ich mich früher ...

Drückst auch Du auf „Reset" ?

Trau dich – es wird wunderschön !

Reiß dich vom Riemen, es ist nie zu spät,
denn ein Weg entsteht erst wenn man ihn geht...

(Jennifer Rostock)

Deine Rosa